回眸一笑百媚生

说说历史上那些后妃们

姜若木◎编著

中国华侨出版社
·北京·

图书在版编目（CIP）数据

回眸一笑百媚生：说说历史上那些后妃们 / 姜若木编著.
—北京：中国华侨出版社，2012.9（2024.1 重印）
ISBN 978–7–5113–2786–4

Ⅰ.①回… Ⅱ.①姜… Ⅲ.①后妃—生平事迹—中国—古代
—通俗读物 Ⅳ.① K828.5—49

中国版本图书馆 CIP 数据核字（2012）第 184425 号

● 回眸一笑百媚生：说说历史上那些后妃们

编　　著：姜若木
责任编辑：崔卓力
版式设计：丽泰图文设计工作室 / 桃子
经　　销：新华书店
开　　本：710 mm × 1000 mm　1/16 开　印张：17.5　字数：238 千字
印　　刷：三河市嵩川印刷有限公司
版　　次：2012 年 9 月第 1 版
印　　次：2024 年 1 月第 3 次印刷
书　　号：ISBN 978–7–5113–2786–4
定　　价：48.00 元

中国华侨出版社　北京市朝阳区西坝河东里 77 号楼底商 5 号　邮编：100028
发 行 部：（010）64443051　　　传　真：（010）64439708
网　　址：www.oveaschin.com　　E – mail：oveaschin@sina.com

如果发现印装质量问题，影响阅读，请与印刷厂联系调换。

前 言

　　中国古代的历史是朝代更替的历史，在这朝代的更替中，历史的车轮就像是来势汹猛的汪洋洪水，冲刷了帝王们过往的功绩和罪恶，同时也带走了宫廷后妃们的那些无尽的哀怨和易逝的铅华，留下了一段段让后人品味的千古故事。

　　说历史故事，自然少不了帝王；说帝王那就更少不了围绕在帝王身边的宫妃们。《埃及艳后》中有一句经典的话：男人征服世界，女人征服男人。这句话用在古代的那些帝王和后妃身上真是再合适不过了。在中国历史上有很多的后妃，她们中间有温柔贤淑，识大体谋大义，而流传后世的，像西施、王昭君等；有淫乱放荡，祸乱朝纲，贻害天下而遗臭万年的，像妲己、赵飞燕等。对她们个人而言，能为国家和天下百姓着想的，虽死犹生，深受人民爱戴；只顾一己的私欲，而不惜残害忠良，祸乱天下的，终被后来者灭亡。古往今来，概莫能外。

　　纵观历史，我们可以看到，在王朝动乱时期，朝纲败坏，皇帝已经不能控制大局，而妃子们的命运更是不言而喻，即便是帝王最宠爱的妃子亦不能免遭厄运；处在王朝末期的妃子们更是如此。像妲己、褒姒、张丽华不必多说，而像唐朝的杨贵妃，在经历多番磨难之后荣登了最高的宝座，即便她和玄宗有情有义，然而在安史之乱中，至高无上的帝王也不能保全她，终究魂断马嵬坡，留给后世的只是一段凄美的爱情故事《梧桐雨》。人们常用"后宫佳丽三千人，三千宠爱集

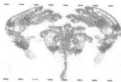

一身"来形容帝王对妃子至极的宠爱，然而她们最终也难逃脱自己的悲惨命运，即使是后宫之主的皇后也是如此。在封建社会里，皇后和皇帝的婚姻大多数会有政治目的。或是政治妥协的结果，他们之间或许根本就没有真正的爱情。毋庸置疑，皇后在宫中的荣耀可谓是一人之下，万人之上的，然而，在那充满了争斗和杀机的深宫中，她和其他的妃子一样，根本没有自己独立的人格和尊严，很多时候她们的命运完全取决于君王的喜好，一代女皇武则天也是如此。尽管她登上了九五之尊，然而她不可能超越历史的局限和发展，最终也不得不还政李氏。但有一点不可否认，很多妃子虽然没有成为女皇帝，但是她们却操纵了大局，成为幕后的王者，或者说，她们对历史的发展有很大的影响，甚至在某种程度上，她们决定了当时的历史进程。可以说，宫廷后妃们的历史往往就折射出王朝的历史，她们也是历史的见证者。

　　本书收录了从周朝到辽国时期的十一位后宫妃子及皇后，讲述了她们从天真无邪的少女到进入深宫，以及最后成为帝王身边的宠妃，登上后位皇位以及最后归宿的一段故事。由此编著成《回眸一笑百媚生——说说历史上那些后妃们》一书。本书再现了当年充满了陷阱和杀机的诸妃争宠的后宫争斗的情形，客观、生动地展现了人物本来面貌。品读历史故事，感悟人生哲理，相信本书将是读者的最佳选择。

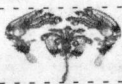

第一章

狐媚乱政，后世诟骂——苏妲己

苏妲己，生卒年不详。说到苏妲己，人们的第一印象就是妖后。然而事实上，苏妲己进宫之前品性纯真善良，活泼可爱，天资聪颖，深居简出。她天生丽质，美艳动人，可谓天香国色，对伯邑考一往情深。入宫以后，由于心中愤恨，导致性格剧变，变得多疑猜忌，权欲极强，心狠手辣，发明酷刑，残害忠良，致使天怒人怨，诸侯并起。最终间接导致商朝灭亡，自己也成为后妃中千古罪人的代称。

第二章

红颜祸水，国亡身死——褒姒

褒姒（史记作襃姒），生卒年不详，周朝末年时人。由于当时占卜术说她对周朝而言是不祥之兆，因此被抛弃，九死一生，后被人收养。后来褒人将她献给周幽王姬宫涅，因姓姒，故称为褒姒，成为周幽王的宠妃。其间，幽王为博她一笑，不惜烽火戏诸侯，日久误国误民。褒姒夺得皇后之位后，更加狠毒，导致诸侯国叛乱。幽王被杀，她也在被掳之后自缢而死。

第三章

浣纱佳人，舍身报国——西施

西施本名施夷光，春秋末期出生于中国绍兴诸暨苎萝村。天生丽质，少年时期初显其才。中国古代四大美女之首，是美的化身和代名词。"闭月羞花之貌，沉鱼落雁之容"中的"沉鱼"，讲的是西施浣纱的经典传说。越国灭亡后，她胸怀大义，舍身为国，施美人计，复越国，功成后与范蠡一起隐姓埋名，终成美好的爱情，并生有三子。

第四章

心如蛇蝎，死后有报——吕后

吕氏名雉（前241—前180），字娥姁，是汉王朝创始人汉高祖刘邦的正配夫人。单父（山东单县）人。早年其父为避仇迁居沛县，刘邦任亭长时吕雉嫁给了他，婚后数年下田劳作、持家，生下一儿一女。前203年秋，吕雉归汉后，留守关中。刘邦称帝后，吕雉被立为皇后，子刘盈为太子，女儿被封为鲁元公主。刘邦死后，她实操大权，残杀忠良、宫妃及皇子，其手段之凶残，目不忍睹。公元前180年，吕后

去世，享年 62 岁。死后，吕党被灭。

第五章

远嫁匈奴，大义千古——王昭君

王昭君，名嫱，字昭君，乳名皓月，汉族人，中国古代四大美女之一的落雁，晋朝时为避司马昭讳，又称"明妃"，汉元帝时期宫女，西汉南郡秭归（今湖北省兴山县）人。匈奴呼韩邪单于阏氏。早时就显露才华，谈吐不凡，有男儿气概。入宫后，因不屑于讨好势利小人，未能得到元帝赏识。后为了汉朝与匈奴的和平往来以及这种关系的稳固，主动出塞嫁到匈奴，其大义流传千古。

第六章

燕啄皇孙，魂断凄凉——赵飞燕

赵飞燕，原名宜主，汉族，吴县（今江苏省苏州市）人，是西汉汉成帝的皇后和汉哀帝时的皇太后，也是当时著名的舞蹈家。赵飞燕是一位在中国历史上传奇的人物和神话般的美女。在中国民间和历史上，她以美貌著称，所谓"环肥燕瘦"讲的便是她和杨玉环。她在专

宠期间淫乱后宫，毒害皇嗣，和妹妹赵合德一样，终身不孕，在几易皇帝之后，因恐惧无依自杀而亡，也是中国历史上红颜祸水的典型。

第七章

才色双绝，靡音亡国——张丽华

张丽华，是个典型的江南女子，出身歌妓，早年就在孔贵妃身边做侍女，因为她善解人意，天生聪慧，深得孔贵妃喜爱，后得其所传。又因她天生丽质，发长七尺，眉目如画，又有过人的记忆力且善诗作，可谓才色双绝，所以深得陈后主陈叔宝喜爱。后主被她所迷，不理政事，不仅淫乱后宫，而且与朝中大臣之妾之妻皆有乱伦，并作许多淫曲，《后庭花》也成为亡国之音的代表。国灭后，张丽华被杀，后主亦被赐死。

第八章

一代女皇，功过参半——武则天

武则天（624—705），原名武照，并州文水人（今山西文水县）。自

幼好学，精通文史，熟谙艺术，尤其爱好书法，且才貌过人，是中国历史上唯一一个正统的女皇帝，也是即位年龄最大的皇帝（67岁即位），又是寿命最长的皇帝之一（终年82岁）。后自立为武周皇帝（690—705），改国号"唐"为"周"，定都洛阳，并号其为"神都"。史称"武周"或"南周"，705年退位。退位后中宗上尊号"则天大圣皇帝"。武则天也是一位女诗人和政治家。她实际执政50年。半个世纪中，她雄心勃勃、披荆斩棘，可谓一代风云人物。

第九章

旷世才女，无德薄命——上官昭容

上官昭容又称上官婉儿（664—710），陕州陕县（今属河南三门峡）人。唐代女官、女诗人、唐中宗昭容。上官仪孙女。十四岁时，即为武则天掌文诰。唐中宗时，封为昭容。曾建议扩大书馆，增设学士。代朝廷品评天下诗文，一时词臣多集其门。得势后，其词风空洞无物，奢华萎靡，逐渐堕落，淫乱放荡，后陷入政争。终在临淄王（即唐玄宗）起兵发动唐隆政变中，与韦后同时被杀。

第十章

歌舞双馨，为爱而死——杨贵妃

杨贵妃（719—756），名玉环，原名杨芙蓉，字太真，原籍蒲州永乐（今山西永济）。10岁时父亡，被寄养在叔父家。因受祖辈熏陶，通晓音律，喜爱并擅长歌舞，尤其是胡旋舞。17岁时被册封为寿王妃，后玄宗爱其姿色才华，贬寿王而册封她为贵妃。"回眸一笑百媚生，六宫粉黛无颜色"便是她的写照，她也是大唐的第一美女，同时也是历史上四大美女之一。后在安史之乱中，与玄宗逃往蜀地，行至马嵬坡时，禁军哗变，为平息军心，被赐缢死。年38岁。

第十一章

如仙临凡，冤魂难断——萧观音

萧观音（1040—1075）辽道宗耶律洪基懿德皇后，死后追谥"宣懿"。萧观音爱好音乐，善琵琶，工诗，能自制歌词。曾作《伏虎林应制》诗、《君臣同志华夷同风应制》诗等，被道宗誉为"女中才子"。为人谨慎谦虚，后来，由于谏猎秋山被皇帝疏远，作《回心院》词10首，抒发幽怨怅惘心情。大康元年（1075）十一月，宰相耶律乙辛、宫婢单登、教坊朱顶鹤等人向辽道宗进《十香词》诬陷萧后和伶官赵惟一私通。萧观音被道宗赐死，其尸送回萧家，其子亦被杀。后平冤。乾统元年（1101）六月天祚帝追谥祖母为宣懿皇后，葬于庆陵。

第 一 章

狐媚乱政，后世诟骂
——苏妲己

苏妲己，生卒年不详。说到苏妲己，人们的第一印象就是妖后。然而事实上，苏妲己进宫之前品性纯真善良，活泼可爱，天资聪颖，深居简出。她天生丽质，美艳动人，可谓天香国色，对伯邑考一往情深。入宫以后，由于心中愤恨，导致性格剧变，变得多疑猜忌，权欲极强，心狠手辣，发明酷刑，残害忠良，致使天怒人怨，诸侯并起。最终间接导致商朝灭亡，自己也成为后妃中千古罪人的代称。

草原之女陷牢笼

成汤灭夏后，建立了商帝国，传二十七代至纣王，都城仍是朝歌，即现在的河南省安阳。朝中文有太师闻仲，武有武成王黄飞虎。中宫皇后姜氏，西宫贵妃黄氏，东宫贵妃杨氏。可谓文能安邦，武能定国，后宫妃嫔贤淑，风调雨顺，国泰民安。

有一天，纣王到女娲宫进香，看见女娲的圣像，这圣像国色天姿，婉然如生，那真是仙子临凡，嫦娥下界。

纣王见女娲如此美貌，不觉目荡神摇，淫心顿起。心想："我贵为天子，三宫六院却没有一个是绝色的，岂不是白做了帝王一场。"这样一想，觉得上香也没有味道，于是草草了事，起驾回宫了。

回宫后，纣王神思痴痴，坐卧不宁，女娲的尊容不时在眼前晃动。

大夫费仲在侧，见纣王神思恍惚，便问："陛下，您坐立不安，不知道有什么心事？"

纣王叹口气，说："我虽然贵为帝王，可是三宫六院连一个绝色佳人也没有，今日见女娲像，不免神伤。"

这费仲本奸佞之人，专门处处奉迎纣王，深受纣王的信任，他听纣王说了心事，略想一想，奏说："陛下，您是一国之君，富甲天下，我偌大殷商帝国，怎会没有一位美人。天下的一切皆归陛下所有，只要下一道选美御旨，自会有绝世无双的美人入宫。"纣王听了大悦说："爱卿所言正合朕意，明日早朝下旨，您且先回府去。"

果然，第二天早朝纣王便下了一道圣旨，让四镇诸侯每一镇选美女一百名，不论富贵贫贱，只要端庄，举止大方，便可入选。

纣王的旨意刚一发下，只见文班中立刻闪出一人，众臣一看，原

来是丞相商容。只见商容俯伏于金阶之下，奏说："老臣商容启奏陛下：常言说，君有道则万民乐业，不让而从。如今后宫内美女不下千人，三宫六院七十二偏妃皆备，陛下又下旨选美女，恐怕会有失民望。臣以为君乐民之乐者，忧民之忧者，百姓才能忧君王之忧。现在全国水旱不断，陛下应体恤民情，不该事女色，此不是圣君所为。现在陛下如果取近时乐，则目眩多色，耳听淫声，沉湎于酒色，游于苑囿，猎于山林，此乃败亡之道。老臣位为首相，侍奉三世君王，不能视而不奏，望陛下收回成命，天下幸甚，万民幸甚。"

纣王听了沉思良久，自觉理亏，说："卿言之有理，朕立刻免行。"

说完，回宫去了。

此时太师闻仲不在朝中，奸臣费仲、犹浑二人把持朝政，恰好天下四大诸侯，八百镇共来朝商，都免不了要给二人送礼，疏通门路，可是唯独苏护不送礼，二人心中不高兴，怀恨不已。

二人到一起商议，欲报此"不敬"之仇。

两个人搜肠刮肚，寻思报仇的办法，犹浑突然眼前一亮，对费仲说："费大人，卑职有一计，不知可否一试？"

费仲说："既然想到一计，就说说看，你我再商量。"

犹浑说："我听说苏护有一个女儿，生得花容月貌，十分姣好。现在纣王欲选美女入宫，被商容阻挡，虽然收回旨意，则心中必不甘。你我向纣王进上一本，推荐他的女儿入宫，纣王必然高兴，可苏护一定不愿献女，自然触怒纣王，你我便可以从中取事了。"

费仲听了一拍手，说："这个主意不错，明日你我就奏上，看他苏护怎么办？"

二人商定以后，专等早朝奏上。

第二天早朝，二人见四大诸侯入殿朝贺，觉得不便开口，于是隐而没有说。

可是事有凑巧，纣王见了四大诸侯，突然想起选美一事，心中痒痒，又不便在朝堂上下旨，怕商容和四大诸侯阻拦。退朝后便宣费仲、犹浑二人入宫。

费仲、犹浑不知所为什么事，急忙来到御书房，听候纣王的差遣。

纣王说："前几天你等告诉朕，欲让天下四大镇进美女入宫，被商容阻止。现在四大诸侯已到，朕意欲明日早朝当面颁行，省得你二人往返，不知你们以为怎么样？"

费仲听了说："当日首相谏止陛下选美女，陛下已经允准，并下旨停止，此实美德。此事臣下共知，这次一旦再行，是陛下失信于臣民，臣以为切不可为。"

纣王听了说："朕也知再行下旨不好，故今日早朝未敢贸然宣旨。可是朕当日停止并非本心，不知你们有什么好办法？"

犹浑上前俯伏说："臣与费大夫已商议此事，为陛下私下选美人。近来臣等访得冀州侯苏护有一个女儿，真是国色天姿，优娴端庄，可以选入后宫，侍奉陛下。臣以为选一人之女并不惊扰天下百姓，确实是万全之策。"

纣王听说苏护的女儿色美，心中大悦，说："你言之有理，朕这就传苏护入宫。"

说完，立刻让随侍官到馆驿传旨。苏护接到圣旨，不知是什么意思，急忙入宫见纣王。

苏护三呼毕，纣王说："朕听说你有一爱女，才貌德俱佳，朕欲选侍后宫。你的女儿入宫，你就是国戚，食其天禄，受其显位，坐享安康，永镇冀州，不知你认为怎么样？"

苏护听了纣王的话，心中暗骂：昏君！只知淫乐，不知爱民以安天下。口中说："陛下的宫中美女如云，上有后妃，下有嫔御美人，不下千人之数。她们个个如花似玉，难道说不足以悦王之目吗？可是陛下听信小人之言，不断求之，岂不是陷陛下于不义。臣女蒲柳陋资，不懂礼节，无德无容，怎能侍奉陛下？臣请陛下速退谗言之人，使天下后世之人皆知陛下的贤明。"

纣王听了苏护的话大笑，说："你这话不对，从古至今谁不愿意生女光耀门楣。况且您的女儿为朕的后妃，富贵能敌天子，难道愿意

将女儿嫁给穷汉不成，望您不要太痴迷才是。"

苏护见纣王非要女儿入宫不可，心中非常生气，厉声说："陛下，臣闻人君修德勤政，这才能使天下百姓诚服，天下太平。过去夏桀失政，宠妹嬉，荒淫酒色，夏亡。唯我祖宗不爱声色，克宽克仁，方能取夏朝，彰信兆民，永保天下。现在陛下不取祖宗之法，仿效那夏桀，这是败亡之道！况且人君爱色，必然颠倒社稷，混乱朝纲，商家六百年的基业恐怕危险了。"

纣王见苏护不仅不献女儿，反而诋毁自己，把自己比作无道的夏桀，不觉勃然大怒，说："苏护，好大的胆，竟敢抗旨不遵，诋毁国君。常言说：君命不违，君让臣死，臣不敢不死。何况朕仅选你一女为后妃，并未搅扰百姓，你竟敢当面折朕的面子，以亡国之君比朕，此乃乱臣贼子之言。随侍官！速将苏护送法司勘问正法！"

随侍官立刻将苏护拿下，只见费仲、犹浑从后面转出来，上殿奏说："陛下，苏护虽然忤旨，本该问罪，可是此事因选其女入宫引起的，如果让天下人闻之，会说陛下轻贤重色，不如放回国去。苏护如果感念陛下不杀之恩，自会进女入宫。"

纣王对费、犹二人言听计从，立刻准旨，让苏护还国，不准在朝歌停留。

苏护虽然被放，但心中更加恼恨，知道这个主意一定是费、犹二人所出，恨得连骂昏君。心想：我如果不将女儿送入宫中，昏君一定会兴师问罪；如果送女儿入宫，以后昏君失德，天下人必耻笑于我，要同诸将商量再说。

苏护回到营中，同众将一说，都说："君不正则臣投外国，这等荒淫的君王，保他做什么？"

苏护正在气头上，也不加思索，立刻说："大丈夫不做不明之事。"叫左右取来笔墨，在午门题诗一首，云：君坏朝纲，有败五常。冀州苏护，永不朝商。

苏护题完诗，领着将士扬鞭而去。

纣王听说苏护在午门题了反诗，反出朝歌，立刻召四镇诸侯商议，准备讨伐，北伯侯崇侯虎主动要求先去伐苏护。

西伯侯姬昌说："侯虎先去，姬昌先回西岐，随后领兵就到。"

北伯侯崇侯虎带兵来到冀州，没把苏护放在眼里，结果大败。

崇侯虎之兄崇黑虎前来助战，生擒苏护子苏全忠，然后又与西伯侯姬昌共同说服苏护，让其送女入宫，使冀州百姓免受战争之苦。

苏护自知不是天兵的对手，只好同意贡女。双方达成协议，崇黑虎放回苏全忠。苏护回到冀州城，同夫人、女儿妲己说："纣王欲让妲己入朝，下官本欲不从，怎奈天兵倾巢而来，下官为了冀州的安宁着想，也为了免去苏氏九族之祸，只好同意将女儿送入宫中。"

夫人杨氏听了心中难过，说："妲己从小娇生惯养，又是在草原上长大，恐怕不谙侍君之礼，如果纣王不喜，我苏氏一门仍有不是。"

苏护对妲己说："女儿，不是为父心狠，实是无奈。为父不忍生灵涂炭，只好委屈你了。"

妲己听了父母的话早已泪如雨下，可是眼看兵临城下，与其全家遭难，莫如牺牲我一人，换得全家平安。她心中暗骂：无道昏君，强纳他人之女，实禽兽一般，我苏妲己岂是一朵无刺的花，任你摘取。你既然毁了我的一生，我也不让你好过！我苏妲己如果不让你商汤灭亡，就算不上草原的女儿。

想到此，妲己哭着对父亲说："父亲，女儿不孝，不能服侍双亲了。他日入宫后，如果听说女儿有违祖训，父亲可断绝与女儿的来往，少去朝歌。"

苏护听了以为女儿要寻死，急忙劝说："我儿要看开些，为父早已为你演过八卦，你的入宫乃天数如此，非人力可为。只是凭女儿的才貌，入宫后纣王自然宠爱，到那时你要劝纣王勤政爱民，千万莫助他淫乐。"

妲己说："父亲，纣王近小人远贤臣，自是无道。常言说：自作孽，不可活。女儿乃一弱女子，无回天之力，商之败亡就在眼前，非女儿可挽回。"

苏护觉得女儿的话也有道理，心想：由她去吧，帝王宠美色，自

是败亡之道，可惜女儿日后不得善终，哀哉！哀哉！

第二天，苏护点三千人马，又带上五百家将，自己亲自送女儿入京。

妲己听说就要起程，泪如雨下，知道此去再无回乡之日，哭泣着与母亲和长兄告别。母女俩生离死别，其悲痛之情实难用语言描绘，杨氏拉着女儿不肯放手，苏护一再劝解，左右侍儿也苦劝，杨夫人才哭着进府去了。妲己含泪上车，心中又把纣王骂了几遍，发誓必亡商汤，以解心头之恨。

苏护一路上晓行夜宿，多日后渡过黄河，来到朝歌城下，先安营扎寨，然后派人入城，递上进女赎罪文书。

武成王黄飞虎见到苏护递上的文书，让苏护同女儿妲己入城，安置在金亭馆驿住下。

费仲、犹浑听说苏护来进女赎罪，又不先向自己送礼，就骂："这逆贼，你虽然献女赎罪，可是天子一向喜怒无常，就看我二人怎么样去办，岂不知你的小命全在我俩手中，你既然目中无人，就别怪我不客气了！"

且说纣王正在龙德殿上，随侍官来奏说："启奏陛下，费仲在宫门口候旨。"

纣王说："宣！"

只见费仲来到龙德殿，三呼礼毕，说："陛下，现有苏护进女，又有赎罪文书。如今苏护已在驿馆候旨，请陛下定夺。"

纣王听说苏护又来献女，大怒说："匹夫，当日辱没朕，本当正法，可是您谏止，朕才准其回国。不料他在午门上题反诗，又与天兵交手，实是可恶，明日朝见，朕一定治他欺君之罪。"

费仲听了正中下怀，乘机又奏说："天子之法，原非为天子而设，乃是为天下万姓而立。如果不除叛臣贼子，是为无法。无法之朝，为天下之所弃。"

纣王听了说："卿所言极是，明日朕自有道理，您且退下。"

第二天，纣王上朝，午门官奏说："冀州侯苏护在午门候旨，进

女请罪。"

纣王说："宣他进来。"

只见苏护身穿犯官之服，不加冠带，来到丹阶之下，俯伏于地，说："罪臣苏护，违逆圣命，又出无状之言，死罪，死罪。"

纣王说："苏护，你题反诗，说'永不朝商'，后又拒抵天兵，使多少将士捐命，你还有何面目朝君，随侍官，将苏护推出午门，斩首示众，为违朕反商者戒。"

纣王的话音刚落，只见首相商容出班奏说："且慢动手。陛下，苏护反商，理应正法，但前日西伯侯姬昌有本，让苏护进女赎罪，以全君臣大义。现在苏护进女赎罪，情有可原。当日苏护是因拒绝进女而获罪，今天进女又加罪，实不当，臣请陛下怜而赦之。"

纣王听了首相商容的话犹豫不决，费仲见商容力保，知道不能立斩，便也奏说："陛下，丞相之言有理，望陛下恩准，先宣苏护女妲己朝见，如果容貌出众，陛下满意，便赦其罪，如果其女不称圣意，可连其女一同问斩，陛下便可出师有名，又不失信于臣民。"

纣王说："就依卿言。"便让随侍官传旨。

随侍官得旨，高声说："宣苏妲己进见。"

苏妲己早已等在午门外，听见传宣，她毫无怯怕之色，十分镇静。她轻轻理了理头发，缓缓地进了午门。

纣王坐在九间殿上，两眼直盯住午门，一心想要看看妲己的容貌是否绝色。

只见妲己身穿粉红色衣裙，身披绿色飘带，飘飘洒洒地进了午门，过了九龙桥，体态端庄艳丽，犹如神女临凡。

纣王大惊，顿觉眼前一亮，九间殿上生辉，心想：妲己远看如仙，亭亭玉立，实为朕后宫所无，但不知容颜如何。

纣王正在胡思乱想，妲己已来到九间殿的屋檐下，只见她手中高擎牙笏，飘飘下拜，说："冀州侯苏护女进见陛下，愿陛下万岁，万万岁！"

纣王仔细一看，那妲己乌云高髻，杏脸桃腮，口若樱桃，犹如带

雨的梨花，比那女娲圣像又美上许多。纣王说："苏妲己，抬起头来！"

妲己说："罪臣女不敢。"

纣王说："赦你无罪。"

"罪臣女遵旨。"说完，妲己缓缓抬起头来。

纣王一看，只见妲己一双明眸清如秋水，深不可测，她见纣王死盯着自己看，便娇羞地一笑。纣王见了顿时魂游天外，骨酥肉软，眼看妲己发愣，其态就似要吞下妲己一般。

随侍官见纣王一副贪淫之态，有失大体，提醒说："陛下，苏妲己在殿上已久，请陛下定夺。"

经人一提醒，纣王才回过神来，起身欲扶起妲己，又觉当着众臣的面不雅，便站在殿上，说："美人平身。"

又对左右宫妃说："挽苏娘娘进寿仙宫，沐浴更衣，等候朕回宫。"

又对当驾官说："赦苏护满门之罪，官还原职，每月俸二千担，赐苏护夸官三日，百官庆贺皇亲，文官二武官三送其荣归。"

苏护上前谢恩，纣王也不再处理政务，立刻宣布退朝，急不可耐地回寿仙宫去了。

因恨陡生狠毒计

前面说到纣王在九间殿上自从见了妲己，神魂被其吸引，草草处理完朝政，匆匆退朝，直奔寿仙宫而来。

宫内妲己刚刚沐浴完毕，身上仅穿一身薄纱，听说纣王驾到，来不及再穿衣服，急忙迎上前去，伏地说："臣妾苏妲己恭迎圣驾。"

纣王听见这一声娇语，喜得浑身酥麻，上前挽起妲己，说："美人不必多礼，快快请起！"

妲己乃妙龄少女，今穿薄纱，似裸体一般，被纣王一挽，立刻觉得害羞，忙说："臣妾刚刚出浴，还未穿上衣裳，请陛下暂坐，臣妾这就更衣。"

纣王听说刚刚出浴，不觉往妲己身上一看，透过薄纱，妲己美妙的胴体显现在眼前，只见肌肤如凝脂，白嫩光滑，纣王见了顿时情不能禁，上前搂住妲己，说："美人不必害羞，你我非为别人，乃是夫妻。何况你身穿薄纱，更显出美丽的身段，朕爱还来不及，何必多礼。"

说完，将妲己抱入寝宫，屏退宫人，向妲己求欢。

妲己本来为亡商而来，为了引诱纣王下水，自然百般奉承，极力讨好纣王，立刻欢颜以就，弄得纣王神魂颠倒，心肝宝贝叫个不停。

欢爱过后，立刻在寿仙宫摆宴，与妲己对饮，从此后两个人如凤友鸾交，恩爱异常，大有一刻也不能离开妲己之意，两个人日日歌舞，夜夜宣淫，以致纣王两个月不上朝。

妲己画像

满朝文武日日到午门外等候上朝，却总也见不到纣王。上大夫梅伯对首相商容和亚相比干说："纣王自纳苏妲己后，夜夜欢歌，沉湎于酒色之中，奏本已堆积如山，纣王视若无睹，如此下去，商汤危矣。我等身为大臣，不能坐视不管，眼看着江山易主。今日应鸣钟击鼓，请驾临朝。"

商容说："大夫所言极是，一会儿听到鼓声，纣王必到九间殿来，你我应当力谏纣王，也不失君臣大义。"

比干亦点头称是。

于是，首相商容传执殿官鸣钟击鼓，请纣王升殿。

纣王正在寿仙宫与妲己饮酒作乐，只听大殿上钟鼓齐鸣，左右奏说："请圣驾升殿。"

纣王见百官催自己上朝，万般无奈，对妲己说："美人暂且休息，待朕先去上朝，一会儿便回。"

妲己口称遵旨，伏地送驾。

纣王升殿，只见二丞相抱本上殿，紧接着是八大夫抱本上殿，最后武成王黄飞虎又抱本上殿。纣王几个月来日日耽于酒色，情思厌倦，见奏本如此多，心想：这如山的奏本怎能很快看完，美人正在宫中等朕，如批起奏章，何时能回。于是说："您等先将本章看过，如果重要朕再看也不迟。"说完就有退朝之意。

二丞相见了，急忙奏说："陛下，天下诸侯的奏章立等陛下颁旨，可是陛下不知为什么旬月不上朝，整日坐于深宫，臣以为宫中必有迷惑圣聪之人。臣乞陛下以国事为重，不要整日居于深宫之中，废弛国事，大拂臣民之望。"

纣王听了不高兴，说："现在只有北海逆命，朕已让太师前往征剿。何况一北海不过疥癣之疾，有何挂虑，值得让你说出这么多话来。朕不过几月不朝，有何大惊小怪，何况朝中百事俱有首相代劳，自是可行，能有什么壅滞？就是朕日日临轩，也不过坐听而已，何必说得这么难听。"

说完，也不看奏章，回宫去了。

妲己迎出宫外，见纣王不喜，说："陛下，上朝时还欢声笑语，现在为什么面带怒容？"

纣王说："美人，众臣因朕几月不上朝，便说朕只顾淫乐，坐于深宫不出，你说气不气人？"

妲己说："如此大胆刁臣，不杀不能阻。陛下，如果再有人敢说陛下不是，应给点颜色让他们看看，如果人人都张口闭口说陛下淫乐，贪恋美色，岂不是在责骂臣妾？如此臣妾请求陛下将臣妾送回，免得牵连陛下！"

纣王说："美人何出此言，朕就是宠爱你，看他们能怎么样？"

再说太师杜元铣办完事回朝，一连几天也未见纣王面，一问众臣，才知道纣王自纳妲己，便不上朝。

杜元铣职掌司天台，当夜上台观星，见妖星近紫微，帝星已不似先前明亮，而且周围有团黑气，说明商汤大难将临。

第二天，杜元铣找到首相商容，将观星一事说明，又说："老首相，今妖星入侵紫微，宫中将现女祸，如果不赶紧驱除，天下将灭。主上如果再不修国政，每日朝欢暮乐，荒淫酒色，这乃败亡之相，我等不能不谏！"

商容听了大惊，说："太师不知，下官已多次谏止，无奈纣王不听，有什么办法呢？"

杜元铣说："此事非同小可，你我皆三世侍奉商帝的老臣，岂能坐观其败？今特有谏章一道，劳丞相达于天庭，不知是否愿意呈递上去？"

商容说："国家大事，匹夫有责，何况你我皆重臣，太师既有本章，纣王不上朝，难以一见，今日老臣与太师到内庭见驾，面奏圣上，怎么样？"

杜元铣说："非常好！"

于是两人直闯内宫，来到分宫楼，就要到达寿仙宫了，被奉御官挡住，说："老丞相，寿仙宫乃禁地，圣上寝宫，外臣不得入内！"

商容说："我等岂有不知，只因难见纣王一面，所以才到此请见，请奉御官进宫入内通报。"

奉御官见状，只好入内，纣王听说商容直入内庭求见，便让妲己先躲入屏风后，宣其入内。

商容不避杀身之祸，来到殿内，奏说："陛下，昨日太师杜元铣上台观星，发现妖星欺帝星，妖气直照金阙，灾殃将立现。臣听后担心商汤六百年的江山受损，故甘冒天威入内，递上太师本章，望陛下猛醒。"

纣王看本章时，妲己在屏风后观看，见本章内说自己是妖星，心

中大怒，上前一步出了屏风，也不避商容，伏地说："陛下，杜元铣将臣妾比作妖，乃是假捏妖事，挟持天子，扰乱万民。陛下，这是妖言乱国，杀不赦之罪。"

纣王说："美人，他虽如此说，朕岂轻信。但我朝不杀大臣，朕暂且宽他一宽。"

妲己说："陛下，如果此次不杀，臣妾将永无宁日，如此请陛下杀死臣妾，自可阻百官之口，又可保商汤，臣妾愿意一死，以谢陛下宠幸之恩，更可免去陛下淫乐之罪名。"

纣王听了妲己之言，说："美人何出此言，须知朕怎可一天没有美人？好！就依美人之言，先杀杜元铣，以戒妖言。"

商容见纣王听妲己之言，要杀杜元铣，立刻劝止，怎奈纣王不听，终将杜元铣推出午门。

上大夫梅伯见状，又直闯内庭谏止，纣王不听，且责他外臣入宫，下旨免官，永不叙用。梅伯怒不可遏，厉声说："昏君！听妲己之言，失君臣大义！今天先斩杜元铣，实斩朝歌万民！今天罢梅伯之官，有何足惜，但可惜成汤数百年基业丧于昏君之手！昏君亲近佞臣，与妲己在深宫内日夜宣淫，眼见天下变乱，臣无面去见先帝！"

纣王被他骂得脸青一阵白一阵，怒气冲冲，未等梅伯说完，便大叫："奉御官，快把这目中无君的臣子拿下，用金瓜击死！"

武士刚要动手，只听妲己说："且慢。"

纣王问说："美人有何妙计助朕，杀此乱臣，平朕心中的怒气？"

妲己说："臣妾以为，人臣立于殿上，张眉竖目，恶语侮君，大逆不道，非金瓜击死可赎其恶。请陛下先将梅伯收监，待臣妾治一刑具，再治其罪。"

纣王说："美人造什么样的刑具？"

原来，妲己见梅伯与杜元铣都指责自己惑君，又说自己是红颜妖星，心中大怒，暗想：我就是要败坏成汤的江山，这不过是开始，大臣们便喋喋劝纣王，如果纣王醒悟，我命休矣，计划难成，仇难报。突然，她想起夏桀与妹嬉之时，曾造一刑，名为炮烙，专门惩处谏阻大臣，今梅伯当庭侮骂我与纣王，正可用此刑，以遏言路。见纣王要击死梅伯，便出面相拦。

妲己说："陛下，臣妾所造之刑具约高二丈，圆八尺，上、中、下有三个火门，用铜造成，似铜柱一样，里面用炭火烧红，凡利口侮君，不遵法度，无事妄上谏章的人，剥去官服，用铁索缠身，裹围铜柱之上，炮烙四肢筋骨，顷刻间尽成灰烬，故此刑名为'炮烙'。"

纣王说："美人的方法妙极了，朕明日就让你监造。"

梅伯见纣王对妲己言听计从，大骂："妲己，你这妖妇，竟不知守苏氏忠良之道，惑君乱政，成汤基业败于你手！"

纣王大怒，喝令押下梅伯，速斩杜元铣。

首相商容见纣王信任妲己，杀害杜元铣，又造炮烙酷刑，在寿仙宫门口叹说："今成汤大势已去，江山就要易主，眼看七庙不守，我何忍心看着他灭亡。"又入内见纣王，也不再为杜、梅二人求情，请求辞官回乡，颐养天年。

纣王也嫌他连连谏奏，又怕日后不休，见他自动辞官，也不挽留，准其所奏。

归里之日，百官送行，七位亲王说："老丞相身为一国元老，为什么如此狠心，竟把成汤社稷抛于一边，扬长而去，难道心安吗？"

商容听了哭着说："列位殿下，我商容就是死也难报国恩。死又何惜，在下辞官绝不是偷生免死，实因纣王宠爱妲己，言听计从。妲己无端造恶，制造炮烙的酷刑。从此后祸乱必生，无奈老臣力谏不听，又不能挽回，与其坐视，不如远之。"

众人也知其意，大家洒泪而别。

自商容去后，数日间炮烙造成，纣王问妲己："美人所说的刑具造好，不知该怎么样处理？"

妲己说："先推过来，看造得怎么样？"

监造官将其推入，妲己左右上下细看，见果然无错，点头认可。

纣王见此物庞大，三层火门，下有个滚盘，推动灵活，对妲己笑着说："美人所造刑具朕从未见过，真是神人秘授一般，待明日先将

梅伯在九间殿炮烙，百官见了必然知其厉害，不敢再乱言，朕与美人也能安坐无忧了。"

早朝，纣王果然在九间殿上炮烙了梅伯，完好的一个人，转眼间化为乌有，百官惨不忍睹。

散朝后，比干与黄飞虎摇头叹气，比干说："如今天下大旱，北海动摇，太师远征，天子亲佞臣，宠爱妲己，造炮烙残害忠良，天下诸侯该怎么想？"

黄飞虎说："王爷，据本官看来，今日炮烙的不是大臣，而是炮烙纣王的江山，成汤的社稷！"

比干说："怎么说？"

黄飞虎说："古语说：君视臣如手足，则臣视君如腹心。现在主上不施仁政，以非刑加上大夫，不出数年，必生战乱，商汤江山动摇，这不是炮烙纣王江山又是什么？"

众官听了皆摇头叹气而散。

残害忠良制炮烙

说到黄贵妃侃侃的一席话，说动了纣王，可是，正在纣王犹豫不定之时，妲己再次指证皇后，说其未必事出无因，纣王听了立刻赞同。

黄贵妃见妲己存心不良，又说："苏妲己不得放肆！皇后本是天子的元配，万民之母，自三皇五帝以来，纵有大过，只有贬谪，从无诛斩正宫之法。"

妲己听了不以为然，冷笑说："贵妃所言差矣，天下从来没有万古不变之法，何况法律本是人立的，就是天子也不可私自求便。俗语说：王子犯法，与庶民同罪，何况是皇后。"

纣王说："美人所言极是，但不知可用什么刑？"

妲己说："陛下可传旨，如姜皇后再不招认，剜去她一目。眼是心之苗，她如果惧怕剜目之苦，自然不会再抵赖。就是文武百官知道了，剜目不过是平常之刑，也不会有什么苛责。"

纣王不加思索，便准了旨，让黄贵妃用刑。

黄贵妃听说要剜姜皇后的一目，暗中叫苦。心里骂苏妲己太狠毒，上辇匆匆回到西宫，见了皇后，哭着说："我的好娘娘，你哪辈子得罪了苏妲己，她在纣王面前献谗言，如果不认，就要剜你一目。听我的话，你就认了罢。历代帝王从无加害正宫之理，无非将你贬往不游宫罢了。"

姜皇后说："贤妹此言虽是为了我，但我未行此事，怎么能认此大逆之罪，贻害父母，得罪于社稷。况且妻刺其夫，有伤风化，败坏纲常，又使我父亲做不忠不义的奸臣，后人言之切齿。太子有败纲常之母，又怎么能安坐储位。贤妹呀，此事关系重大，莫说是剜去一目，就是下油锅或千刀万剐之刑，我也决不招认。"

姜皇后的话还未说完，纣王又下一道旨："姜皇后如果不招认，立刻剜去一目。"

黄贵妃听了急得泪如雨下，顿足说："我的好姐姐，你快认了吧！"

姜皇后说："纵然是死，我没做此事，哪里有冒认的道理？"

奉御官见姜皇后死也不认，就说："皇后不认，陛下又立等回旨，娘娘赶快遵旨用刑。"

黄贵妃被催无奈，只好让用刑。姜皇后一声惨叫，昏死过去。黄贵妃急忙让人救醒。

奉御官将剜下来的血淋淋的一目放在盘内，同黄贵妃上辇回复纣王。

纣王问黄贵妃："那贱人是否已经招认？"

黄贵妃捧上托盘，说："姜皇后并无此事，严究之下并不招认，

宁可受剜目之刑，也不招认，臣妾奉旨已取一目。"

纣王见了自悔无及，甚感伤痛，回头责苏妲己，说："朕轻信了你的话，将姜皇后剜去一目，仍不肯招，此咎谁来负责？倘若百官不服，该怎么办？"

妲己说："姜皇后只要不招，百官自然有说的，况且东伯侯坐镇一方，也要为女儿洗冤。依臣妾想，此事一定要让姜皇后招认，方可堵百官之口。"

纣王听了也不说话，自觉进退两难。过了一会儿，纣王问妲己，说："现在已成骑虎之势，为今之计，用什么办法才妥当？"

妲己听了说："事情已经到了这步田地，只有一不做二不休。她如果招了，百官则安静无话，她如果不招，百官必然议论纷纷，永无宁日。依臣妾看，为今之计只有严刑拷问，不怕她不招。"

商朝汉服

纣王又问："用什么刑？"

妲己说："陛下可传旨，让黄贵妃取铜斗一只，用炭火烧红。姜皇后如果不招认，可用铜斗炮烙她的双手。人说十指连心，痛不可当，不怕她不认。"

纣王说："据黄妃所说，姜皇后并无此事，现在又用此酷刑逼其屈招，恐怕百官有他议。何况剜目已错，怎么能再错？"

妲己心想：此事绝不可半途而废，否则必然祸及自身，我苏妲己今天是有我没她，有她没我！

想到此，苏妲己说："陛下，今日之事本是陛下询问臣妾，并非臣妾强陛下所行，臣妾为陛下着想，陛下反而怨起臣妾来了。"

　　纣王见妲己生气了，急忙劝说："美人之心朕岂会不知，朕不过说说而已，怎么能责怪美人。"

　　妲己说："皇后是陛下的元配，陛下自然有顾惜之情，但事已至此，宁可屈勘姜皇后，陛下也不能得罪天下诸侯及满朝文武。"

　　纣王无奈，只好传旨："姜皇后如果再不认，炮烙她一双手，不可徇私。"

　　黄贵妃听了吓得魂不附体，上辇又回到西宫，只见姜皇后满身血迹，其情景十分悲惨，不由得放声大哭，说："我的好皇后，你前生犯了什么罪，今世要受此毒刑。"

　　哭完了，扶起姜皇后，说："好娘娘，你认了罢！昏君听信那贱人之言，必要置你于死地。你如再不招认，就要炮烙你的手。如此惨刑，我怎么忍心看呢？"

　　姜皇后血泪满面，大声哭着说："我前生罪孽深重，一死有何惧哉，只是要贤妹为我做个证明，我死也瞑目了！"

　　姜皇后的话声刚落，只见奉御官已将铜斗烧红，又传旨："圣上有旨，如果姜皇后不认，立刻炮烙她的双手！"

　　姜皇后心如铁石，咬着牙说："自问没做此事，怎么能认此诬陷屈招。"

　　奉御官见不招，立刻将铜斗放在她的手上，烙得她皮焦筋断，姜皇后大叫一声，昏死过去。

　　黄贵妃见了心如刀绞，又上辇去回旨，说："陛下，如此酷刑，中宫宁死不肯招，臣妾觉得恐怕内外有人通同谋害皇后。"

　　纣王见姜后在两次酷刑下都不招认，方寸已乱，明知皇后受屈，却不敢承认。

　　妲己见纣王犹豫，又出主意，说："陛下不必忧虑，刺客姜环还在，可将他押入西宫，让二人当面对质，在铁证面前，不怕她狡辩。"

　　纣王说："就依美人所言，让姜环与贱人对证。"

　　执殿官晁田、晁雷将姜环押到西宫，黄贵妃说："娘娘，快睁眼看一看，你的对头来了。"

姜皇后听说陷害她的人来了，睁眼一看，此人从未见过面，骂着说："你这贼子，是什么人买嘱你来陷害我，你敢诬我弑主，皇天在上，你绝不会好死！"

姜环说："娘娘差使小人，小人怎敢不为？此为实情，娘娘不必推脱。"

黄贵妃见姜环见了姜皇后的惨状毫无怜惜之心，反而振振有词，知道他是诬陷，非常生气地说："姜环，你这匹夫，胆敢诬陷皇后，老天爷绝不会保佑你！"

再说姜皇后两个儿子殷郊、殷洪，此刻正在东宫下棋，只见东宫太监杨容来启奏："千岁爷，祸事来了。"

太子殷郊才十四岁，听了杨容的话，就问他："什么祸事？"

杨容便将事情的经过一说，殷郊听了大叫一声，同弟弟殷洪直奔西宫而来，见母亲被剜一目，两手枯焦，跪在母亲面前大哭。

姜皇后气息奄奄，正在昏迷之中，听见哭声，睁眼一看，见是自己的两个儿子，大叫："我的儿，你看为娘被剜目烙手，受此酷刑，都是这个姜环诬陷我谋逆，妲己进谗言残害于我，你当为母亲洗清冤情，我也没白养你一场！"

说完，惨叫一声，魂归地府去了。

太子殷郊见母亲屈死，挥泪而起，问黄贵妃："谁是姜环？"

黄贵妃说："殿下跪着的便是你母亲的死对头。"

太子见了诬害母亲之人，怒不可遏，抬头见西宫门上挂着一口宝剑，回身伸手拔下，骂说："好你个逆贼，你欺心行刺，诬陷国母，偿命来！"

说完，挥剑将姜环砍为两段，然后大叫："苏妲己，我必杀你为母亲报仇！"

不料晁氏兄弟以为太子要杀自己，转身便往寿仙宫跑，说是太子要杀纣王。

黄贵妃见晁氏兄弟走了，知道大事不好，让其快往九间殿，百官尚在，或可有救，如果等晁氏兄弟回来，恐怕凶多吉少。

　　果然，纣王又听信人言，让他们速杀逆子。

　　说到殷郊、殷洪兄弟跑到前殿，见文武百官都在听消息，并未散去。众人正焦急时，只见殿后转出殷郊兄弟。

　　殷郊见了黄飞虎，立刻扑上去，哭着说："黄将军，救我兄弟一命。"

　　说完一把拉住黄飞虎。

　　黄飞虎大惊，问："殿下，宫中发生了什么事？"

　　殷郊哭着说："父王听信妲己之言，必让母后招认谋逆之罪，母后不肯屈招，便将母后剜去一目，又用铜斗炮烙两手。母后屈死于西宫，黄贵妃并未勘问出半点真情。我看母亲死于惨刑之下，一怒杀死了姜环，本欲再杀妲己，不料，父王又赐我兄弟二人死，望列位皇伯可怜我母后屈死，救我兄弟二人，保住成汤一脉。"

　　说完放声大哭，两班文武听了皆流泪，要鸣钟为皇后洗冤。

　　只见镇殿将军方弼、方相兄弟大怒，说："天子失政，杀子诛妻，建炮烙，阻塞忠言，大丈夫既不能为皇后洗冤，替太子报仇，我等不如反出朝歌，另择新主，除此无道昏君，保全社稷。"

　　说完，兄弟二人各背一殿下，反出朝歌去了。据说方氏兄弟救出二殿下后，投奔西岐去了。

　　再说纣王见二子已逃，便升殿见百官，也不同任何人商议，立妲己为正宫。众官见纣王如此无情无义，眼中只有妲己，都闭口不言。

　　纣王散朝回宫，妲己上前迎接。纣王说："美人大位已定，朝内百官无人敢谏。朕所虑乃是东伯侯姜桓楚，他如果知道女儿惨死，定会领兵反叛，杀往朝歌，若真如此，怎么样才好？"

　　妲己说："臣妾不过是一女流，见闻有限，陛下莫如召费仲入宫，说不定他有奇谋，可安天下。"

　　纣王听了很高兴，笑着说："御妻言之有理，朕这就宣费仲入宫。"

　　一会儿，费仲应召而来，纣王说："费仲，姜皇后已亡，朕恐东伯侯姜桓楚闻知此事，领兵反叛，不知您是否有什么好的办法？以安

天下。"

费仲心想：害姜皇后乃是我与苏娘娘所为，如果让东伯侯知道还了得。

于是，费仲说："陛下，姜皇后已亡，两位殿下已逃，文武皆有怨言，如果太子逃往东鲁，姜桓楚必然起兵，陛下应速传四大诸侯入京，斩草除根，那八百镇诸侯群龙无首，绝不敢乱来，天下可保安宁。"

纣王听了大悦，说："您真是盖世奇才，果有安邦定国之策，不负苏皇后的推荐。"

纣王不敢有误，立刻发旨调姜桓楚、鄂崇禹、姬昌、崇侯虎入京。

四大诸侯接旨入京，方知朝中之变，东伯侯听说女儿惨死，上本为女儿辩冤，其他三侯也联名上本。

纣王连本章都不看，说是东伯侯派人行刺，犯有叛逆之罪，其他三侯串同一气，一并处斩。

费仲与崇侯虎是一党，所以出面保奏，免其一死。亚相比干与七王也共保姬昌，两个均免死。其他二侯被斩。

可是姬昌酒后失言，说是商朝仅剩此一传而绝，纣王不得善终，被费仲参了一本，因于羑里，不放归国。

纣王自从杀了二侯，囚了姬昌之后，以为天下从此安宁了，与妲己在摘星楼上饮宴，又叫上所有嫔妃，酒至半酣，妲己说："陛下，臣妾亲自为陛下歌舞助兴，怎么样？"

纣王说："美人的歌舞乃天下第一，朕每次观你之舞，听你之歌，都是最大的享受。"

妲己听了一笑，下阶歌舞一回，三宫六院宫人都齐声叫好，却见其中六七十名宫人不但不乐，反而眼中流泪。

妲己见了大怒，说："今日好心请你们来同乐，却反而哭泣，奉御官，速查她们是哪宫的人。"

一会儿，奉御官回奏，说这些人均是姜娘娘的侍御宫人。

妲己听了大怒，说：

"你们主母因谋逆罪被处死，你们反而怀念她，扫本宫的兴致，如此下去，必成宫闱之患。"

纣王听了大怒，传旨让武士俱用金瓜打死！

妲己说："陛下，暂且将这些贱人送入冷宫，臣妾有一计可除宫中之弊。"

纣王问："御妻又有什么妙计？"

妲己说："可将摘星楼下挖个阔二十四丈，深五丈的大坑，请陛下下旨，让城中每户进四条毒蛇，放入坑内，将这些宫人先剥干净，送下坑内喂蛇，此刑名叫'虿盆'。"

纣王听了说："御妻真是多有奇法，这'虿盆'之刑，必能消除宫中之患。"

于是，纣王下旨，命让城中万民献蛇。

"虿盆"建成后，大夫胶鬲闻听此事，入宫谏止，正赶上妲己脱光宫人推下坑去。胶鬲大惊，急忙劝阻，纣王却百劝不醒。胶鬲大怒，厉声大叫，极言不可。言谈中直指纣王与妲己。

妲己说："此等大逆不道之臣，为什么不推下坑去？"

纣王生气地说："好匹夫，竟敢侮谤天子，将这匹夫剥光衣服，推下坑去！"

胶鬲指着纣王骂："昏君，你如此横暴，绝不会善终。我今日来谏，乃不忍心看着成汤数百年天下付与别人，虽然一死也难瞑目。我身为谏官，怎么能入虿盆！"骂完往摘星楼下一跳，死于非命。

妲己见胶鬲已死，生气地说："将这七十二名宫人推下坑去，连同胶鬲一齐喂蛇！"

宫人齐声大骂："妲己，你这惑乱宫廷的贱人，我等犯了什么罪，遭此惨刑！我等死后变成厉鬼，吃你的阳魂。"

妲己听了怒不可遏，说："死到临头，还敢嘴硬，推下去！"

纣王见宫人落入坑内的惨状不但不悲，反与妲己觉得开心。

其他宫人见了都觉悲惨，但又不敢哭，只好打碎门牙往肚子里吞。

害人害己终丧命

苏妲己自从做了皇后，又造虿盆之刑弹压宫娥，使宫人敢怒而不敢言，从此更加一手遮天，为所欲为。

她坐在摘星楼上，觉得此楼太低，不能身居深宫，眼观整个朝歌。于是，妲己突发奇想，要造一高台，台上设有琼楼，名为鹿台，高四丈九尺。坐在鹿台上，便可看见全城景物。

妲己与纣王一说，纣王不加思索，立刻同意了。

纣王便派崇侯虎监造。崇侯虎从中渔利，弄得万民惊慌，不知有多少人累死在鹿台的工地，百姓苦不堪言，朝歌一片混乱，不知有多少人逃往西岐。

西伯侯之子伯邑考按父王临行所嘱，无妻者给钱娶妻，无处安身者，给银安身。

伯邑考是大孝之人，他思念被关了七年的父亲，将国事交给姬发，自己带着国中三宝，到朝歌替父亲赎罪。

他在亚相比干的引导下来到摘星楼，见到了纣王，献上三宝，请纣王赦父亲之罪。

不料，妲己在帘内，看见伯邑考丰姿神采，目秀眉清，十分英俊。妲己见了心中爱慕，传旨让宫人卷去珠帘。

纣王见妲己走了出来，就说："御妻，今有西伯侯之子伯邑考纳贡，代父赎罪，其情可怜。"

妲己说："臣妾听说西岐伯邑考善能鼓琴，世上无双，人间少有。"

纣王听了，说："噢，御妻怎么知道？"

姐己说：“臣妾虽然身为女流，但颇爱音律，幼年时曾听父母传说，伯邑考博通音律，尤其是鼓琴更为精妙，同时又深知当世大雅遗音。陛下可让伯邑考抚弹一曲，便知臣妾所说不虚。”

纣王本是一酒色之徒，爱姐己之色，故言听计从，于是说：“伯邑考，这是当今皇后苏妲己。”

伯邑考见皇后来到，急忙伏地叩见。

姐己见了笑着说：“伯邑考，本宫听说你善于鼓琴，你今日当殿抚弹一曲，怎么样？”

伯邑考说：“娘娘，请鉴犯臣一片孝心，臣听说父亲有疾，为人子者不敢舒衣安食。今天父亲犯罪被囚七载，臣何忍蔑视父亲，自为喜悦！况且臣心乱如麻，安能为宫商无节之音，有辱圣聪。”

纣王听了伯邑考的话，深觉有理，于是说：“伯邑考，你当此景抚弹一曲，如果朕听了稀奇，便赦你父子归国。”

伯邑考听了大喜，立刻谢恩。纣王让人取一张琴来，伯邑考盘膝坐在地上，十指拨动琴弦，抚弄一曲，名为“风入松”。其音悠扬，如万壑松涛，清婉欲绝，听了让人感到自己恍如身在瑶池，大有飘飘欲仙之感。

一曲弹完，纣王对姐己说：“御妻所说不假，此曲真是仙乐也。”

姐己说：“伯邑考之琴天下共闻。今日亲观其人，又听其琴声，真是所闻不如所见。”

纣王听了更加喜悦，传旨在摘星楼设宴。

姐己偷看伯邑考，只见他面如满月，容颜俊雅，仪表不俗，不觉动情。再看纣王，不光是青春已过，相貌平平，无什么动人之处。

自古佳人爱少年，姐己见了伯邑考，不免勾起了她的一片遐思，自问貌可惊人，本以为能嫁一如意郎君，没想到纣王一道御旨，毁了她美好的梦。

姐己暗想：纣王宫妃无数，难道我就不能爱上一个人。如今我身为皇后，把持后宫，先设计将伯邑考留在宫中，借口说是学琴，乘机挑逗，他见我姿色绝世，必然动心，我便可与他成鸾凤之友，共效于

飞之乐。

想到此，妲己奏说："陛下当赦姬昌父子归国，以显陛下皇恩浩荡！可是，伯邑考的琴天下绝调，如赦归国，朝歌竟为绝响，实在可惜。"

纣王说："御妻有什么办法？"

妲己接口说："臣妾有一法，可以两全其美。"

纣王说："有什么办法？御妻请讲。"

妲己说："陛下可留伯邑考在此传授臣妾琴艺，等到臣妾学成，早晚弹给陛下听，一来西伯侯父子感谢陛下赦宥之恩，二则朝歌不绝瑶琴之乐。"

纣王听了不知妲己有其他意思，用手拍着妲己的背，说："贤妻真是聪慧过人，此法的确是两全其美。"

于是，纣王传旨，说："伯邑考，从今以后留在摘星楼教皇后琴艺，等皇后的琴学成之日，朕赦你父子回国。"

妲己心中暗喜，心想："我今天把纣王灌醉，扶他回宫，我与伯邑考在此学琴，保管事成。"

结果妲己频频向纣王献酒，一会儿的工夫纣王便醉倒了。妲己让宫人扶圣上到龙榻安寝，便让伯邑考教她学琴。

宫人立刻搬上两台琴，一张给伯邑考，一张给妲己。

伯邑考说："犯臣子启奏娘娘，此琴分内外五形，六律五音，又有八法、六忌、七不弹。"

妲己说："这六律五音，八法均知，但不知什么是六忌、七不弹？"

伯邑考说："六忌是哀、恸泣、专心事、忿怒情怀、戒欲、惊。七不弹是，疾风骤雨，大悲大哀，衣冠不整，酒醉性狂，无香近亵，不知音近俗，不洁近秽，凡遇这些，皆不弹。"

说完，伯邑考又讲了八十一大调，五十一小调。然后将琴拨动，只听琴音嘹亮，妙不可言。

那妲己本来不是为了学琴，实因爱恋伯邑考的姿色，欲效于飞之乐。见伯邑考专心教琴，连正眼都不看她，便故意靠近伯邑考，又摆出妖艳的姿态，转动秋波，娇滴滴地与伯邑考交谈，欲乱其心志，让其动情。

无奈伯邑考是圣人之子，来此献宝，欲行孝道，不管妲己怎么引诱，他仍然心如铁石，一心只顾传琴，就像是没看见一般。

妲己三番两次挑逗，伯邑考没反应，妲己便说不好学，让其宫人再摆宴，又命伯邑考侍宴，伯邑考听了吓得魂不附体，急忙跪下说："伯邑考乃犯臣子，蒙娘娘不杀之恩，赐以再生之路，恩深似海。娘娘乃万乘之尊，人间万姓国母，伯邑考不敢侧坐。"

说完，伯邑考伏地，不敢抬头。

妲己说："伯邑考，你所说差矣，论臣子，固不可坐；如果论传琴，乃是师徒之说，坐坐有何不可？"

事情至此，伯邑考已深知妲己的用意，不由得心中暗骂："妲己，你这淫妇，竟把我当成不忠不孝，不仁不德的不良之人。今日我伯邑考为父误入陷阱，岂可从妲己坏了纲常，深辱天子。我今日宁可受万刃之诛，也不能坏了姬门之节。如果从她，九泉下有何颜面去见始祖！"

妲己见伯邑考不肯入席，无计可施，只好命人撤去，命伯邑考仍然弹琴。

伯邑考闻旨，依然用心弹琴，妲己一边学，一边寻思，突然，她又得一计，便说："本宫在上，你在下，所隔太远，甚是学来不便，如此下去，本宫何能学会。本宫有一方法，可以两便。"

伯邑考说："久抚自精，娘娘不必着急。"

妲己说："伯邑考所说不对，今夜如果学不熟，明日主上问本宫，我有何言相对？不如你移于上坐，我坐在你怀中，你拿我手拨弦，用不了一刻钟保证可熟。"

伯邑考见妲己步步紧逼，心想：父亲临行让我不可来此，可见大

数已定，料难脱此劫，不如做个清白之鬼，一不负父亲教子之方，二可保住姬家的仁名。看来今天只有忠言直谏，死了也甘心。

想到此，伯邑考正色说："娘娘之法，让我万载之后成为怎样的罪人？史官如果将此载入典章，娘娘又成了什么人？娘娘本是天下国母，掌六宫之权，今为了学琴一事屈尊至此，成什么体统！如果此事传出宫外，虽娘娘冰清玉洁，天下万世又怎么会相信呢？"

妲己听了羞得面红耳赤，无言以对，只好让伯邑考暂退，回驿馆休息。

妲己未能如愿，心中深恨伯邑考，把一片爱他之心转成深仇大恨，便在纣王面前说伯邑考教琴时用言语调戏她，非常无礼！

纣王听了大怒，又宣伯邑考入宫，纣王不好直说，只好让其抚琴。纣王听琴声仍是一片忠君之心。

妲己见纣王无心加罪，于是说："陛下，伯邑考昨日献三宝，其中有一白面猿猴，能歌，陛下何不让白猿当殿歌一曲。"

纣王一想也是，从未听说白猿善歌，何不让它唱一曲。便让伯邑考把白猿带上摘星楼。

伯邑考遵旨，领白猿来到楼上，把檀板递给白猿。只见白猿轻敲檀板，开口唱歌，那歌声就似凤鸣鸾啼，让人听了拍手叫绝。

可是那白猿有一忌，唱歌时不准有人做出放肆之态。不料，妲己听了白猿的歌竟忘乎所以，手舞足蹈，白猿见了以为侮辱它，隔着九龙侍席，直奔妲己而来，妲己向后一闪，只见纣王伸手一拳，将白猿击死。

妲己惊魂方定，生气地说："伯邑考明为进贡，实为行刺，若非陛下相救，臣妾恐怕就死了！"

纣王大怒说："你这匹夫，用白猿前来行刺，众人亲眼所见，你有什么话说？"

伯邑考说："白猿乃野物，虽通人语，却野性不改。猴子本来喜欢果品，它见九龙席上的百果，急欲去取，并非行刺。"

纣王听了一想也是，于是说："御妻，伯邑考所说有理，白猿并非人类，手中又无刀，怎么会是行刺?"

妲己一心要杀不顺从自己的人，于是说："好，就依陛下之言，赦伯邑考无罪，不过让其再抚一曲，如果琴中有忠良之心便罢，如果有倾覆之语，杀无赦。"

纣王点头称是，让伯邑考抚琴。

伯邑考暗想：此番断不能脱，不如抚琴进谏，就是死了，也可留名史册，可见我姬姓历代忠良。

琴中伯邑考历数纣王所为，劝其远小人近贤臣，整顿朝纲，远声色安天下。

妲己听了大骂说："大胆匹夫，敢在琴中辱君骂主，罪不容诛!"

纣王大怒，命武士将他拿下。

伯邑考未等武士近身，回手将琴打向妲己，妲己一闪，跌于地上。

纣王怒说："好匹夫，方才猿猴行刺被你骗过，现在你又用琴击皇后，分明弑逆，还有何话说! 快将此人扔下虿盆。"

妲己说："且慢，陛下将伯邑考押下楼去，臣妾自有处治之法。"

纣王听从妲己之言，命人将伯邑考押下楼。妲己让人用四根大钉钉了他的手足，用刀将伯邑考剁成肉酱。伯邑考大骂："妲己，你这淫贱的小人，亡我殷商，败坏宫闱，你绝不会好死。"大骂而绝。

纣王要将他喂蛇，妲己不让，说："陛下，臣妾听说姬昌能明祸福，善知阴阳。可将伯邑考之肉包成肉饼，让姬昌食，他如果吃了，说明以前纯属妄言，可放其回国，如果不食，当立即杀死，以绝后患。"

纣王听了说："御妻之言正合我意，速命人做成肉饼，送往羑里，赐给姬昌。"

据说姬昌早已算定，但为了迷惑纣王，却强装不知，食了肉饼，纣王不知有诈，立刻放姬昌回西岐去了。

姬昌回国后，拜姜子牙为相，整饬武备，准备讨伐纣王。

公元前 1046 年，周武王在牧野举行誓师大会，列数了商纣王的罪状；全力伐纣。纣王得知后，征调军队回朝歌。由于军队主力离朝歌很远，一时难以调回，无奈之下将大批奴隶和俘虏武装成了十七万人的临时军队。在交战时，这些军队倒戈而向纣王。纣王大败，逃回朝歌后于鹿台自焚。此时姜丞相即命人捉拿苏妲己；姜子牙恐妲己再以红颜祸民，遂蒙面斩妲己，并将其首挂白旗之上以示众。自此，祸害天下的妖姬终和她的残暴消于尘土！

第 二 章

红颜祸水，国亡身死
——褒姒

　　褒姒（史记作襃姒），生卒年不详，周朝末年时人。由于当时占卜术说她对周朝而言是不祥之兆，因此被抛弃，九死一生，后被人收养。后来褒人将她献给周幽王姬宫涅，因姓姒，故称为褒姒，成为周幽王的宠妃。其间，幽王为博她一笑，不惜烽火戏诸侯，日久误国误民。褒姒夺得皇后之位后，更加狠毒，导致诸侯国叛乱。幽王被杀，她也在被掳之后自缢而死。

九死一生的女婴

周武王灭纣王后，继成康等奴隶社会的鼎盛时代，经过千百年的沧桑剧变，传到了宣王姬静，已是风雨飘摇。他为了重振周王朝大业，力图加强奴隶主统治，使衰落的周王朝中兴。然而历史的车轮不可逆转，奴隶制已病入膏肓。

首先是姜戎抗命，宣王御驾亲征，在千亩大败而归。宣王本欲再举兵伐姜戎，可是军粮不充，便亲自在太原料民，之后起驾回镐京。宣王的车驾浩浩荡荡进入都城，疲惫的宣王不断思索征伐之事，忽然听见一群孩子远远做歌：月将升，日将没；弧箕誏，几亡周国。

周宣王听了歌后大惊，立刻高喊："停车！"御者急忙停住车驾，说："陛下，有什么差遣？"

周宣王说："传令武士，将歌者都擒来。"

一会儿，武士将两名幼童带到车前，跪下说："启奏陛下，做歌的人已拿到，原有十几个人，其余的人一哄而散，臣仅拿到两名。"

宣王低头一看，竟是两名六七岁的童子，只好说："方才的歌可是你们唱的？"

其中的一位童子说："回陛下，此歌并非我等所造，乃是三天前市中来了一红衣小童。此童极擅长歌舞，城中童子都愿意同他玩耍。此歌是他教我们的，不知什么原因，一天后满城中小孩都会唱此歌。"

宣王说："现在红衣小童在哪里？"

童子回答说：自从教歌之后，早已不知去向。

宣王听了沉默良久，训斥了小童一顿，下令城中不准再唱此歌，如果有谁再唱，父兄连同坐罪。

早朝周宣王召见三公六院，问小儿做歌该怎么样解释？

大宗伯召虎出班奏说："弧乃是桑木之名，此木可做弓，故称弧。箕，草名，可以用它编织箭袋，故称箕䠱。据臣的拙见，似乎是说国家将有弓矢之变。"

大臣们根据自己的理解，纷纷解释给宣王听。宣王也不加评论，只是点头，最后说："据众卿所言，此歌将预示我朝的一场变乱，朕如果赦姜戎之罪，罢太原之兵，将武库内的弓矢兵器全部烧掉，不知其祸是否能够避免？"

伯阳父回答说："臣夜观天象，歌中所说之兆已成，从方位上来看，此祸根似乎在王宫之内，与外面的弓矢无关，必主后世女主乱国。何况谣言说'月将升，日将没'。日乃人君之象，月乃阴类，日落月升，乃阴盛阳衰，正是说的女主干政。"

周宣王听了大惊，说："伯阳父所说朕实不解，自朕登基以来，后宫皆由姜后主持，其人贤德无比，内外皆知，何况姜后从来不问朝政，怎么会干预朝政？"

伯阳父说："陛下，谣言只说'将升，将没'，并非现在之事，只要陛下修德，自然可以逢凶化吉，不必焚弃弓矢。"

宣王将信将疑，散朝回宫。一路上低头不语，直奔姜后宫中。

姜后将宣王接入宫中，宣王将近日发生的事和大臣所言一一告诉姜后。

姜后大惊，说："陛下，宫中也有一件怪事，臣妾正要奏明圣上，不知此事与谣言是否有关系？"

周宣王说："宫中有什么怪事？王后尽管说来。"

姜后说："今天早上，先王宫中的一位老宫人，年已五十余岁，自先朝怀孕，至今已四十余年，昨夜半夜子时后生下一女婴。"

周宣王听说后大吃一惊，立刻想到伯阳父的话："此兆已成，似在王宫内。"他立刻站起来，抓住姜后的手，急切地问："此女现在哪里？"

姜后见周宣王对一女婴如此惊惧，急忙回答说："臣妾认为此乃

不祥之物，便让宫人用草席包裹，扔到二十里外的清水河中去了。"

宣王听了说："哎呀爱妃，如此不吉之物为什么不等到朕亲自处理？说不定此妖女乃是应时而生，正是'月将升'中的女祸，理应将其处死，免生祸端。"

姜后说："臣妾有罪，臣妾这就派人去找。"说完又叫来两位宫人，下令说："你二人火速赶往清水河，找到那女婴，当场将其溺死河中，不得有误。"

二人领命而去，宣王又让姜后宣召老宫人问其女的来历。

不一会儿，老宫人应召而来，连拜呼万岁。

宣王道："听说你怀孕四十年，昨晚半夜产下一女，不知此女是谁的后人？"

老宫人自知有罪，只得流泪道出这个离奇的故事。

原来传说在公元前十八世纪，距离现在三千多年，当时还是夏王时期，也就是妹喜的丈夫姒履癸在位，有一天褒城有两个人突然化成两条龙，腾云飞上一千公里的高空，然后又降落在夏王宫中，也许是因为飞累了的原因，二龙落到王宫后满口往外喷唾沫，而且开口说话道："我乃褒城二君。"

太史奏道："神龙下降王宫，必主大吉，大王何不用东西将他们的唾沫收藏起来，必有后福！"

夏王大喜点头道："太史可再占卜吉凶？"

太史急忙占卜道："得大吉之兆。"

夏王惊喜，于是下令用布帛投祭于二龙的前面，取金盘收取二龙的唾液，放在朱椟中。此刻忽然雷声响起，风雨交加，二龙乘风飞去。夏王命人将朱椟收藏于内库。

这个放在宝库中的朱椟，自殷世历六百四十四年，传二十八君主，传到了周朝，又将近三百年，从未有人开椟一看。

到了公元前八百五十年，周王朝的第十代国王姬胡末年，也就是宣王父亲。有一天夜黑极了，天上的星光被浓云遮住，守卫王室宝库的士兵正在敬职地值班，突然发现从宝库内射出一道光线，守宝库的

士兵大惊，以为是有什么人乘夜黑盗宝，急忙察看，原来此光是从装龙涎的朱椟中发出，士兵并不知是何物，又急忙奏报于周厉王。

周厉王听了掌库官员的报告，不知椟中为何物，忙令掌库官取簿查看，这才知道朱椟的来历。厉王十分好奇，想要看一看这朱椟内的龙涎变成了什么样的宝物，下令掌库官将椟取来，内臣打开朱椟，手托金盘呈上，厉王刚刚接过，不小心失手将金盘掉于地上，金盘中的唾液流在殿上，化成小小的一个元鼋，在殿中石柱上盘旋，内侍急忙驱逐，元鼋却直入王宫，转眼间便已经不见踪影。

宣王听了老宫人的话不由得问道："这元鼋与此女婴又有什么关系？"

老宫人此刻羞愧地低下头接着道："当时奴婢年仅十二岁，一个偶然践踏上元鼋爬过的痕迹，心中便好似有什么感觉，从此肚子渐进大起来，就像怀孕似的。先王怪奴婢不婚而孕。败坏了宫廷声誉，便下令将奴婢囚禁起来，到如今已经四十年了。不料昨夜奴婢突然腹痛，倾刻便产下一女。宫中的侍卫报告给了王后娘娘，娘娘认为怀孕四十年才生，恐非人类，宫中自是不能留她，下令让人将其扔入清水河中，奴婢罪该万死！"

说完老宫人伏地请罪。

周宣王见老宫人产后虚弱惊惧的样子，说："此乃先朝之事，与你无关。"然后挥了挥手说："退下去吧。"

老宫人刚刚出去，先前派出去的宫人正好回宫复命，宣王急忙叫宣，宫人急忙回说："女婴已被水冲走，奴婢搜寻一里方圆的水域，没有看见女婴的踪影。"

宣王听了大喜，心想：一个刚刚出生的女孩，一定是溺死或漂走了，绝不可能活着。

次日上朝，周宣王宣太史伯阳父，将宫中怪事的来龙去脉说了一遍，让伯阳父占卜。结果是：哭又哭，笑又笑。羊被鬼吐，马逢犬逐。慎之慎之，弧箕谒。

伯阳父说："臣按十二属推算，羊为未，马为午，所谓哭笑者，

乃悲喜之象，其卦应在午未之年。臣以为，妖气虽然出宫，未曾除掉。"

周宣王听了大惊，命全城内外，挨户查问女婴，不论死活，有人捞到献上，赏布帛三百匹，有收养不献者斩。命上大夫杜伯专门管此事。又命下大夫左儒督令市官，不准造卖山桑木弓，以及用箕草编的箭袋，违令者处死。

这两道命令城中百姓已经皆知，唯有乡下村民还没有尽知。

一天，左儒正在城门口巡查，只见一妇人抱着几个箕草编的箭袋，高高兴兴地入城内来，一个男子背着十几把山桑弓跟在后面。原来这对夫妇住在远乡，不知城中的变故，正急匆匆赶着入城做买卖，左儒与司市官见了，大喝一声："快把这妖妇拿下！"手下胥吏一拥而上，先将妇人捉住，那男子见了不知所以，扔下弓，慌忙逃走了。

左儒认为二物都和谣言相和，而且卖箭袋的还是一名女的，便隐下男子不奏，单奏妇人违抗王命造卖禁物，周宣王急于解除不吉之兆，下令将妇人处死，又将弓矢之物焚烧，以儆他人。

说到那妇人的丈夫独自逃走，不知道自己犯了哪条王法，他也不回家，为了打听妻子的吉凶，在离城十里之外的地方住下，第二天早上到城外打听消息。

只见城门口贴着一张白纸，许多人围着看。那妇人的丈夫不识字，便向人询问，一老叟叹口气说："你这外乡人不知，只因近日城中流传了一句童谣：月将升，日将没，弧箕韣，几亡周国。'所以国王下令禁卖弓失，违者斩首。那妇人不知此事，偏偏进城卖这二物，被抓住处死，哎！惨啊！"

说完，老叟摇头而去。

妇人的丈夫听说妻子已死，独自来到旷野哭了一场，垂头丧气地往回走。

走出去十余里，来到了清水河畔，远远望见一群鸟在岸边飞叫，逐而不去。那男子大惊，心知有异，便向岸边奔去。只见众鸟衔草席，奋力向岸上拖。

男子赶走群鸟，将草席拉上岸，打开一看，见席内包着一刚出生不久的女孩。

他用身上的外衣包上女孩，心想：我在此已无立脚之地，妻子含冤而死，说不定朝廷也正抓我，如今孤独无依，不如将这女孩养大，将来也会有靠。想罢，便抱着女孩离开故乡，到褒城投奔亲友去了。

身世坎坷两易父

褒城是夏朝的国都，周朝时是褒国，也正是此女孩的传奇地，卖桑弓的男子抱着女孩一路上乞讨，来到褒国，到了褒国后父女俩没有生活来源，女孩没有奶吃，那男子东讨西要为女孩将就一口活命的饭，女孩每日啼哭，眼看命将不保。

一天，卖桑弓的男子抱着女孩到一家乞讨，不料此户人家刚死了出生不久的女儿，母亲正为丧女而悲伤，丈夫心里也不愉快。

正在此时，只听门外有人敲门，开门一看，见是来讨饭的，女人的丈夫没好气地说："去去，到别处要去，我家没有。"

说完使劲一关门，卖桑弓的男子后退慢了，被门撞倒在地，他怀中的女孩受了惊吓，大哭起来。房中的女人听门外有孩子的哭声，急忙冲到门外，见一个乞丐怀抱着一个小女孩。

不知是做母亲的本性，还是因为上天的有意安排，那女人不顾一切地从卖桑弓的男人怀里抢过孩子，那女孩到了她怀里立刻止住了哭声，亲昵地依偎在她的怀里。

那女人一见女孩倍感亲切，立刻将女孩抱回屋去，解开怀中的扣，将女孩喂饱。

卖桑弓的男人见女孩吃奶后甜甜睡去，便上前去要女孩，那女人竟不愿意送还。女人的丈夫只好上前开口说："请问老哥家住哪里？为什么一个人抱着孩子讨饭？"

卖桑弓的男子将经过仔细地说了一遍。

那男人听了十分同情，自我介绍说："在下姓姒，名叫姒大，室人刚刚生下一女，不幸却夭折了，方才正在房内哭泣，在下心情不好，多有得罪，老哥如果同意，此女可放在我家抚养，老哥的生活在下帮助安排。"

卖桑弓的人正为无法养孩子发愁，见姒大夫妇愿意帮助抚养，真是求之不得，立刻同意。姒大夫妻大喜，不仅让其住下，还送他不少东西。

姒大夫妻收养了女孩，满心欢喜，给女孩取名叫褒姒。

转眼间褒姒长到了十四岁，出落成亭亭玉立的少女，她瘦高的个子，皮肤雪白，眉似远山，口如樱桃，腰如杨柳，眉眼中透出一股灵气，真是谁见谁爱，姒大夫妻与卖桑弓的人爱如明珠。

褒姒性格好动，对花啊，蝴蝶啊

褒姒画像

十分喜爱，每天在花园中流连。

一天，褒姒发现了一只美丽的蝴蝶，褒姒便去捕捉，可却扑不到，便一直追出家门。由于一心追赶蝴蝶，不小心与一行人撞了个满怀。

此人被撞后大怒，刚要发作，见眼前乃是一美丽无比的女子，此人满腔的怒火立刻化为乌有。他仔细打量褒姒，发现此女虽为村女，但却有倾国倾城之貌，虽是小家碧玉，但却有一种难以掩盖的高贵气质。

褒姒撞了人自知有过，急忙上前赔罪说："褒姒冲撞了大人，多有冒犯，小女子赔礼了。"

说完深深一揖。

此人忙说："没关系，没关系！"

褒姒刚要再说什么，只听院内喊："姒儿，姒儿。"

褒姒一笑，又对此人做了个万福，退回院内去了。

各位，你说此人是谁？原来是褒国国君褒鮌的儿子褒洪德。

褒洪德本是褒国世子，为什么到褒国都城郊外来？

原来公元前七八二年，周宣王姬静去世，他的儿子姬宫涅继位，史称幽王。娶申国国君的女儿为王后，不久生下太子宜臼。

宣王后姜氏由于悲痛太过，很快离开了人世。母亲去世幽王毫无悲伤之感，反而觉得去了一块心病。从此后原形毕露，每日与群小狎昵，饮酒作乐，不理朝政。

申侯乃是其岳父，不忍心看着周王朝衰败，多次到宫中劝谏，劝幽王以国家社稷为重。可是幽王只回说一句知道了，事后仍然如此，申侯无可奈何，只好上本求归。幽王正烦他喋喋不休，见了本章也不挽留，下诏让申侯回国去了。

也许是西周气数将尽，尹吉甫、召虎等老臣相继过世，幽王又用虢公、祭公、尹球为三公，三个人皆是谗谄阿谀的小人，逢迎幽王，察言观色，投幽王所好，幽王从此更不把朝政放在心上，每日与酒色歌舞为伍。

太史伯阳父见幽王如此荒淫，心中忧苦，与大夫赵叔带在朝外相商，伯阳父以商亡的教训喻及当今，赵叔带乃一忠臣，便怀着一腔忠义之心进谏。

恰好此时泾、河、洛三川大地震，岐山守臣上表章申奏，幽王不以为然，反而让左右为其广选民间美女，以充后宫。

赵叔带见幽王如此荒唐，上表说："山崩川竭，其象犹如脂血俱枯，乃国家不祥之兆，陛下应勤政恤民，求贤辅政，尚可消弭天变。若一味以酒色为重，必危社稷。"

虢石父怕危及自己，上奏硬说："赵叔带素有慢君之心，周定都镐京，岐山早已弃之，与国家的存亡无关系。赵大夫危言耸听，借机诽谤，望吾王明察。"

幽王见了赵叔带的表章早已是满肚子的气，正愁没有借口逐他，见了虢石父的表章大悦，便诏免了赵叔带的官，逐归田野。

赵叔带被逐时，正值褒国国君褒珦入朝，听说赵叔带被逐，慌忙入朝劝谏。幽王见褒珦来谏，开口说："褒侯可是为那赵叔带一事而来？"

褒珦说："正是。"

幽王说："赵大夫轻慢于朕，不配立于庙堂之上，因此而逐之，褒君不必启奏。"

褒珦也是一代忠臣，明知幽王不会听，仍然奏说："大王不畏天变，将贤臣免官驱逐，臣恐国家空虚，社稷不保，臣以为……"

幽王见褒君之言比那赵叔带之言更不入耳，立刻大怒，未等褒珦的话说完，便吼说："住口！逐走一小小赵叔带便社稷不保，朕难道说不如一小小大夫吗？你明明是借机压朕，轻慢于朕，朕岂能容你！来人那！将褒珦囚于狱中，看朕的江山能否灭亡。"

从此，朝中再也没有谁敢来劝谏，言路已绝。褒珦的儿子褒洪德为了救父亲出狱，四处奔走，三年来竟毫无结果。如今他心已冷，便无可奈何地到处闲步，不知不觉踱到了郊外，被褒姒撞了一下。

刚要与褒姒搭话，不料褒姒转身入院去了，褒洪德自言自语说："没想到这僻野乡村竟有如此美色。"

美色、美女，褒洪德不由得想到了幽王四处选美女的事，眼前不觉一亮，暗想：父亲被囚在镐京狱中，三年未归，自己虽然想尽办法，却不能打动幽王的心，此女乃独一无二的绝代佳人，幽王又是一位沉于酒色之中的昏君，见了此女定会动心，如果将此女献给幽王，一定能够救出父亲。

褒洪德决心已定，于是向四邻打听此女的姓名，可否婚配。

事情说来也巧，那褒姒虽然到了婚嫁的年龄，由于父母爱之过深，

再加上住处偏僻，虽然姿色过人，却无人聘定。

褒洪德了解了情况，便不再散步，急匆匆赶入城中，进见母亲。

褒母见儿子刚刚出府，又匆匆地回来，开口说："我儿说是出城散心，怎么这么快又回来了？"

褒洪德说："母亲，父亲有救了。"

"什么？我儿三年营救不成，今日何出此言？"褒母说。

褒洪德说："母亲，当时父亲因直谏而被囚，并非犯有不赦之罪。现在天子荒淫无道，不断向民间征访美色，以充后宫。儿如果能找到一绝色女子献上，父亲便可出狱。"

褒母叹气说："我褒家世代忠良，从不为奸邪之事，幽王好色，为臣子的要劝谏才是，怎么反要助纣为虐。"

褒洪德说："儿自知此行不忠，然而非此救不了父亲。何况幽王乃一代暴君，周朝的气数已尽，满朝无敢言者，虽然此举不当，可是儿也顾不得许多了。"

"也罢，既是无可救药，也只好如此了。但不知这绝色女子到哪里去找？"褒母问说。

褒洪德说："儿正为此而回城，方才儿在郊外散步，遇见一美貌女子，绝色非常，乃是乡民姒大的女儿，现已十六岁，如果将其献于幽王，再带上金帛，求幽王宽放父亲，没有不成之理，此乃散宜生救文王出狱之计。"

"好，如果此计可行，财帛有何可惜，我儿可速办。"褒母说。

褒洪德征得母亲的同意，携金银布帛亲自来到姒大家中。

姒大见太子来到家中，犹如褒君亲临，大礼相迎，不必细说。

褒洪德说："访得姒家有一绝色的女儿，欲征入国中，献给幽王，享不尽的荣华富贵，强如家中千百倍，不知姒家有何要求。"

此时卖桑弓之人已过世，一切均由姒大做主，听说女儿能入宫侍候周天子，心中无比高兴，这也难怪，攀龙附凤之心人皆有之，何况褒姒又不是他的亲生女儿，如今人已长成，早晚嫁人，只要能聘出好价钱，自然高兴。

姒大想：既然是王家征用，我何不要个高价，于是，提出金银各二百，布帛三百匹的要求，褒洪德也不回价，一口答应，当场交了聘金，将那褒姒买回家中。

褒母见了褒姒心中惊讶，没想到褒姒之貌如此绝色，可谓是古今第一美人，知道用她一定能换回夫君，便派两名侍女，先领褒姒去沐浴，然后换上锦绣之衣，每日用美味佳肴去供养，又请人教她宫中之礼数、音乐。

褒姒也真是绝顶聪明，虽然以前什么也没学过，只要老师教一遍，便能过目不忘。不到一个月，褒姒已成为琴、棋、书、画无所不能的人，再加上自身的美貌，实是一位多才多艺的绝代佳人，只有一点，褒姒却从来不笑。

褒洪德见自己的美人计就要成功，心中无比高兴，于是又预备下足够的金帛玉器，带着褒姒来到了镐京，在驿馆中住下。

他先用金银贿赂虢公，求其转奏幽王。

虢公乃是贪财之人，见了褒洪德的金银满应承，第二天便将其表章递给幽王。

幽王打开表章，只见上面写着："臣鲐自知罪当万死。鲐子

周幽王

洪德，为替父赎罪，遍访褒国，得一举世无双的美女，名叫褒姒，进献给大王，万望吾王赦宥。"

幽王看了表章还未说话，虢公从旁说："臣听说此女不仅有沉鱼落雁之貌，而且天下少有，足见褒鲐子洪德真心赎罪。"

幽王听说褒姒美貌无比，心想：一个褒鲐换一个美女值得，自己也可以收买人心，便对虢公说："既然如此，朕先见见褒姒，如果真

像你说的，朕便放回褒鲩。"

虢公得了幽王的旨意，立刻到驿馆通知洪德。

一朝乡女入龙床

公元前七八〇年，褒洪德带着褒姒入朝，幽王姬宫涅先见过褒洪德，然后宣褒姒进见。

褒姒来到殿上，又缓缓下拜，就像一只美丽的蝴蝶落在阶下，文武百官都屏住呼吸，似乎是不忍心将它吓飞。

只听褒姒娇声说："民女褒姒叩见幽王陛下，愿吾皇万岁万万岁。"

幽王听了这一声，心中顿时觉得像灌满蜜糖一般，舒服极了，急忙说："平身，抬起头来。"

"谢吾王。"褒姒说。

于是，褒姒慢慢地抬起头来，目光直视幽王。

幽王仔细一看，只见褒姒两目含珠，面如白雪，眉似远山，鼻如悬肚，口如樱桃，顿时觉得光彩照人，满殿生辉，幽王心中大喜。

幽王暗想：朕近年来虽然四方贡女不绝，可是论美貌都不及褒姒的万分之一，真是用尽天下关于形容美女的词汇，也难以描绘出褒姒的美貌，说她闭月羞花不为过，说她沉鱼落雁也不足恰当。不知朕何世修来的福气，能得她来陪伴，平生之愿足矣。

幽王只顾贪看褒姒的美色，忘了殿下的文武群臣。

褒姒见幽王死死地盯着她，知道自己很中幽王之意，惧怕之意顿消，胆子大了起来，更加大方潇洒，幽王见了恨不得立刻将其拥入怀中。

虢公见幽王只顾贪看褒姒，不顾左右大臣，便出班说："陛下，褒姒已在殿上，不知吾王怎样发落褒鮀？"

经虢石父一提醒，幽王才回过神来，开口说："宫监在哪里？可将褒姒带到琼台沐浴更衣候见，褒洪德进献美女有功，赦其父轻慢君王之罪，放其出狱回国，仍为国君。不必进殿谢恩，立刻回国去吧。"

你说幽王为什么不让褒鮀谢恩？不为别的，只因幽王急于到琼台与褒姒相会。

褒洪德见幽王放出父亲，欣喜已极，急忙伏阶说："多谢陛下厚恩，臣代父亲拜谢吾王了。"

幽王似乎已等得不耐烦，向殿下挥了挥手，转身进入后宫去了，值殿官只好宣布退朝。

幽王回宫后直入琼台，褒姒刚刚出浴，幽王便闯了进来，只见褒姒满身香气，面带水珠，恰似一朵出水的芙蓉，美艳绝顶。幽王见了难以自持，急忙上前抱入怀中。

褒姒虽然已十六岁，但却是初入风月，心中未免有怯意，被幽王抱在怀中，又喜又惊，身上不觉微微颤抖。

幽王说："美人不必害怕，从今以后一切由朕做主，这高大的琼台和无数的宫女都归你支配，你就是这宫殿的主人了。"

褒姒双目含情地望着幽王，要跪下谢恩，被幽王紧紧搂住，说："美人不必多礼。"

幽王被褒姒如火的情目一看，再加上那少年的胴体传给他的温情，好色的幽王早已魂飞魄散，挥手让宫女们退下，脱下褒姒的浴衣，少女那美丽的胴体显露在幽王面前。

幽王用手抚摸着褒姒雪白如脂的肌肤，春意荡漾，急忙将褒姒抱到宝床上，尽情云雨一番，真是如鱼得水，其乐无穷。

从此之后，幽王与褒姒形影不离，每坐必叠股，行必并肩，饮酒必交杯，食必在同一器中，一连十日不朝，群臣在朝门外望眼欲穿，无论什么紧急军国大事，幽王一概不问，好像是只要他一离开褒姒，褒姒就会飞走似的。

褒姒入宫乃是幽王四年的事，古人有诗为证："选得美女名倾城，乡女一跃入龙床。风流天子宠美色，不知龙涎已伏殃。"

从此幽王每月上两次朝，下朝便直入琼台，与褒姒卿卿我我，花荫月下，形影不离。两个人如胶似漆，爱意绵绵，直把申后冷落一边。褒姒不去谒见，幽王也不去探望她，每日独守空房，凄凄凉凉。

自从那日见了褒姒，申后自知其貌难以与她比较，吸引不了幽王，便每日唉声叹气，以泪洗面。

谋位戏侯恶有报

申后因遭到幽王的冷落而悲泣，每日以泪洗面，宫娥们再三相劝，仍不能解其忧。

一天，申后对镜梳妆，想到褒姒未入宫时幽王虽然也有众多美女，然而幽王对自己仍然是有情有意。如今褒姒入宫，不仅三千粉黛被冷在一旁，就连自己也被抛在一边。

心想：自己乃是申国贵主，六宫嫔妃皆由自己掌管，褒姒不过是一乡人之女，竟不把自己放在眼里，这口气实在咽不下去。想着想着不觉又流下泪来。

正在此时，只听见宫娥来报："启奏娘娘，太子在殿外候见。"

申后听说儿子来了，一颗冰冷的心更觉委屈，泣说："快宣。"边说边拭干眼泪，整容出迎儿子。

太子宜臼来到殿内，伏身下拜说："儿臣拜见母后，愿母后千岁，千千岁。"

申后上前扶起太子，说："吾儿平身，快快起来说话。"

太子说一声："谢母后。"然后站起身来。来到申后面前，问寒问暖。见母后满面愁容，颊上还有泪痕，眼光凄凉，似乎有许多委屈，便开口问道："母后贵为六宫之主，有什么不高兴的?"

申后见儿子询问，立刻禁不住流下泪来，太子大惊，追问道："母后有何委屈，可对儿臣一叙，儿臣愿为母后分忧。"

申后哭说："我儿不知，母后虽然身为六宫之主，无奈如同虚设，你父王贪恋美色，后宫美女如林，还不断向民间征选。前不久褒国又献一名美女，名叫褒姒，其貌天下少有，深受你父王的宠幸。你父王全不顾嫡庶之分，如今三个月不上朝理政，更不到宫中相见。那女子倚仗你父王的宠爱，见了我也不起身迎接，更不到正宫朝见，不把为娘放在眼里。此人将来如果得志，我母子必无立足之地，故而在宫中独自悲泣。"

说完又讲了自己闯入琼台之事。

太子听了大怒，说："母后不必悲伤，此事不难，儿臣一定代母后出气。"

申后说："我儿不可莽撞，以免招无端之灾。"

太子说："母后不必害怕，一切有儿臣承担。臣儿推算明日乃朔日，父亲一定会上朝听政，母后可派宫人前往琼台，采摘园中花朵，那贱婢必出台观望，待孩儿将其毒打一顿，替母后出气。"

申后自知此举不妥，便再三阻拦，不料太子怀恨在心，申后百劝不允，出宫去了。

第二天早上，太子侦知父王上朝去了，便带了宫人十名，来到琼台之下，也不问三七二十一，将园中的花朵乱摘。

琼台中的宫人见有人践踏花朵，上前拦阻说："此花是万岁爷栽种给褒娘娘看的，你等休得乱摘，其罪不小。"

这边的宫人理直气壮说："我等奉东宫之命，要采花供奉正宫娘娘，你等是什么人，竟敢阻拦?"

两边宫人的喧哗声惊动了褒姒，她便亲自出来，见园中的花被随意采摘，心中大怒，正要兴师问罪。

太子躲在暗处，见一绝色女子从宫中走出来，宫人又七口八舌地

向她告状，知道此人便是褒姒，便冲到褒姒面前，也不问话，上前一把抓住云鬓，举手便是一拳，狠狠向褒姒打去，口中骂道："贱婢，你是哪里的妖怪？有名无分，也要封为娘娘，眼底无人，今日便让你认识我的厉害。"

骂完，太子宜臼抬手又是几拳。琼台中的宫人怕幽王降罪，一齐给太子跪下，高声叫道："太子饶命，请太子殿下万事看在王爷的面上，千万不要伤了褒娘娘的性命，奴婢吃罪不起。"

说完众宫人跪下叩头不止。

太子也怕伤了她的性命，无法向父王交代，见褒姒头发散乱，身上已有伤，心想母后之气已出，便停住了拳头，退出琼台。

褒姒突然被打，浑身伤痛，也不跪下向太子请罪，含羞忍痛回到宫中，听见宫人求饶的话，已经知道是太子替母亲出气，眼中流下泪来。

宫人一齐上前劝解说："娘娘不必悲伤，一切自有大王做主。"

宫娥的话音刚落，只见幽王退朝，来到琼台，见褒姒两鬓蓬松，满面珠泪，大惊说："朕已上朝回来，爱妃为什么还不梳妆？"

褒姒见幽王询问，一头扑在幽王怀里，放声大哭。

幽王说："朕离开爱妃仅一会儿，不知发生了什么事？如此啼哭？"

褒姒哭说："陛下，您要为臣妾做主啊。方才陛下出宫早朝，太子领人到台下摘花，贱妾刚刚走出宫去，又没有说什么，太子见了臣妾冲上来抓住毒打，如果不是宫娥苦劝，臣妾性命就完了，希望吾王替臣妾做主。"

幽王听了心中明白，知道此事由褒姒不去朝见申后引起的，便说："爱妃，朕早已让你去朝见申后，这是宫中的尊卑礼数，你迟迟不到正宫朝见，这才引出太子为其母出气，说来爱妃也有不是。"

褒姒哭说："臣妾不去朝见正宫并不是不遵宫礼，而是因为臣妾由乡村初入王宫，心中惧怕，所以不敢独自朝见王后，王后何必如此挑礼。想来总是因为陛下宠爱之故，那申后心中忌妒，这才毒打臣妾，陛下不为臣妾做主，反而替太子开脱，臣妾不如死了，省得受人之气。"

幽王见褒姒哭得可怜，心中痛惜，不住地安慰。

褒姒又说："依臣妾想，只要大王爱臣妾一天，太子与申后必然不会放弃对臣妾的报复。臣妾一人死不足惜，只是自从蒙大王宠爱，臣妾怀有大王的骨肉已有两个月了，求大王放臣妾回褒国，以保我母子的性命。"

说完哭得更加可怜。

幽王心痛不已，心中也对太子有不满之意，忙安慰说："爱妃不必过忧，只要有朕在，看谁还敢打你，定斩不饶。今日之事朕心中有数，自会有让你满意的处理。"

幽王当日便降旨东宫：太子宜臼，蛮横无礼，不能孝顺长辈，无理取闹，暂时发落到申国，由申侯代为教导，以观后效。

东宫的太傅少傅等官一并削职。

褒姒见太子被逐，心中暗喜，知道申后已无法整治自己，于是每日安心保养，只等孕满十月，再作打算。

幽王每日仍然与褒姒饮酒作乐，全不把国事放在心上，有诗云："幽王宠美忘国家，冷妻逐子贬忠良。日后引来无情火，镐京盛景付东流。"

再说褒姒，自从骊山一行开了笑颜，却又多了一个心事，她见诸侯兵马如此浩大，仅次于周天子，心想：申后与太子虽然被废，可是申侯也是称雄一方的诸侯，而太子又在申国，如果有一天兴兵来犯，或幽王死后借外家之兵马来夺王位，我母子岂不是更危，不如斩草除根，免得留有后患。

褒姒打定主意，便又要发动美颜柔情攻势，让幽王杀死太子，夺了申侯的权，保自己一生一世的富贵荣华。

于是，褒姒又精心地将自己打扮一番，专等幽王入宫。

一会儿，幽王果然来到，褒姒迈着轻盈的脚步迎了上去，见了幽王缓缓下拜说："臣妾恭迎圣上。"

幽王本来见了褒姒的美貌就魂不守舍，今天褒姒的打扮又十分独特，只见她双眉浓淡相宜，头发梳成高髻，颊的两边梳下两绺乌丝，扎成蝶形，头上点缀上头饰，步摇叮咚作响。

身上穿着薄薄的纱衣，下穿大裙，外披五彩衣，缓步行来，就似嫦娥临凡，让好色的幽王心乱神迷。

褒姒在正宫设宴，又让宫娥奏乐起舞，自己则殷勤地献酒，直把个幽王弄得不知东南西北。

幽王搂着褒姒说："爱妃，你真是一本让朕读不完的书，朕每次见到你都有不同的感受。朕不信天下竟有如此美的佳人，而朕有何德何能，竟能拥有爱妃……"

褒姒乘机说："陛下，臣妾得到大王如此的宠爱，享尽了人间的荣华富贵，心愿已足，可是……"

褒姒说了半句话便住口，让幽王十分着急，问道："可是什么？爱妃有什么心事尽管对朕说来，朕一定会办到。"

褒姒说："不说也罢，陛下何必为臣妾烦恼。"

褒姒越是不说，幽王越是追问，褒姒装出无可奈何的样子说："陛下，臣妾自那日在骊山见到诸侯的兵马后，开始为我母子的将来担心。诸侯如此强大，申后的兄长便是申国的国君，废太子又在申国未归，有朝一日陛下千秋之后，废太子如果借外家兵马来征讨，我母子性命难保。"

幽王听了哈哈大笑，说："朕以为是什么了不起的事，原来是为了废太子的事。申侯虽然独霸一方，但是要杀要贬还不是朕一句话。朕这就下旨，让申侯杀死废太子宜臼，如果不从，立刻削官灭国。"

申侯听说幽王宠爱褒姒，无故废了申后和太子，立褒姒为后和封伯服为太子，心中不服，欲修书劝谏。

不料谏书未发，又听说幽王为了博得褒姒的千金一笑，不惜烽火戏诸侯，而今又下旨让自己亲手杀了外甥，他岂能遵旨，便不顾一切地写了一封谏书，其大意是：过去夏桀因为宠爱妹喜，而使夏朝灭亡，商纣王因为宠爱妲己，结果又导致了商王朝的灭亡。现在大王又宠信褒妃，废嫡立庶，既背弃了夫妇之义，又伤父子之情。今天又让臣杀了太子，而取悦褒姒。难道陛下不怕桀纣之事又在现在重演吗？望吾王收回成命，复申后及太子之位，可免亡国之祸端。

申侯写完表章，派心腹之人连夜送到镐京，呈给幽王。

幽王见了申侯的表章不知自省，反而拍案大怒，说："逆贼！敢把朕比作亡国之君。"

虢石父说："申侯见太子被逐，久怀怨恨之心，现在听说王后与太子一同被废，大王又让其杀太子宜臼，故而胆敢累数大王之过。"

幽王说："申侯不听朕的旨意，怎么发落？"

虢石父说："其实申侯本无功劳，无非因为是王后兄，故得以封侯。现在王后已废，申侯又违抗天子之命，申侯也应贬爵，仍旧为伯，然后大王发兵征讨，将申侯与太子杀掉，自然可免除后患。"

幽王准了虢石父所奏，立刻下旨削去申侯的爵位，让虢石父为将，讨伐申侯。

不料申侯送信时已在镐京留有探信之人，探得此信后立刻飞马回申国。

此时申侯已入睡，听说京中来人报紧急军情，立刻披衣而起，将其召入秘室。

探子跪下禀报说："启奏申君，大事不好了，幽王不但不接受申侯您的劝谏，反而下旨夺爵，发兵征讨，请申君快做决断。"

申侯大惊失色说："没想到幽王如此昏庸。"

于是申侯连夜召集部下开会，商量对策。

申国中的大臣和将士见幽王荒淫无道，早已恨之入骨，齐声要与之决战。

申侯说："幽王虽然无道，怎奈兵强将多，我国小兵微，岂能敌过王师？"

大夫吕章说："申君，如今天子宠爱褒姒，废嫡立庶，三纲已废，忠良纷纷去位，万民皆怨，虽然是泱泱周朝天子，实乃是笼中一孤虎，没什么可怕。今天西戎兵力强大，与申国接壤，申君何不速速致书戎

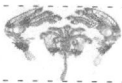

主，借其兵与周天子相抗，一可以保救王后之命，二可以让天子传位于太子宜臼，此伊周之业，上上策也。"

申侯听了犹豫不决，众臣说："申君难道未闻'先发制人'之语，机不可失矣，否则王后、君侯、太子命在旦夕，申国百姓也要遭殃。"

说完，众臣一齐跪下说："申君，我等皆追随于你，快快决断吧。"

申侯见了仰天说："先王啊先王，并非臣等逆主叛国，实是出于万般无奈，讨伐幽王后一定斩妖女，振兴周朝，重振国威。"

说罢上前扶起众臣，备下了一车金帛，遣人将书送往西戎借兵，答应破镐京之后，府库中的金帛任其搬取。

西戎素与周朝不和，见申侯前来借兵，说："周天子失政，宠信奸佞，独爱妖女，无故要废后杀子，人性天良都已丧尽。申侯本为国舅，前来召我共诛无道昏君，扶立原东宫太子，实乃灭纣兴国之道，也是我的愿望，岂有不发兵之理。"

于是，发西戎兵一万五千，分为三队，孛丁为右先锋，满地速为左先锋，戎主自己统率中军。

只见枪刀林立，旌旗遮日，三军浩浩荡荡向镐京进发。

申侯也率本国兵马随后，出其不意，杀奔镐京而来，将镐京围得风雨不透。

幽王正在宫中与褒姒嬉笑，突然闻变，大惊失色，说："朕谋事不密，致使大祸先临。没想到朕兵未动，而戎兵先动。"

幽王立刻召集文武百官，商量对策。

虢石父说："大王火速派人到骊山点起烽火，诸侯的救兵必至，大王与诸侯内外夹攻，必能取胜。"

幽王听此一说，也想起了此法，便立刻到骊山点火，无奈前次幽王烽火戏诸侯之事后已威信扫地，尽管烽烟点起，诸侯都认为幽王又在戏弄自己，谁也不起兵前来。

幽王大失所望，本国救兵不到，而西戎兵马却日夜攻城，便对虢石父说："朕不知贼势强弱，您可速速带兵出城，与之交战，朕必率将士紧跟其后。"

其实虢石父并非能征之人，本是靠拍马屁升官的。如今幽王宠信佞臣，忠良已尽退去，朝中已无大将可派。

周兵大败而归，戎主挥军拍马追赶，砍落吊桥铁索，冲入镐京。

戎兵入城后不分青红皂白，逢人便杀，遇屋便放火，申侯也阻挡不住，只得任其烧杀抢掠。

幽王刚想阅兵迎敌，见戎兵已攻破城池，杀到宫前，只好用小车载着褒姒和伯服，从后门逃出宫去。

司徒郑伯友从后面赶到，高叫："吾主勿惊，臣保驾来了。"

于是保护幽王车驾出了北门，绕道来到骊山行宫，途中又和尹球相遇，说："大王，戎兵焚烧宫室，抢掠宝库，祭公已经死在乱军之中。"

幽王听了吓得心寒胆战，一句话也说不出来。

司徒郑伯友让军士再次点燃烽火，向诸侯求救。然而尽管烽烟透九霄，救兵仍然不到，幽王面似铁灰，无计可施。

一会儿戎兵在宫中找不到幽王，挥军追到骊山之下，将骊山行宫团团围住，四周不断有人高叫："休要放走了昏君！"

幽王与褒姒抖作一团，相对而泣。

司徒郑伯友不计旧恶，一心要救周天子，说："陛下，事情紧急，臣拼了这条老命保护圣驾，杀出重围，投奔臣的属国，再图大事。"

此时的幽王才知道谁是忠良，对郑伯友说："朕不听叔父当时不让点烽火之言，使诸侯心冷，不来救援。朕今日夫妻父子之命，俱交给叔父了。"

郑伯友说："事情迫在眉睫，说这些还有什么用。"

于是，叫人到骊山宫前放了一把火，用来迷惑戎兵，为声东击西之计，自己保护着幽王从宫后冲出。

郑伯友手持长矛，在前面开路，尹球保护着褒姒母子紧随幽王之后。

众人没走出多远，被戎兵拦住，为首的一员小将叫古里赤，高叫道："昏君，还不下车就缚！"

郑伯友大怒，说："来者休要无礼，看矛！"

说完举起长矛相迎，战不到几个回合，将古里赤当心一枪，挑落

马下。

西戎兵见郑伯友骁勇，一哄而散。

郑伯友保着幽王又走，行不到半里，背后的追兵又到，只见一员大将率兵飞马来到，乃是右先锋孛丁领兵追来。

郑伯友叫尹球保着幽王等人先行，自己亲自断后，边打边走。

不料，西戎的铁骑来到，将郑伯友与幽王冲开，郑伯友被西戎铁骑围在中间。

郑伯友不愧世代忠良，他面对戎兵毫无惧色，手中的一杆长矛使得神出鬼没，戎主见其连连伤人，下令四周放箭，只见箭矢如雨，郑伯友四面受敌，可怜一国贤侯，死在万箭之下，一缕忠魂飘飘而去。

左先锋满地速在混战中早把幽王车驾拦住，西戎主见车上之人衮袍玉带，知道必是幽王，也不搭话，上前一刀将其砍死，太子伯服也被杀死。

戎主见车中一盛装女子美艳无比，心想：此人可能就是褒姒，暂饶其不死，用轻车载回，带归大帐中取乐。

尹球躲在车内，被戎兵搜出杀死。

幽王从继位到现在只有十一年，身首异处，真的应验了童谣"弧箕韣，几亡周国"之话。

申侯来到城中，见宫室大火，急忙引本国兵一路上扑灭大火，又将申后从冷宫放出，又带人来到琼台，不见幽王和褒姒，才知道已逃出城去，慌忙追赶，唯恐戎兵伤了周天子。

刚刚来到宫门口，迎面撞见戎主，双方先各问劳苦，然后申侯问道："戎主可看见周天子？"

戎主笑说："已被我杀死车中。"

申侯听了大惊失色，说："孤初心不过是想要纠正天子之过失，并不想伤他性命，今天事已至此，后世必骂孤不忠矣。"急忙让人收尸安葬。

戎主见了笑说："国舅此举乃妇人之仁也。"

申侯也不回话，回宫款待戎主。

而后戎主盘踞镐京不退，以功臣自居。太子宜臼继位，史称周平王。

然而镐京经过战火之洗劫，已经是疮痍满目，再加上戎主不断侵扰，只好将周朝国都东迁到洛邑，开始了东周的历史。

再说褒姒被戎主掠去，终日陪戎主做乐，不料戎主盘踞北方，不断侵扰周朝之境，诸侯联合抗戎，攻破都城，戎主仓皇出逃，褒姒来不及随行，自知无颜见到周朝诸侯，自缢而死。

第 三 章

浣纱佳人，舍身报国
——西施

西施本名施夷光，春秋末期出生于中国绍兴诸暨苎萝村。天生丽质，少年时期初显其才。中国古代四大美女之首，是美的化身和代名词。"闭月羞花之貌，沉鱼落雁之容"中的"沉鱼"，讲的是西施浣纱的经典传说。越国灭亡后，她胸怀大义，舍身为国，施美人计，复越国，功成后与范蠡一起隐姓埋名，终成美好的爱情，并生有三子。

少女初出定情郎

浦阳江畔的诸暨古城，背山面水，景色宜人，是春秋时越国的重要都邑。

出了诸暨城南门二里左右，有座青翠的小山，名叫苎萝山，山下有条小溪，叫苎萝溪，小溪两旁有一座村庄，名叫苎萝村，村里的人家都姓施，因村被小溪从中划开，所以又分东、西二村，称为施东村和施西村。

公元前505年春天，在施西村一个打柴人家里，一个美丽的生命降生了，这就是后来为了恢复国土，打败强敌，舍身而出，为越国立下大功的苎萝女儿——西施。

女儿的降生给这个不太宽裕的家庭带来了极大的快乐。年轻的父亲听到女儿落地后的第一声哭啼，仿佛听到了世界上最美妙的音乐，激动地在院子里走来走去，不停地搓着手，嘴里喃喃地说："我当了父亲了，我当了父亲了！"母亲则紧紧地抱着女儿，把女儿的小脸贴在自己的胸脯上，激动得泪流满面。她一边轻轻地亲着女儿的脸，一边在心里默默地说："女儿呀女儿，我们一定善待你，让你在父母的爱心中长大！"最后，夫妻俩商量了半天，给女儿起了一个吉祥而又响亮的名字——夷光。

小夷光八九岁时已经学会了纺纱织布，还经常跟着妈妈到小溪边浣纱，跟着爸爸到山上砍柴。她聪明勤快，目睹父母生活的艰辛，恨不得多为他们分担一些，干活常常顶一个大人，父母亲怕她累坏了，总是让她多休息，可她说什么也不会停下手中的活，直到父母都休息为止。

十三四岁时，小夷光出落成一个美丽的姑娘，她的皮肤白净细腻，像羊脂美玉。脸上白中透红，像三月盛开的桃花。眼睛清澈明亮，像天上的星星。嘴巴小巧殷红，像熟透的樱桃。一头乌黑的秀发，长可及地，光可鉴人。身材窈窕，身体健康，充满了江南女儿的聪明灵秀。

夷光的美丽、善良在远近几个村子都出了名，施西村的人更把她看作全村的骄傲，并把村名施西二字颠倒了一下，变成西施，作为对夷光的爱称。久而久之，人们习以为常，都把她称作西施，夷光的名字反而很少有人提了。西施的父母也很喜欢女儿的新名字，认为这是乡亲们对女儿的钟爱。西施自己更是把乡亲们的这份深情牢记心里，发誓要为乡亲们多做好事，回报他们对自己的一片爱心。

和施西村一溪之隔的施东村有一个姑娘，叫采萍，相貌长得一般，但十分爱美，非常注意修饰自己，想让自己成为村中最美的姑娘。她听到西村的人们都夸西施美貌后，心里非常羡慕，就处处仿效西施，西施上山砍柴她跟着去，西施下溪浣纱她一起来，久而久之，简直成了西施的影子。村里的人见她这样。就开玩笑称她为东施，她也笑着答应，认为这样便可和西施相比了，于是效仿西施更加起劲了。

有一次，西施偶然得了风寒，心口疼痛，就手捧心口，微皱眉头，慢慢地从溪边走回家去。

因为西施平时身体健康，几乎没生过病，在乡亲们眼中，西施永远是一个健康、美丽的姑娘。这次偶然一病，所显现出来的娇弱之态和平时健康的样子相比，又有一种说不出的美。乡亲们见了，怜爱地说："西施姑娘即使病了，那病中的样儿也美得叫人没法儿说！"东施一听，赶紧跟在西施后面，也手捧心口，微皱眉头，还口中哼哼唧唧地从村中走过。

本来东施长得就远逊西施，平时自自然然还差不多说得过去，这会儿扭捏作态，没病装病，不但不比平时俊，反而还丑了几分，村里人看见了，都纷纷笑着说："东施姑娘这下可比西施美多了。"

西施也很喜爱这个天真无邪的小妹妹，平时对她很好，现在看到人们笑她，就认真地对东施说："东施妹妹，其实你长得也很美，为

什么一定要跟我学呢？每个人只要按照自己的样子生活，就会形成自己独有的美。你平时快乐得像只小鸟，爱说爱笑，那不就是一种美吗？可现在却学我生病的样子，反而把自己学得不美了。好妹妹，快别这样了，挺起胸脯，舒开眉头，笑一笑吧!"

东施听了西施的话，果然放下捧心口的手，挺起胸脯，舒展眉头，欢快地笑了起来，声音清脆悦耳，犹如小溪流水，叮咚作响，把西施也逗笑了，顿觉病情减轻了一半，也更加喜爱这个小妹妹了。

离施西村不远的鸬鹚湾，有个姑娘叫作郑旦，父母也是砍柴、浣纱人，年龄比西施长一岁，也是个远近出名的美丽姑娘。

郑旦和西施虽离得不远，但由于不在一个溪湾浣纱，平时也很少见面。郑旦平时老听人们讲施西村的西施长得怎么样怎么样美，天上有，人间无，心里就暗自琢磨：自己已经长得很美了，这西施既如此受人夸奖，说不定长得比自己还美，何不抽空去看看她，比比看到底谁美！

女儿家谁不爱美！郑旦既起了和西施相比的心思，晚上兴奋得觉都睡不着，翻来覆去地想：如果西施不是像人们夸的那样美，只是长相一般，那自己就是这一带最美的人。当然，自己也不会因此看不起西施，还要和她交朋友。但是，谁知道西施长得怎么样呢？她要真是美如天仙，还会不会把自己放在眼中，和自己交朋友呢？就这样想想睡睡，睡睡想想，迷迷糊糊，直到天快亮时才彻底睡着。

第二天一大早起来，郑旦梳洗打扮之后，就手挎竹篮，装作采桑，急急地向施西村走来，走到村口，迎面碰上一个姑娘，也提着篮子，却是到溪边浣纱。

郑旦一见到这位姑娘，不由得惊呆了，简直不相信天下竟有这样的美人，看她的身材像飘逸的杨柳，看她的脸儿像六月的荷花，真是看到哪儿美到哪儿，难以言状。而那姑娘，也正呆呆地看着郑旦，眼中露出惊喜的光芒。

两人对看了好大一会儿，还是郑旦先开口："请问，你是西施姑娘吗?"

对面的姑娘迟疑地点点头，说："你是谁？怎么知道我是西施？"

郑旦微微一笑说："我是鸬鹚湾的郑旦，我们那儿的人都夸你长得美丽，我就想来看看你。今天一见，果然如此，只怕比她们说的还要美丽得多。"

一句话说得西施满脸通红，不好意思地低下头来，小声说："姐姐说哪里话来，刚才我看见姐姐，还以为是仙女下凡，姐姐真是比我美多了。"

郑旦见西施这样谦和，更喜欢得不得了，一把抓住西施的手，由衷地说："妹妹，你真是太美了，如果不嫌弃的话，咱们就做个朋友吧！"

西施听郑旦这样说，心中也很高兴，说："不光是做朋友，还是好姐妹，对吗？"

于是，姐妹两个，手拉手来到村外一个井台前，坐到井台上一边说话，一边照影，只见水中两对明眸，四只凤眼，含笑顾盼，相映生辉，把黑洞洞的井底都照亮了。

这样平静的日子并没过多久，西施的生活就发生了巨大的变故。

原来和越国相邻的吴国，一直对越国虎视眈眈，恨不得一口把越国吞掉，好让自己独霸这三江环绕的大好河山。

公元前496年，也就是西施9岁那年，吴王阖闾率大军进攻越国，双方在槜李摆开了战场。从当时军事力量的强弱对比上讲，吴国比越国强大得多，无疑，胜券稳操在吴国一方。

但越王勾践听从了年轻的大夫范蠡的意见，利用吴军的骄傲轻敌情绪，采取"杀鸡给猴看"的战术，取得了战争的意外胜利，使越国在危亡的关头得以幸存。

范蠡采取的"杀鸡给猴看"的战术是从在家乡时的亲身经历中悟出来的。

这件事对少年时的范蠡影响很大，刀刻般地留在了他的记忆之中。这次面对强吴的挑战，他不禁想起这难忘的一幕。于是，他请越王勾践选了300名死囚，记下他们的姓名家人，然后对他们说："各位兄

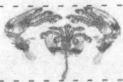

弟，今天召集大家，有一件重要的事要托付你们，这关系到越国的存亡，你们一定要尽力去做。你们都犯了死罪，不日就要处死，这样去死是比鸿毛还要轻的。现在大王给你们一个机会，让你们死在吴军阵前，用视死如归的壮烈精神，让吴军明白：越人不可侮，越国不可侵！只要你们做到了，你们便是越国的功臣。国家会把你们的名字刻在石碑上，永世纪念。你们的家属，国家也会给以优待。这样你们的死，就比泰山还重。各位兄弟们：你们愿意选择哪种死法呢？"

死囚们听了范蠡的话，早已心潮澎湃、热血沸腾、群情激奋，异口同声地说："我们愿为国效力，死于两军阵前！"

范蠡早就料到会有这一幕，他也动情地说："弟兄们，谢谢你们为国家做出的选择，我范蠡绝不食言。功成之后，一定刻石永志，优恤家人。"

说完，范蠡让画工给300名死囚身上纹上龙、蛇、蝎、鳄鱼、饿鹰、猛虎等可怕的花纹，然后给他们好吃好喝，对他们进行训练。

两军对阵这天，吴军正要准备发动攻击，突然从越军阵地中走出300个头顶剃得锃亮的壮汉，为首的一人，先是把上衣脱掉扔到路旁河里，接着又把裤子脱掉扔了下去。后面的299人，也学着他的样子，迅速将衣服脱掉，扔进河里。

刹那间，走着的已不是300个人，而是一群滚动跳跃着的龙、蛇、猛兽。

离吴军的阵地越来越近了，连吴王阖闾的胡子都清晰可见了。

忽然，这群龙蛇猛兽排成整整齐齐的三排横队，每排100人，前、后、左、右各间隔三步。站定之后，每人举起一把寒光闪闪的"李"字宝剑，"刷"地一下平放在胸前，然后齐声高喊：

吴越君王，同为诸侯。

本是弟兄，不该为仇。

吾等愚昧，犯了军规。

两军阵前，以死谢罪。

吴军兄弟，请看仔细。

吴军兄弟，莫把眼闭！

呼喊完毕，第一队100人把"李"字剑压在喉管上，再喊一声："越人英勇，越国必胜！"两手用力一挥，"嚓"地一声，一颗颗人头滚动落地，一腔腔热血如喷如注。

第一排倒下，第二排上前，又是一阵高呼，又是"嚓"地一声，又是人头滚动，又是热血喷涌。

第三排也是一样，和前面两队不差分毫。

那样整齐、那样规范，好像不是呼喊，而是美妙的音乐，好像不是自杀，而是雄壮的舞蹈。

那样激昂、那样悲壮，没有退缩颤抖，只有豪气满腔，没有死的痛苦，只有生的辉煌。

范蠡热泪满面，心中默默地说："弟兄们，你们是好样的，你们放心走吧，越国定不会亡！"

吴军看呆了，好像做了一场噩梦，那滚动的人头，喷涌的鲜血都好像死者身上的毒虫猛兽，张牙舞爪地冲进吴军阵中。吴军的将领忘记了指挥，军士忘记了进攻，有几个胆小的开始移动着脚步，向后退却。

前面的人这样一动，后面的人不明情况，争相拥挤，一起骚动，吴军一下子乱了阵脚，大有兵败如山倒之势。等阖闾回过神来，想传令禁止，哪还找得到传令兵的影子。原来，这个传令兵和阖闾一起，站在队伍的最前面。先是被眼前的惨怖、壮烈场面所惊骇，犹如泥塑木雕，看到吴军阵脚一乱，就拔开双腿，争先逃命去了。

越王一看范蠡的计策已经奏效，立即指挥军队，掩杀过去。越军被三百死囚的精神所激励，一个个同仇敌忾，以一当十，争先恐后，奋不顾身地向吴军冲去。

这次战斗，吴军损失惨重，3万精兵，一下垮在了槜李，吴王阖闾被越将灵姑浮砍掉右脚拇趾，回去不几天就不治而亡。可惜当时越王勾践鸣金收兵太早，范蠡不及阻拦。否则，如果一鼓作气，再加追击，就会给吴军以更大的杀伤力，使越国的威胁大为减轻。

　　樵李之战大长了越国人民的志气，也使范蠡名扬四海。西施虽然只有 9 岁，也未亲睹樵李之战的壮烈场面，但是，从大人们绘声绘色的描述中，她已知道战争的概况，同时牢牢记住了范蠡这个年轻谋臣的名字。

　　本来樵李之战以后，越国应该抓紧时机，整修国政，加强战备，休养生息，恢复国力，以迎接更大的挑战。但越王勾践是个目光短浅、胸无大志的人，樵李之战以后，他就整日沉浸于胜利的喜悦之中，大摆宴席，欢庆几天之后，就放下国事，四处悠游，不是南山打猎，就是东海观潮。齐、晋、楚的使者到越国多日，想和越国结盟，共制强吴，可一住几个月，连勾践的面都见不上。范蠡见他这样，心如火烧，和另一个大夫文种，多方劝谏，勾践根本不听，还是我行我素。更让人痛心的是，在李之战后的第三年，也就是公元前 494 年，勾践竟不顾越国国力，不听范蠡等人的劝阻，发兵攻打吴国，结果被阖闾的儿子夫差率领的吴国军队打得大败，越王勾践被围困于会稽山上，最后派大夫文种膝行向吴王哭求，请求吴王饶了勾践一命。同时，范蠡又向吴国的权臣太宰伯嚭送了许多珍宝及八名美女，请求他从中斡旋。这样，吴王夫差才在太宰伯嚭的奉承和文种的哭求下，同意赦免勾践的死罪，但要勾践带着夫人姬玉到吴国为奴三年。范蠡因怕勾践在吴国出事，便自告奋勇地陪勾践到吴国为奴。

　　勾践夫妇、君臣三人在吴国三年，受尽屈辱、艰辛，他们住石室，睡石床，饲马豕，咽糟糠，为了取得吴王的信任，勾践竟然在吴王生病时亲尝吴王粪便，分析病情。在三人的竭力侍奉、效忠下，吴王夫差终于听从伯嚭的话，在公元前 490 年将三人释放回国，让他们恢复越的国号，但要作为吴的属国，并定期向吴国进贡。

　　勾践君臣回到越国，表面上对吴国更加恭敬，不时派人给吴王奉送物品、珍宝，使吴王不生戒心。实际上却不忘国耻，同仇敌忾，制订了一套完整的兴越灭吴计划。这就是文种提出的著名的"灭吴九术"。

　　越王勾践出兵伐吴之时，西施还是个 11 岁的小孩，等他们从吴国

服役回来，西施已经年满15岁，长成亭亭玉立、光彩照人的少女了。会稽之败、越王君臣入吴为奴、国家沦为吴国的附庸等等，使西施幼小的心灵蒙上了一层深深的耻辱，同时也埋下仇恨的种子。随着年龄的增长，她由一个爱唱爱笑爱美的小女孩变成一个忧国忧民、深沉稳重的女子。

这天，范蠡由于选美女，乘船来到苎萝溪，看到一位美丽的少女正在临溪浣纱，溪水清澈明净，两岸春色盎然，而浣纱女子却满脸愁容，似有无限心事，与这明媚的春意很不协调。

范蠡见了，忍不住上前问道："春光如此秀媚，正可观赏，姑娘为什么一脸愁思，有负大好春光？"

少女抬头一看，见问话的是个英俊的青年人，脸上微微一红，也不答话，口中轻轻吟道：

人说春色新，
三年不见春。
虽有苎萝水，
难洗亡国恨。

范蠡听了大吃一惊，心想这个女子不但容貌动人，且不忘国耻，真是难得之人。联想到自己此次出行目的，就主动报了姓名，停船和姑娘交谈。

这姑娘正是西施，当她听说眼前的青年人就是范蠡时，不禁惊喜交加，不由自主地问

西施

起李之役和几年入吴为奴的情况，并倾诉了自己的爱慕之情。

范蠡初见西施，已是十分喜爱，交谈之后，见她关心国事，忧国忧民，更觉遇到知音，相见恨晚，两人越谈越投机，越说越觉得难以割舍，就指溪水为证，结为同心，然后才依依不舍地分手了。

从此，西施把自己的一切都和范蠡联系在一起，急范蠡所急，想

范蠡所想。虽然范蠡因国事在身，不能常来看她。但她知道，范蠡不论走到哪儿，都会深深思念她。而她自己，更是觉得自己的心早已和范蠡融为一体，今生今世都难以分开了。

舍身为国咽苦楚

为了选美之事，范蠡奔波了一个多月，都没有结果。这一个月来，他不辞辛劳，跋山涉水，走遍了整个越国，但要找到像西施这样的女子真是太难了。范蠡深知，这次选美事关重大，丝毫不能马虎，入选的女子首先是要长得超群出众。吴王宫里美女如云，所送美女如果不能压倒群芳，就不会讨得吴王欢心，说不定吴王还会认为越国是在戏弄他，一生气又会做出对越国不利的事来。光美貌不聪明多智，在吴王面前也不会得宠，不得宠就达不到虚其身体、乱其心志的目的，也就失去选送美女的意义了。具备了这两个条件，没有一颗爱国之心还是不行。不爱国就贪图享受，久而久之，迷恋吴宫的享受，不愿重回越国，向吴王吐露真情，就会给越国带来弥天大祸和灭顶之灾。正因为如此，所以范蠡在选择时就格外细心，生怕有不周之处。这样选来选去，一个中意的女子也没选着。

这天范蠡又来苎萝村看望西施，只说了几句话，就默默无言。西施看他愁容满面、心事重重的样子，心里也很着急。一再问范蠡发生了什么事，自己能不能帮忙。问了几遍，范蠡就是不回答，西施急了，非常委屈地叫着范蠡的字说："少伯，难道你连我也信不过吗？"

范蠡惊了一下，心里说："西施呀西施，你我苎萝溪定情，曾约定同生共死，我怎能信不过你呢？可正因为我相信你，才不敢将真情告诉你，因为……因为我是多么害怕失去你呀！"

西施见范蠡还不回答，假装生气地说："既然你如此信不过我，还算什么知音！"

范蠡见西施生气，连忙道歉，说并不是不相信她，实在是不想给她增加烦恼。接着，范蠡极不情愿地把越国君臣的"灭吴九术"、自己这次出来的任务以及奔波一个月毫无所获的情况告诉了西施，并说眼看限期已到，自己就要回朝交差，自己交不了差接受惩罚事小，误了越国的复国大计自己可就成了越国的千古罪人了。

西施听完范蠡的话，一语不发，紧紧地依偎在范蠡身边，她完全明白了范蠡的苦衷，明白了他对自己的一片真心，同时也感到自己的心和他贴得更近了。

过了一会儿，西施抬起头来，深情地望了望范蠡，站起身来走回房中去了。

范蠡望着西施的背影，满腹酸楚，仰天长叹说："天哪，天哪，你为什么不多降几个西施于越国呢！"

约莫一个时辰，西施从屋里出来，脸上略微涂了点脂粉，身上换了件洗过的衣服，走到范蠡身边，行礼拜见，口中说："民女西施参见范大夫。"

范蠡大吃一惊，连忙扶起西施，急说："施妹，你为什么这样？"

西施平静地答道："回范大夫的话，民女西施，愿以身许国，赴吴完成越国使命。"

"什么？什么？你说什么？"范蠡一把抱住西施，浑身颤抖，话都说不出来了。

"民女西施，愿赴吴国。"西施机械地重复了一遍。

"不！西施，不能这样啊！"范蠡热泪满面，泣不成声。

西施心里又何尝不难过，刚才她进屋去，考虑这个问题时，也是泪流满面，痛不欲生。之所以涂了脂粉，就是怕被范蠡看出她哭过的模样。范蠡舍不得她，她更舍不得离开范蠡呀！但吴国不灭，越国不复，她就能保全自己的冰清玉洁之身吗？她和范蠡的婚姻就能美满长久吗？覆巢之下，岂有完卵？国破家岂能全！西施正是出于这种考虑，

另外也不忍心看着范蠡因此而苦恼或是受越王责罚，所以才毅然决定，牺牲自己一人，换来国家安宁。现在看范蠡如此动情，西施心里反而平静了。她一边为范蠡擦去脸上的泪水，一边说："少伯，其实我的心里又何尝不和你一样？但是，越国不复，我们的生活能如意吗？你常对我说，为了国家要不计小事，不恋亲情，甚至忘掉自己。那么，在国难当头之时，我们为什么不能以国事为重，抛开自己的儿女私情呢？你想一想，连你都不忍让我身赴吴国，谁家的父母又舍得把自己的女儿送出去呢？"

范蠡听了西施的话，只觉得字字千斤，掷地有声，对这个自己深爱着的姑娘一下子充满敬意。其实自己早就选中了西施，就是不愿把它说出来，害怕它成为事实。而不告诉西施的目的不就是怕她自愿承担吗？不就是怕她离开自己吗？西施说得对，人人都舍不得自己的亲人去吴王宫内，那兴越灭吴之计靠谁来实现呢？不就成了一句空话了吗？自己身为越国大夫，肩负复国重任，关键时候竟难以割爱，不如一个浣纱女子，真是枉为人臣了。

想到这里，范蠡擦干眼泪，整整衣服，对着西施，倒身便拜，口中朗朗说："施妹大义凛然，让人敬重。今明月当空，范蠡愿指天地为证：今生今世，不负施妹。吴国覆灭之日，就是我与施妹新婚之时。哪怕等上一百年，此心终不会改。"

"少伯！"西施忘情地扑进范蠡怀中，眼泪像决堤的河水，喷涌而出。

之后，西施又向范蠡说了郑旦的情况，并自告奋勇去鸬鹚湾动员郑旦，让她和自己一起赴吴。范蠡觉得郑旦如能和西施同去，彼此有个伴儿，也好互相照应，自然痛快地答应了。

第二天，范蠡得知西施已经成功，郑旦表示愿与西施一块赴吴的消息后，心里感到一阵轻松，就找到诸暨邑令，说是越王有令，命西施和郑旦即日启程，赴越国都城会稽听候调用。并说，越王将分派两个女子非常重要的任务，要邑令一定要妥善安排，厚待家人。

诸暨邑令听了范蠡的话以后，不敢怠慢，立即派人分头到苎萝村

和鸬鹚湾宣召西施、郑旦，给家人说明情况，并留下一些粮食、布帛。就带着两个女子来到诸暨，派了一辆重帷之车，让西施和郑旦乘坐，由范蠡带人护送着离开诸暨。

家乡的亲人们送了一程又一程，最后还是在范蠡的反复劝说下，乡亲们才恋恋不舍地停下脚步。

过了三日，范蠡等一行人来到国都会稽。范蠡去向越王勾践复命。勾践和朝中大臣看到西施和郑旦时，一个个惊讶得瞪大眼睛，半天不眨一下，他们实在没想到，越国竟有如此美女。尤其是勾践，简直到了痴呆的地步，要不是王后姬玉在旁提醒，差点又忘掉大事。

于是勾践下令立即送二女赴吴，范蠡却表示了不同的意见，他认为西施、郑旦都是村姑，平日只是养蚕、织布、浣纱、做饭，梳妆打扮非其所长，歌舞音乐也很生疏，宫廷礼仪更是一无所知，如不派人专门教导，单凭美色也是很难博得吴王欢心的。

勾践听范蠡说得有理，把西施、郑旦安排在会稽城西一座准备做兵营的小城里，命老年士兵严密守卫，并照顾好两个女子的生活。然后就延请了有名的乐师、舞师、棋师、化妆师、礼仪师等，教给两个女子进宫后的各种知识。并由范蠡反复讲明她们此行的目的和意义，不时教导她们该怎么样去做。

两年过去了，西施、郑旦在老师们的悉心教导训练下，从里到外完全换了一个人，身上再也看不到一点昔日的村姑痕迹，举手投足、一笑一颦都完全是一个高贵而不失清纯、秀娟而不失端庄的美人了。

范蠡看到时机已经成熟，就去禀告勾践，请他下达赴吴的命令。勾践听了，就和王后一起来到"美人城"，看西施和郑旦这两年学得怎么样。

范蠡把越王和王后安排在大殿上坐下，便让"美女城"中的一班人马，按照已经定好的程式开始表演。

一阵音乐声中，西施、郑旦从帐中款款而出，未见其人，先闻其香。及至见人，其光彩照人，足使日月无光，其风情万种，可使智者沉迷。在场的人一个个目瞪口呆，半天都合不上嘴。

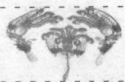

西施、郑旦走到越王和王后跟前，一齐跪拜叩首，用软甜的吴语说："臣女西施、郑旦叩见大王、王后，愿大王、王后万寿。"

一声吴语让越王和王后回忆起在吴国为奴的三年，不禁百感交集，热泪盈眶。

公元前488年春天，一支不大的船队在钱塘江中缓缓地行驶着，为首的一条船上，坐着范蠡及几名卫士。第二条船上是西施、郑旦及几名侍女。再后面的几条船上分别坐着乐师、琴师及几名护送人员，加上每月一次往吴国送礼的人员，人数虽然不多却也颇有声势。一路上静悄悄地，谁也不愿说话。

这支船队，就是范蠡奉越王之命，送西施、郑旦赴吴的队伍。

从会稽到姑苏，本来有陆路可走，而且稍近一些。但范蠡怕陆路风尘仆仆，坏了西施、郑旦的美艳之容，就决定走水路赴吴。好在这几日天气晴和，风平浪静，没费多大周折，就到了吴都姑苏。

当天晚上，范蠡把西施、郑旦安排到吴都馆舍，就带着礼品去拜访太宰伯嚭，一路看到姑苏城内，到处大兴土木，楼台亭阁，一座座拔地而起。尤其是姑苏台，台高二百余丈，广阔近百丈，犹如一座拔地而起的山峰。目前，主体已经起来，其他正在修建。台上台下，人群来往忙碌，越语声声。范蠡知道，这些都是越国派来的能工巧匠，从国内运来贵重木材，在姑苏城中为吴王建造离宫别馆，是实施"灭吴九术"中的第五术的。

范蠡在心里默默地祈祷着："上天啊上天，请你可怜可怜这些越国百姓吧，保佑越国赶快强大，保佑复国之谋成功吧！"

经过太宰伯嚭从中斡旋，吴王下令，命第二天送西施、郑旦入宫。

晚上，范蠡把西施、郑旦叫到自己房间，告诉她们明天进宫的消息。然后就一再交代应注意的事情。其实这些西施、郑旦已经听了不下百遍，但此时此刻，范蠡仿佛觉得只有重说一遍，两个姑娘才能真正记到心里。

末了，范蠡以严肃的口气问道："这次来吴国的四个任务，记清楚了没有？"

"记清了！"两个姑娘齐声回答。

"说说看！"范蠡毫不容情地命令说。

"四个任务就是媚、谗、传、变。"郑旦低声地说。

西施进一步补充说："媚，就是向夫差献媚，千方百计得到夫差的宠信。谗，就是伺机向夫差进谗言，离间夫差和伍子胥等直臣的关系，说越国对吴王无限忠心，使吴王对越国深信不疑，放松警惕。传，就是及时向越国传递消息，使越国知己知彼，战即能胜。变，就是要随机应变，保护自己，不暴露此行目的，达到长期潜伏的目的。"

"好！好！说得好！"范蠡不自觉地连声称赞，用赞许的目光望着西施。慢慢地，他的眼光逐渐复杂、黯淡下来，头也慢慢无力地垂下。是啊，打仗本来是男人们的事，而如今在男人们失败之后，却要把两个姑娘送与仇敌，让她们代替百万带甲之士，用另一种方式向他们的敌人展开进攻，而这两个姑娘犹如越国的两块美玉，自己几年来的殚精竭虑，呕心沥血，又把两块美玉雕琢成为两件灿烂无比的精美艺术品。这两件艺术品眼看就要毁于豺狼的蹂躏之下，叫他——一个堂堂的须眉男儿，越国相国，怎能不感到痛心与羞耻呢！更何况，这两块美玉中，有一块就是他倾心相爱的心上人呢！

西施见范蠡突然失色，心中一惊，怕他一时忘情，控制不住自己，做出什么不该做的事来，就轻轻地提醒说："相国，该说的都说了，我们也记下了。该早点休息了，不要忘了明天还要进宫。"

"明天！"范蠡微微一震，"是啊，明天，我们苦心孤诣地等了三年，不就是为了明天吗？假如明天一招失败，岂不前功尽弃，亏于一篑吗？在此紧要关头，自己怎么又动了私情，连两个女子都不如呢？现在，是该给她们送别的时候了，该怎样送呢？对了，自己平时不是一直把她们看作自己的妹妹吗，现在，就让他以兄长的身份，代表越国百姓给两位妹妹送行吧。

想到这里，他慢慢站起身来，走到两个姑娘面前，把她们拉到自己身边，用手抚摸着她们的头说："去吧，我的妹妹，我永远忘不了你们，越国人民也永远忘不了你们，只要我们一心一意，同仇敌忾，越国是一定会胜利的。"

西施、郑旦感动地看着范蠡，轻轻喊了一声："兄长！"就双双把头埋到范蠡的怀里。

夜越来越深，月儿隐入了云层，仿佛不忍目睹这人间的悲欢离合。

功成身退谋商贾

在西施入吴的这些年里，越国全体百姓也和西施一样，上下一心，同仇敌忾，经过"十年生聚，十年教训"的痛苦磨练，越国的百姓坚强起来了，越国国力强盛起来了，越国向吴国讨还血债、报仇雪耻的时机成熟了。

公元前482年6月，越国乘吴王北上黄池会盟之际，由勾践亲统大军，直捣姑苏，在姑苏城外和吴军展开激战，杀了吴军留守姑苏的两个将军，迫使吴太子友自杀，攻克姑苏外城，烧了阖闾、夫差两代吴王相继建造的姑苏台，使吴国遭到了前所未有的打击。

接着越军又在吴王从黄池回师之时，在太湖拦击吴王，几乎使吴王全军覆没，不得不派太宰伯嚭到越求和，并答应越国的永和条件。

吴王回师战败后，西施一改过去的冷淡态度，千方百计安慰吴王，在吴王心情好的时候陪他出游，其他时间绝不出宫，除了到香山采香草是个例外。

吴王在军事上失败了，但从西施那儿得到了前所未有的温存和安慰，这也使他得到了心理上的满足。吴王认为，西施到吴国这些年来，从不干预政事，只是陪着他游乐，没有做什么对吴国不利的事情。现在自己失败了，西施不但没有抱怨他，反而比过去殷勤得多，千方百计安慰、温存自己，可见西施对自己是忠诚的，而自己的生活中也不

能没有西施。所以，吴王对西施一如既往，深信不疑。

公元前 477 年 3 月，5 万越国精锐之师，唱着范蠡给他们编写的军歌，意气风发、斗志昂扬，浩浩荡荡地踏上了灭吴的征途。

范蠡在行军途中，对士兵提出了非常严格的要求：个人不得逞匹夫之勇，而要听从号令，统一行动。作战过程中，前进有赏，后退有罪。前进而不奋勇作战，与后退同等治罪。

两军对垒，集结于太湖附近的笠泽江两岸。

吴军据江北，劲旅 6 万。

越军据江南，精兵 5 万。

力量均衡，旗鼓相当。

决战前夕，范蠡让军队坚守阵地，自己带着两个跟随多年的心腹侍卫，驾着两艘帆船到太湖深处的香山附近察看军情。

几乎与此同时，西施驾船也来香山采香草，看见范蠡的船只，连忙把小船摇到跟前，脱下宫装，恢复苎萝女儿的本来面目，迅速跳上帆船，和日夜思念的恋人拥在一起。

没有寒暄的话语，没有久别的缠绵，范蠡下令调转船头，一名卫士陪自己重返军阵，一名卫士把西施送到早已安排好的地方隐蔽起来。

大决战开始了，越军在范蠡的指挥下，采取夜间突袭的方法，使吴军溃不成军。接着，又一鼓作气，捣毁吴王老巢，使吴王在万般绝望中拔剑自杀。

越军大获全胜，占领了吴国的全部国土，奠定了春秋后期霸主的地位。

在越军最后捣毁吴王宫殿的战斗中，除了 5 万精锐之师之外，还有两支非常奇特的队伍，他们在吴王宫殿内到处搜索，焦急地寻找着他们所要找的人——西施。

这两支队伍，一支是越王勾践私下安排的，他忘不了西施的美色，想着她一定风韵犹存，他要在夫差之后尽情地享受，他怕西施在混乱中被杀，因而派了这支队伍来寻找并保护她。

另一支是王后派来的队伍，她知道越王一直垂涎于西施，怕西施一旦被越王得到，自己地位不保。因此也派了一支队伍搜寻西施，并下了一道非常恶毒的命令："只要找到西施，就把她装到牛皮袋子里，沉入江中。"

在越国全国庆功大会后的第五天，在太湖东端的笠泽江口，一条带篷的帆船缓缓地向东行驶着。船内的两个人神情肃穆，一语不发。这两个人中，男的布衣葛巾，一副商人打扮，眉宇间透出一股刚毅和智慧。女的布衣荆钗，面无铅华，一身越国女儿常有的装束，虽然年纪已三十开外，但岁月的痕迹仍掩盖不住她超凡脱俗的秀丽和俊美。这两个人，就是为恢复越国立下汗马功劳的范蠡和西施。

轮换摇船的是范蠡的两个心腹侍卫，现在他们已脱下戎装，打扮成船家模样，但言行举止中仍透露出军人的英武之气。

过了一会儿，西施开口说话了："少伯，你说我们这样能逃出越王和王后的追捕吗？听说他们派了不少人马到处搜寻呢！"

范蠡微微一笑说："他们虽派了不少人追捕，但我料定他们不是向南，便是向北，绝对不会往东边派人的，这点请施妹放心吧！"

西施一向信赖范蠡，见他如此说，也就放下了心。

过了一会儿，西施又说："听说越王给你封地百里，还在宫中给你塑了金像呢。"

战国越国戈币3枚

范蠡笑说："那是给别人看的。对我来说，只是一种诱饵罢了。不过，施妹，从今以后，你我的名字却是不能再用了，不然很快就会被人发现了。"

"那该叫什么呢？"西施惊异地说。

范蠡漫无目的地四下望着，当他看船舱里的许多牛皮酒袋时，忽

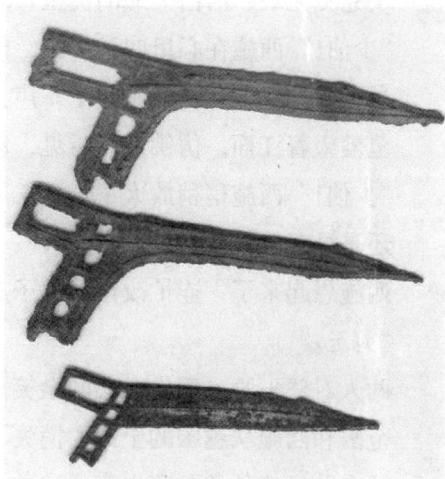

然计上心来，大声叫道："有了，我就叫'鸱夷子皮'吧。"

"鸱夷子皮？"西施和两个侍卫都不胜惊讶，异口同声地向范蠡发问。

"对，就是它！"范蠡顺手拿起一个小牛皮袋子，"姓鸱夷，名子皮。哈哈，我范蠡从现在起，就变成一个酒囊皮子了。"

轮到西施，他可要认真考虑了，不能随便也给她取一个酒囊之类的名字。

"施妹，"范蠡轻声叫道，"我的家乡宛邑，盛产美玉，晶莹剔透，惹人喜爱，你就叫'宛玉'吧！"

两个侍卫听了，连声叫好。

西施却面露哀伤："可是少伯，我已经不是当年的冰清玉洁了。"

"不，在我的眼里，你永远是我们在苎萝溪初次相识的西施，永远是一块完美无缺、洁白无瑕的美玉！"

"少伯！"西施在心里叫了一声，热泪如涌，痛快淋漓。

过了好长一会儿，西施叫了一声："少伯。"

范蠡望着江面，仿佛没有听见，动都不动一下。

"少伯！"西施稍稍放大了声音。

还是没有回答。

西施想起来了，连忙改口："子皮。"

"宛玉。"

两人对望，脸上现出会心的微笑。

范蠡和西施从越国的土地上消失了。

两个贴身侍从的名字也变成"独山"和"渔三十"。

几年之后，在当时著名的经济都市定陶，出现了一个有名的富商之家。男主人是经营有道、致富有术的鸱夷子皮，女主人便是温柔贤惠、美貌绝伦的宛玉。除了财富之外，他们还拥有三个儿子和两个勤劳能干的管家。

第 四 章

心如蛇蝎，死后有报
——吕后

　　吕氏名雉（前241—前180），字姁娥，是汉王朝创始人汉高祖刘邦的正配夫人。单父（山东单县）人。早年其父为避仇迁居沛县，刘邦任亭长时吕雉嫁给了他，婚后数年下田劳作、持家，生下一儿一女。前203年秋，吕雉归汉后，留守关中。刘邦称帝后，吕雉被立为皇后，子刘盈为太子，女儿被封为鲁元公主。刘邦死后，她实操大权，残杀忠良、宫妃及皇子，其手段之凶残，目不忍睹。公元前180年，吕后去世，享年62岁。死后，吕党被灭。

遵从父命嫁穷郎

吕后，名雉，字姁娥，山东单县人。吕雉的父亲，名文，是单县颇有钱财的商人，也是沛县县令的至交。秦末，时局动荡不安，吕文为避仇杀，从原籍单县迁居沛县，受到县令的热情招待，沛县官吏、豪绅也都纷纷送礼祝贺。当时县衙的主吏是萧何，也是刘邦的好友，县令让他主收贺礼。萧何对下级县吏说："贺礼不满千钱者，一律坐在堂下。"刘邦是个微不足道的泗水亭长，囊中空空，哪有钱祝贺? 萧何的话明明是冲他来的，为了不受奚落，刘邦壮着胆子昂首走进大堂，手持名刺 (名片) 大声说："我贺钱一万!"萧何明知刘邦在说大话，为保全朋友的体面，让持刺通报。吕文见贺礼丰厚，心中不免惊讶，便急忙出厅迎接刘邦。吕文平常爱给人相面，见刘邦相貌堂堂，落落大方，气度不凡，分外敬重他，便请刘邦坐在首席。刘邦并不谦让，大模大样地坐在众客之首，举杯豪饮，显得豁达而有气派。吕文越看越觉得此人非同小可，酒席散后，示意刘邦留下来叙话。刘邦十分高兴。吕文对刘邦说："我少时就给人家相面，状貌奇伟，没有一个像你这样的，请问亭长是否已经娶妻?"刘邦说："只因家境寒微，至今还没有娶妻，说来让大人见笑。"吕文说："我有个亲生女儿，愿意许配给你为妻，不知你觉得怎么样?"刘邦自然满口答应，立即拜过吕公，吕公许配给刘邦的是大女儿吕雉。吕雉端庄秀媚，被父母视为掌上明珠。许多有钱有势的人前来求婚，吕公都没答应，扬言大女儿一定嫁给贵人。今天居然轻率地把女儿许给一个穷亭长，老伴很生气地说："沛县县令三番五次求婚，你不答应，现在竟然把女儿许给刘邦这个无赖。"吕文哈哈大笑说："这可大有讲究，你一个妇道人家懂得

什么？我已经决定了，不必多说。"

吕雉和刘邦成婚以后，他们的两个子女陆续出生，女儿就是后来的鲁元公主，儿子刘盈，也就是后来的汉惠帝。刘邦经常为了公务以及朋友们的交往，三天两头不回家。织布耕田，烧饭洗衣，赡养父母及养育儿女的责任，就全都落在吕雉一人身上，而这样碌碌无为的生活哪里是吕雉甘心忍受的，如果一辈子过这样穷苦的相夫教子生活，还不如当了县令小妾享个安福，于是吕雉开始为自己的丈夫走帝王之路造势。造什么样的势？吕雉还是费了一番功夫。

有这么一个故事，说有一天吕后带着一儿一女在田里劳动，这个时候来了一个老人，问吕雉讨点水喝，吕雉不仅给了他水喝，而且还给了他饭吃。老人喝完水、吃完饭以后，就对吕雉说你的面相很尊贵，还说你的尊贵完全是因为你这个儿子的缘故。

刘邦回来后，吕雉就把老人说的这个事情讲给刘邦听，刘邦听了以后，就追上刚刚走的老人，要老人也给自己相面。老人看看刘邦说，你的面相尊贵得我不敢说，你好好保重吧。刘邦听了非常高兴，心里想，这老人莫不是暗示我是帝王将相之人。

用相面的方式帮丈夫立志，这是吕雉作为妻子非常英明的远见，而为刘邦起兵聚众，吕雉又费尽心机制造了两个神奇故事："赤帝斩白帝"和"头罩祥云"。

赤帝斩白帝的传说发生在一次刘邦押解民夫赴骊山劳役的路上，一路上，刘邦押解的民夫东逃一个，西逃一个，后来刘邦看到如此逃下去，等到了骊山民夫都逃没了，自己无法完成任务，干脆就把剩下的民夫全放了，自己也逃向山里，有几个民夫跟着刘邦逃，这其中就有吕雉的哥哥吕泽。

他们走山路时，遇到一条大白蛇，刘邦操剑就砍了拦路蛇，第二天有人说，在刘邦斩白蛇的地方，有一老妇人哭着说有人杀了她的儿子，她的儿子原是白帝之子，变成白蛇挡住赤帝儿子的路，被赤帝的儿子杀了。说这个事的正是吕雉的哥哥吕泽，很显然这是吕雉和哥哥的一次合谋，此时正值秦王朝无能，兵荒马乱的年代，一些

青年听说刘邦是赤帝的儿子，就开始纷纷投靠刘邦，想跟着有帝王之相的刘邦走。

吕雉和哥哥的另一次合谋也获得了成功，就是"头罩祥云"之说，刘邦因所押民夫逃跑，为了躲避责任，只好逃匿到芒山和砀山山下的沼泽地。那时的交通不发达，口信都难以传达，然而不管刘邦躲在何处，吕雉总能找到刘邦。

刘邦很奇怪，问吕雉怎么找到他的，吕雉就说你隐藏的地方，时常有一片云气笼罩，跟着这片云就一定能够找到你。在此之前，秦始皇就有镇压天子之气的出巡活动，说是星相家观测，看到东方有天子之气，秦始皇为了维护自己一统天下的秦王朝不落于异姓手中，于是出游镇压。吕雉趁机把星相家说的"天子之气"安到了自己的丈夫刘邦身上。事实上吕雉每一次找到刘邦，都是通过哥哥吕泽，吕泽一直跟随刘邦，自然知道刘邦所在的地方，吕雉却把这说成刘邦身上有当时星相家所说的帝王之气。

当越来越多的人知道刘邦有帝王之气之后，投靠刘邦的人就越来越多，仅是沛县的青年就成百地聚集到刘邦身边，刘邦也爱好结交朋友，慢慢地，刘邦形成了自己的集团，最后一举成功地推翻了沛县县令，自己当家做主，走上了争王图霸的道路，而这正是吕雉极力辅佐的成果。

随战南北登凤座

公元前 209 年，陈胜、吴广在大泽乡揭竿而起，东南各郡县纷纷响应。这时刘邦、樊哙和芒砀山的 100 多条好汉也杀官起义响应。吕雉因此受到株连，被官府抓进大牢。萧何对县令讲："她一个妇道人

家懂得什么，不如放她回家，刘邦定会偷来看她，那时再抓她不迟。"县令闻听有理，就把吕雉放回。吕雉出狱后，便携带子女寻往丰邑，与刘邦团聚。从此，她一直跟刘邦转战各地，成为刘邦的得力助手。

陈胜、吴广起义失败后，项羽和刘邦领导的起义军便成为反秦武装的主力。项羽和刘邦商定，谁先打到关中，攻下秦都咸阳，谁先称王。由于刘邦作战灵活，军纪严明，又采取了收降秦将的策略，很快从武关打入关中，攻下咸阳。项羽十分恼火，率40万大军直逼灞上，扬言要与刘邦争个高低。当时刘邦不过10万人马，不敢与之抗衡，愿尊项羽为王。这样项羽怒气方平，于是杀了秦王子婴，烧了秦宫，自封西楚霸王。又分封了十八路诸侯王。刘邦被封为汉王，进驻巴蜀偏僻之地。不久齐王首先起兵反楚，刘邦乘机联合反楚力量，攻打楚都彭城，结果大败。刘邦的父母和妻子吕雉也被项羽俘获，当作人质扣在军中。楚汉战争打了4年，刘邦转败为胜。项羽认为彻底打垮刘邦已经不可能了，于是与刘邦讲和，双方划鸿沟为界，项羽把吕雉以及刘邦的父母送还刘邦。刘邦想到两雄不能并立，于是趁机追击项羽。项羽连战失利。公元前202年，项羽被困垓下，在四面楚歌中溃败而逃，最后在乌江畔拔剑自刎。同年2月，刘邦在洛阳登基称帝。封吕雉为皇后。

吕后是个不寻常的女人，但并不贤淑。从刘邦起义到登基称帝，在这长达八年的时间里，她随刘邦转战南北，历经长期的激烈征战和错综复杂的政治斗争，饱经风雨沧桑，增长了知识和才干，也为她参政奠定了基础。

楚汉战争期间，吕雉时而被俘，时而住在后方。西汉定都后，刘邦才把吕雉及刘盈接到洛阳，所以朝中文武大臣多数对吕后并不熟悉。吕后得知大臣瞧不起她，很想找个机会显示一下自己的才干。在汉十一年，也就是刘邦当了汉王的第十一年，即他当了皇帝的第六年——这个时候西汉王朝也不过刚刚建立——发生了一件事情，一个叫陈豨的人起兵造反，他自称"代王"，不是代替的"代"，而是代国之王。代是现在的河北省境内。陈豨当时有很多军队和人马，而且他是养士

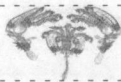

的人，手下有很多英雄豪杰——陈豨这个人是很厉害的，走到哪儿随从他的车辆都有上千辆，很多人拥护他。

听到陈豨反了的消息，刘邦勃然大怒，带领军队御驾亲征，去讨伐陈豨。这期间，韩信与陈豨有书信来往。韩信写信给陈豨说，你只管造反，兄弟我在京城给你做内应。而且他做了准备，准备把监狱里的人放出来，让他们去攻打皇宫——当时留守京城的人是吕后，就是说把吕后抓起来杀了。

这个事情被人告发了。告发的起因，是韩信手下有一个人犯了错误，被韩信关了起来，准备杀头。这个人的弟弟知道了这个情况，就向吕后通风报信，说韩信准备谋反。

吕后说这个事情怎么办啊？把相国萧何找来商量，萧何就出了一个主意，萧何出了一个什么主意呢？他自己去找韩信，说前方传来了捷报，咱们皇上打了胜仗，现在群臣都要到皇宫里去祝贺。前方有什么战事，韩信并不知道，但是萧何一说，韩信就相信了。但是韩信不去，韩信说，你看我一直在生病——因为前一段时间韩信闹情绪，一直装病不上朝——我连朝都不上的人，怎么能去呢？

吕雉

萧何说："虽疾强入贺。"意思是，你虽然有病，但还是勉为其难去一趟吧；这么大的事情，大家都去祝贺，你不祝贺不好嘛！韩信觉得实在是推托不过，就勉勉强强进宫了，来到长乐宫。

当时汉王朝的主要宫殿有两座：一座叫未央宫，是皇帝住的；一座是长乐宫，是皇后住的。因为这期间是吕后在主政，所以韩信来到长乐宫。长乐宫两边早就埋伏好了，韩信一进来，很多壮士一拥而上，

把韩信捆了起来。吕后没有请示也没有汇报，也来不及了，当机立断，先斩后奏，把韩信杀了——斩之于长乐钟室，就是在长乐宫里面一个放编钟的房子里把韩信杀了，而且立即下令逮捕韩信的家人——"夷信三族"，就是将韩信父族、母族、妻族三族的人全部杀光。

公元前196年，一个为大汉王朝的建立立下汗马功劳的韩信就这样被杀了。可以说，韩信之死不完全是因为功高盖主，也不完全是因为"鸟尽弓藏，兔死狗烹"。因为他说这句话的时候，刘邦并没有杀他；而是因为他参与了一个谋反大案，被吕后所杀。

临死之前，韩信仰天长叹，说了这么一句话："我后悔啊，我后悔当初没有听蒯通的建议，以至于落到今天这个下场，被小孩子、女人所欺骗、所谋杀，我真是追悔莫及!"他们先将韩信骗至汉宫，然后趁他不防，让伏兵将他逮捕处死。

彭越也是汉初的功臣，被封为梁王。有人诬告他谋反，刘邦不问情由立即派人将彭越逮捕。不久赦彭越为庶人，流放蜀地。当彭越西行到郑地时，正遇上吕后。彭越请吕后向高祖讲情，将其放回昌邑故里，刁狠的吕后为了稳住彭越，满口答应，并让彭越随自己一同赶赴洛阳，哪知吕后见了刘邦，就力劝诛杀彭越，不可放虎归山。一面又令彭越舍人诬告彭越赦免后仍想谋反。高祖听信吕后的谗言，遂下诏将彭越枭首市曹，并夷灭三族。

心狠手辣杀母子

说到太子刘盈性格软弱，处事优柔寡断。吕雉为保太子，决意除掉刘邦宠妃戚妃和她的爱子刘如意。

戚姬性情温和，且能歌善舞。天资聪明，性格活泼，很得刘邦喜爱。刘邦先封戚姬为贵姬，后封刘如意为赵王。时间一长，戚姬便产生了夺嫡之心，她日夜在刘邦面前进言，要求立如意为太子。刘邦也感到刘盈天资平庸、生性软弱，自然也有废立之意。

吕后自知年老色衰，无法同娇柔迷人能歌善舞的戚姬作椒房之争，然而她知道"妇以夫贵，母以子贵"。将来自己的命运就押在儿子身上。因此，她挖空心思对付戚夫人。

汉高祖十年 (公元前 196 年)，刘邦不顾群臣的反对。突然宣布废太子刘盈，立刘如意为太子，吕后得知后，立即请足智多谋的张良为其筹划。最后，由于元老重臣的反对，终于保住了刘盈的太子地位。

汉高祖十二年四月 (公元前 194 年)，刘邦躺在病床上已是奄奄一息，经过数月的治疗，刘邦终于感到了他生命的最后时刻正慢慢地到来。

他将来给他诊治的医生骂了一通，最后赏赐了他五十斤金子，叫医生退下了。吕后哀求他接受治疗，他却不以为意，对于自己的病情，他比任何人都清楚。他召集群臣入宫，在宫门外宰杀白马与群臣立誓：非刘氏而王，天下共击之！

这是他为子孙后代做的最后一件事情，也是为大汉王朝做的最后一件事情。做完了这一件事，他的生命除了等待，便只有等待了……

吕后面带泪痕地跪倒在他的面前。

刘邦又一次静静地看着自己的这位结发妻子，他好久没有这么认真地看着她了，他明白这些年有些冷落她了，他想告诉她心中的愧疚，但他却开不了这个口。

陛下百年之后，萧相国若死，谁可以替代？吕后板起略带泪痕的脸庞，勇敢地说。

刘邦看着她的神色突然变得很复杂，他沉默了一会儿，继而一阵释然，他缓缓说道：曹参！

曹参之后呢？吕后一直很信任她丈夫的识人用人之能，所以她想尽可能地从他的口中听到更多的决策。

王陵可用，但王陵愚直，不能独任，要陈平协助。陈平智谋有余，

厚重不足，需与周勃协用，周勃朴实无文，然而安刘氏者，必为周勃，可任为太尉！刘邦这次回答得很干脆。

刘邦就像占卜师一般预测着未来。

吕后继续问，刘邦打断说："此后亦非你能知晓了。"

吕后微微地点了点头，刘邦看得出来，那是一种坚定。吕后转身退下之时，刘邦突然想到了戚夫人和刘如意，他无力地抬起手来想把她唤住，但是又轻叹一声，把手臂放下了。

他知道再多的言语也不会起任何作用，他无奈地微微闭起双眼，思绪像云儿一样飘向了蔚然的远方。

他这一生荒诞不经的事情做过不少，但他为国为民的事也做过不少，他的这一生没有白活。他一步步爬上最高权力的宝座，成就这不朽的功业，如今，一切都行将成为过眼云烟。

他不是没想过死，但对于死亡，他很坦然。

他的一生遭遇过不少的险情，他也见识了无数的悲欢离合，他笑过，他哭过，他感动过，他哀伤过，但他却从未后悔过。

"我以布衣，提三尺剑，而取天下！"

人生足矣！足矣！

他从来没像现在一样的轻松惬意，倏忽间，他看到了一群小孩在土堆里捏着泥巴玩，那是卢绾，那是项羽，那是韩信，那是彭越……被他们围在中间的小孩转过身来，用沾满泥巴的手擦了一下鼻涕，鼻槽上顿时出现了一杠黑黑的泥土印记，他咧开嘴唇，天真地笑了起来。几个孩童边玩边喊："泥人王，泥人王，抬轿娶新娘，坐轿当君王……哈哈……"

一群孩子嬉笑着舞动起来。刘邦微闭着双眼大笑起来。

汉高祖十二年四月，刘邦在长乐宫安静地离开了人世。

吕后抚着刘邦的遗体哭了一阵，哭累了，她抹干眼泪，大脑转得飞快，她静静地思考着下一步该怎么走。

处理政务几年下来，她已经积聚了实际的政治才干。她心里很清楚：先帝大行，新皇帝未登基之前，会是权力场上风起云涌的时候，那些功臣宿将、刘氏子弟早已蠢蠢欲动，自己这孤儿寡母若处置不当，必然酿成大祸。

在没有明晰的对策前，她决定秘不发丧。

她想到了她唯一能信任的人，审其食。这位曾与她共患难的男人，虽然他天分不高，能力不强，但他的忠心与专情却每每都能让吕后深为感动。

她急召审其食入宫觐见。

审其食站在吕后的面前，吕后不禁又泪眼婆娑起来。吕后把她的想法告诉了审食其，这个想法却着实把审食其吓了一大跳。

吕后想秘不发丧，对外宣称刘邦病重，再召将领们入宫探望，同时埋伏甲士将手握重兵又不顺从的将领除掉。

审食其本就只是唯唯诺诺的人，他认为这么一来，反倒对自己有利，所以，他并未深虑便举双手赞成。有审食其的支持，并不能让吕后吃下定心丸。为了万无一失，她又找来手握重兵的兄长吕释之，向他说出了自己的计划。

这是对吕氏家族有利的事，吕释之自然不会反对。

一场阴谋正悄无声息地酝酿着，吕后反复思量着这个计划，仔细地思量着每一步可能出现的漏洞。这无疑会是一场生与死的较量，一旦出了纰漏，她跟她的儿女将死无葬身之地。

吕释之从宫中出来后，心中又激动又怕。

如果那些将领一除，这天下的军马就属于他吕氏家族的了，而作为吕后最为倚重的亲人，他吕释之自然就是当仁不让的统帅，这是何等的荣耀啊！

但他心里也充满了紧张，那些武将手握重兵，而且军中威信很大，要杀他们，恐怕不那么容易，万一失手，有可能会把命都赔上。

吕释之回到府上，一连几日都为此事茶饭不思，他愁眉不展，反复筹谋。吕释之的儿子吕禄见父亲从宫中回来后，就像丢了魂一般，十分不解，便向父亲询问。吕释之正憋得慌，便把事情毫无保留地告诉了儿子，并且对其千叮万嘱，要严守机密。

吕禄嘴上是答应了，但这么大的秘密压在吕禄的心中，让他十分难受。吕禄从来不是那种守口如瓶的人。

吕禄跟曲周侯郦商之子郦寄是好得不能再好的玩伴，他们相交很深，无话不谈。既是玩伴，又是知音。

两人在喝酒的时候，吕禄还是没有管住自己的嘴，他将心中的秘密爆料给了郦寄。

郦寄一听，酒意顿消，他知道此事事关重大，他老爹郦商就是久经战阵的老将，如果吕后要动手，郦家定难逃厄运。他把吕禄送走后，便急忙返回家中，把事情告诉了父亲郦商。

郦商听后也是大惊失色，他来回踱步，思考对策。

他想来想去，要让吕后改变主意，也就只有一个人能办到这件事情。想了一阵后，郦商便吩咐备车，匆匆离府。

郦商的马车到了审食其府前停了下来。

审食其听闻郦商来见，心想：他怎么来了，我们两家可是极少往来的，莫非大事已经泄露，如果是此事，不见也罢！不成，还是见见为妙，若他们早已耳闻，必定对我与吕后不利，见面探听虚实也好。

郦商见到审食其的时候，并不废话，示意审食其屏退左右。

见周围已经没有闲杂人等的时候，郦商才急切地说道："足下危在旦夕了！"

审食其心里觉得好笑：这算是威胁吗？

他脸上却故作惊讶说：这话怎么说？

郦商不紧不慢地说："陛下驾崩四日，宫中却不发丧，而且想杀尽武将，请问武将能杀尽么？现在灌婴领兵十万，周勃坐镇燕代，樊哙又生死未明，一旦朝中大将被诛，他们得到消息，势必率兵进京，到那时，吕后太子内外皆困，那不是危险了，吕后危险，足下哪里能有好日子过？"

审食其听完，稍微沉思一下，豆大的汗珠从额头上渗出，心想自己怎么没有想到这一层呢？

他佯装不解，结结巴巴地说："我……我从未听说这件事！若真有这种谣言，我入宫禀明皇后!"

郦商见他虽然抵赖，但审食其的窘样，已经告诉了郦商，审食其被唬住了，于是，稍作寒暄便告辞而去。

送郦商走后，审食其连滚带爬急急跑入宫中面见吕后，他把这层利害关系告诉了吕后。

吕后夸赞他的考虑周全，其实，她不是没考虑到这一层，但吕后没想到这个谋划会在这么短的时间就泄露出去，即便这个计划再完美，一旦泄露也就失去了实施的时机，因此也只能取消，如果取消，别人只会当作谣言看待而已。

她当机立断，下诏为刘邦发丧，给刘邦上庙号为太祖，尊号为高皇帝。

年仅十七岁的太子刘盈于灵前即皇帝位，也就是后来的孝惠皇帝。

吕后成功地由皇后升级为皇太后，后人称之为高后。

吕后对于反对力量的顾忌是过于严重的，刘邦在死前已将最强大的异姓诸侯王杀戮干净，余下的老将几乎都是俯首听命忠心耿耿的大臣。只要刘盈能够正常继位，便不会有任何危险。

宫中发丧的时候，陈平正监押着樊哙在回京城的路上。

等皇帝驾崩的消息一送到陈平手中，陈平不免悲痛万分，同时，他又考虑到了更深的一个问题。

他撇下随行人员和樊哙，自己则快马往京城赶。

陈平急匆匆地赶回去，是防着有人向吕后进谗言。

太子一旦即位，吕后必然掌权，樊哙是吕后的妹夫，吕后与妹妹吕媭的感情之好，那是有目共睹的，陈平早有耳闻，吕媭可是睚眦必报的，如果她向吕后进谗言，那么陈平就玩完了。

所以，陈平要先她一步赶到吕后面前作解释。

当陈平跪倒在刘邦的灵前时，他再也不能抑制住心中的悲痛，谁说男儿有泪不轻弹？陈平哭着喊着，泪水浸湿了衣襟，刘邦一生待他不薄，给了他一展抱负的机会，刘邦是他的主人，更是他的恩人。

吕后见陈平哭得如此真诚，心中也是感同身受，她对陈平好言劝

慰之后，问起了樊哙的下落。

陈平收起眼泪，向吕后详细地说明了事情的始末。

吕后知道樊哙还活着，很高兴，表彰了陈平的忠心与机智。陈平为了向吕后显示自己的忠心，不顾车马劳顿，恳请宿卫宫中，保卫皇太后与陛下，吕后深为感动，任命陈平为郎中令。所谓郎中令，乃总管宫中宿卫的官，也称北军将军。

果然如陈平所料，他前脚刚走，吕媭就哭哭啼啼找到吕后，虽然丈夫樊哙安然无恙地回来了，但她还是觉得受了委屈，咽不下丈夫被囚的恶气，她把这笔账算到了陈平的头上，她向吕后恶狠狠地告了陈平一状。

吕后是个明白事理的人，她比谁都了解她这个妹妹的性格，况且陈平已经有言在先，她自然不信，便不顾姐妹情谊，扳着脸孔把吕媭打发走了。

吕后不愧是聪明的政治家，虽然吕媭是同胞骨肉，但治理国家还得依靠那些个老臣子，孰轻孰重，她心中还是有数的。

刘邦的后事操办完毕，大局也趋于稳定了。

掌握权力的吕后开始感受着朝堂大臣三叩五拜的那份敬畏，都说高处不胜寒，但她却分明感觉到，高处并不寒冷。现如今，没有人可以反对她，没有人可以冷落她。

天大地大，我吕雉最大。女人怎么了？难道女人就不能成就一番伟业，难道女人就不能做出像男人一样的功业来吗？难道女人就不能治国平天下吗？

吕后想起她这些年来所受的一切苦楚，想起丈夫的冷落，想起那些担惊受怕的日子，她的心突然一阵绞痛。

今天，我要夺回来。你们不是每天都有万千宠爱集于一身吗？你们不是每天都养尊处优还要跟我抢吗？今天，该让你们尝尝这滋味了，我昨天的痛苦都得由你们承受。

报复的念头在她的心中不断地喷发，她要报复刘邦，报复他对自己的冷落，刘邦给了她荣华富贵，可也带给她无尽的痛苦。

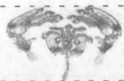

她是一个女人，她需要宠爱、需要呵护，可是这一切，都被人夺走了。

她要辣手摧花。

她下令把刘邦生前宠爱的所有妃子都给关起来，慢慢地折磨，最好能让她们求生不能，求死不得。她还特别关照曾经不可一世的戚姬，后宫中，吕雉虽贵为皇后，可是戚姬仗着刘邦的宠爱，从来没给过她好脸色看。吕后给了戚姬一个钳（剃光头）发为奴的惩罚，让她脱去华丽的衣裳，穿着囚服，到永巷（囚禁皇室成员的地方）舂米。

这个昔日风光无限、美丽无比的女人突然失去了一切，甚至惶惶不可终日。

在永巷，戚姬受尽了屈辱，那些原本恭恭敬敬的丫鬟，侍从，在吕后的示意下，突然对她凶神恶煞起来，甚至连饭都不给她吃饱。

戚姬的脸上每天都挂满了泪水。她现在唯一的希望便是在刘如意身上了，她期待着儿子刘如意能来解救她，每当她想起儿子稚嫩的音容笑貌，她都能在痛苦中感受到些许的幸福。

如果不是这一份牵挂，她宁愿早早地死去！

儿呀，快来看看母亲吧！儿呀，快来救救母亲吧！睡梦中的戚姬掉着眼泪轻唤。

可是一天天过去，她没有见到刘如意的身影，她的期待在一天天的消磨，她的心中变得忐忑不安，她担心幼小的儿子能否逃出那个残忍女人的毒手。当希望变成痛苦的绝望后，她唱起了一支哀伤的曲子：子为王，母为虏！终日舂，薄暮常与死相伍！相离三千里，谁当使告汝！

歌声不久便传到了吕后的耳里，吕后竟然勃然大怒。

她还想靠她的儿子翻身吗？吕后怒骂。

赵王刘如意不除，迟早是个祸害。想到这里，她索性一不做，二不休。

她当即以惠帝的名义宣召赵王刘如意进京面圣，使者拿着诏书到达邯郸，赵相周昌接到诏书的一刹那，就看出了其中的诡计，他便代

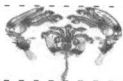

赵王推托了。使者三返三至，都被周昌挡了回去。

被周昌这样抵触，吕后心中很是恼怒，但她念着周昌当年保太子的恩情，所以暂时忍了下来。如果一个爽直的周昌就能难倒吕雉，那她这些年就白忙活了。她很快就想到了一个办法。

整件事情的阻力不就是周昌吗？只要想法把周昌调开，赵王就手到擒来。

她随即下诏请周昌来京，而且诏书中只字不提赵王的事情，周昌虽然明白吕后的真实意图，但他也不敢不奉诏，因为诏书中没有提到赵王，既然如此，再以保护赵王为由，那就死定了，那叫抗旨不遵，做臣子的如此揣摩上意，死罪一条。所以周昌必须奉诏去长安，大不敬的罪名他可承受不起，他天真地认为只要赵王不去长安，就不会有危险。

周昌临行前对赵王千叮万嘱，等周昌一上路，吕后的第二道诏书就送到了赵王府，诏书的内容如以前一样，命赵王即刻进京。

赵王年幼害怕，早把周昌的话忘得一干二净，只能奉命入京，赵王随从认为，相国周昌在长安，定

汉并天下瓦当

能保赵王无恙。

赵王即将来京的消息让刘盈知道了，诏书虽然是以他的名义下发的，但是他却并不知情，他知道太后可能要对赵王不利，心中着急，一边是母亲，一边是弟弟，母亲那边不能进谏，弟弟那边又不能明说。

情急之下，刘盈想到了一个办法。他特地到城门外迎接赵王，与他一同乘辇，进入宫中后，每日与赵王同吃同住，形影不离。皇帝对自己的弟弟如此照顾，非常罕见。

刘盈的做法让吕后很恼火，但又不好发作，毕竟是自己唯一的儿子。她抓破脑袋都想不通，儿子干吗要护着抢自己皇位的人，难道兄

弟情谊能大过母子亲情吗？难道儿子不喜欢权力吗？

刘盈是个善良的皇帝，她不知道，仁弱的刘盈之所以如此做，一则是保护弟弟，二则是向母亲抗议，在他眼里，囚禁父亲的宠妃，已经做得很过分了，现在又要谋害她的儿子，更是无法坐视不管。

母子表面和谐，私底下却在博弈。

可是日防夜防，却还是让吕后逮到了机会。赵王为了见到母亲，便在宫中盘桓下来。一天，刘盈起早去打猎，小如意却贪睡。刘盈见太后已经好多时日没动静了，所以也放松了警惕，况且打猎也不会有几个时辰，所以应当不会有事。

然而，往往事与愿违，吕后安插在宫中的耳目早已把这个消息报告了吕后。

吕后冷笑一声，便下了个残忍的命令。

刘盈晨猎兴冲冲地回来，准备叫醒年幼的弟弟，眼前的景象却让他惊呆了，刘如意七窍流血地躺在床上，再也起不来了。

刘盈抱起弟弟的尸首痛哭流涕，一度精神恍惚。

很久，他才下令追查凶手，将赵王安葬。

他当然知道这肯定是太后指使人干的，查来查去查到后来，只能找了个官奴做替死鬼，来表示对母亲的不满。

刘如意的死，并没有让吕后的心灵得到平复。相反，她更加丧心病狂，她把赵王的死信告诉了戚姬，她就想看戚姬痛苦的样子，她相信，戚姬的痛苦就是她的快乐。

戚姬得知爱子死信，几乎昏死过去，她对吕后骂声不绝，吕后听到后，不但不生气，反而大笑不止。

你不是很美吗，你不是很会勾引男人吗？好，贱人，那我就让你成为人见人怕的怪物！吕后疯狂地笑着说。

很多天后，吕后到刘盈的寝宫，邀请儿子去观看一种叫"人彘"的东西。刘盈从来没有听过这个名词，于是，兴致勃勃地跟着吕后去看，在七拐八弯的永巷里，刘盈被带到一个厕所前面，打开一看，里面有一个没有头发，没有眼珠，没有耳朵，没有手脚，嘴角大张，咿

咿呀呀地发出怪音，脸上血痕泪痕交织的怪物。

刘盈当场有点想作呕的感觉，他忍着问道："这是谁?"

这是你戚姨! 吕后微笑着说。

刘盈一听，顿时惊得目瞪口呆，看看那血肉模糊的人，想想以前美丽动人的戚姨竟变成这等模样，心中一阵绞痛。他已无心观看，匆匆退了出来，深吸了口气，便不顾吕后的呼喊，夺路而去。

刘盈回到寝宫，想起刚才的场景，不免心惊胆寒，一时精神恍惚，发起病来。

这一病，便是一年。

他见识到了母后的残忍与可怕，一个问题像阴魂一样久久萦绕在他的心头：到底为什么，到底为什么，为什么一向和蔼的母后会这么残忍? 当年，父亲残忍地把幼小的儿女踹下马车! 而今天，母亲又残忍得丧心病狂? 为什么会这样? 为什么? 朕只想有一个好好的家，只想有一个温暖有爱的家，哪怕不要这个江山，朕也在所不惜。

他越想越难过，便在病榻上派人给吕后传话："这种事不是人做的啊，朕为太后子，终不能治天下，以后有事请太后自裁吧!"

后来，刘盈从病床上爬起来时，像换了个人似的，整天沉湎于酒色，不理政事。

吕后怎么也没想到，她在炫耀她的胜利的同时，却沉重地打击了爱子对人生的信心和对人世间美好的期待，她没料到她的做法对儿子的心灵会造成这么大的伤害，她不后悔杀死戚姬母子，但她后悔让善良的儿子看到这个场景。可是，世上并没有后悔药! 盈儿，你太善良了，你不会理解为娘的苦处! 吕后在心中落泪说。

祸乱朝纲身后报

惠帝刘盈继位后，朝廷大事完全由太后吕雉裁决。她搅乱伦常，竟不顾礼义廉耻，立自己亲生女儿鲁元公主的女儿张嫣为皇后，导演了历史上罕见的甥舅成婚的丑剧。同时，吕雉当政后，也把刘邦休养生息的黄老政治进一步推行。刘邦临终前，吕雉问刘邦身后的安排，问萧何百年后谁可继任，刘邦嘱曹参可继任，曹参之后有王陵、陈平，但不能独任，周勃忠诚老实，文化不高，刘家天下如有危机，安刘氏天下的必是周勃，可任太尉。吕雉遵守刘邦临终前所做的重要人事的安排，相继重用萧何、曹参、王陵、陈平、周勃等开国功臣。这些大臣们也都以无为而治，从民之欲，从不劳民。在经济上，实行轻赋税；对工商业实行自由政策，这些都为"文景之治"奠定了坚实的基础。

吕雉也很具有政治家的风度，一次匈奴冒顿单于乘刘邦之死，致书对吕雉说："你死了丈夫，我死了妻子，两主不乐，无以自虞，愿以所有，易其所无。"吕雉采纳季布的主张，压住怒火，平心静气复书说："我已年老色衰，发齿也坠落了，步行也不方便。"然后赠予车马，终于化干戈为玉帛，冒顿单于自愧失礼，遣使向吕雉认错。

公元前 188 年 (惠帝七年)，年仅 23 岁的刘盈病死。吕后为遮人耳目，身穿素衣素裙，假惺惺地号哭不止，但不见一滴眼泪。张良 15 岁的儿子，聪明过人，他见吕后的怪样，便猜透了她的心事，问丞相曹参说："吕太后只有惠帝一个儿子，但哭得并不悲伤，你知道其中道理吗？"丞相问："什么道理？"他说："皇后没有子嗣，只有立假子为帝，她害怕高祖尚有六个儿子在各地为王，朝臣又多是高祖在世时的宿将，太后怕不能统御，所以心有忧虑。如您把吕产、吕台、吕禄

封为将军，并请诸吕都进朝廷，给予大权，那么太后就放心了。你们大臣也就脱离灾难了。”

曹参感觉是这样，于是按张良儿子的话去做，结果正中吕后下怀。吕后让惠帝皇后伪装怀孕，然后在后宫找一宫女的婴儿，谎称皇后所生。她又怕婴儿的生母泄密，干脆将她杀死。于是这个婴儿被立为皇帝，称少帝，太后顺理成章地临朝称制，行使皇帝职权。

少帝稍大后，听说自己不是皇后所生，生母早被太后杀死，便发誓说：“待我年壮，定要为我母报仇。”吕后闻言很是担心，为除后患，便把少帝囚禁起来，暗地将他杀死，然后立常山王刘弘做皇帝。刘弘实际上仍是个傀儡，吕雉照旧飞扬跋扈，并大力削弱刘氏诸王的权力。不久，她又害死了梁王刘恢。

她排斥异己，任用亲属，大封吕氏。追封其父吕叔平为宣王，追封兄长吕泽为悼武王，二兄吕释之为昭王。然后封侄子吕禄为赵王，吕产为梁王，吕通为燕王，吕台为吕王，妹妹吕嬃为光临侯，吕平为扶柳侯，吕种为沛侯，吕更始为赘其侯，吕忿为吕城侯，吕他为俞侯。令吕禄统领北军，吕产统领南军，吕更始统领皇宫卫士。凡吕氏党徒无不封王封侯。

这样，刘汉江山基本被吕氏篡夺了，虽有几个异姓大臣充数其间，如右丞相陈平、太尉周勃等，但都有位无权，只给吕氏当作陪衬罢了。

吕雉从公元前187年篡权执政，到公元前180年死去，临朝听政前后八年。病危前，召见吕产、吕禄叮嘱说：“高祖曾和大臣们订过盟约：‘非刘氏而王者，天下共诛之。’如今我封了吕氏家族诸人为王侯，旧臣们都愤愤不平。我寿命将尽，皇帝年幼恐怕大臣们要作乱。你们必须掌住兵权，保卫好宫室，千万不要离开皇宫为我送葬。”公元前180年8月1日，吕后下遗诏，赐各诸侯王黄金千斤，大赦天下。让吕产做相国，将吕禄的次女当皇后。安排未了，便断了气。

吕后一死，诸吕便将开国功臣排挤出朝廷。但忠于刘氏的元老重臣和刘氏诸王仍有很大势力。右丞相陈平邀请周勃等密商清除诸吕之大计。随之扣押了与吕党关系密切的郦商父子。陈平又密召襄平

侯纪通等，让他们随周勃持符节进入北军，诈传皇帝有诏，令周勃统
领北军。

北军统帅吕禄，见皇帝有诏，只道没有差错，便将印信交与周勃。
周勃统率北军，便遣使阻挡吕产于未央宫外。同时，令刘章率兵迅速
消灭吕产。吕产见势不妙，逃到厕中躲藏，被刘章杀死。随后与周勃
分头一举诛除吕党，史称"周勃安刘"。后经大臣协议，迎接代王刘恒
入朝为帝，是为汉文帝。

第 五 章

远嫁匈奴，大义千古
——王昭君

　　王昭君，名嫱，字昭君，乳名皓月，汉族人，中国古代四大美女之一的落雁，晋朝时为避司马昭讳，又称"明妃"，汉元帝时期宫女，西汉南郡秭归（今湖北省兴山县）人。匈奴呼韩邪单于阏氏。早时就显露才华，谈吐不凡，有男儿气概。入宫后，因不屑于讨好势利小人，未能得到元帝赏识。后为了汉朝与匈奴的和平往来以及这种关系的稳固，主动出塞嫁到匈奴，其大义流传千古。

谈吐不凡入深宫

汉元帝建昭元年（前 38）初春，南郡秭归县里，人心惶惶，一片混乱，有女孩的人家，纷纷抢着给女儿择夫婚配，条件比平时下降了许多。有的一时找不到合适的，就在路上拦截年轻后生，硬是拉回家招赘，演起了名副其实的"拉郎配"。有的怕白天办婚事张扬太大，被人检举揭发，就在半夜三更偷偷地把女儿嫁出去。

为什么会出现这种情况呢？原来朝廷派来的选美使者前几天到了县衙，并颁下一道钦命：凡县内年龄在十五岁以上、二十岁以下的未婚女子，三天后统统由家人送到县衙，供钦差挑选。入选的，即随钦差一起去京城，送入后宫，再供皇上选幸。县里选美落选的，由家人领回，自行婚配。寻常百姓人家，从来不想女儿被选中后可享荣华富贵，只求骨肉团聚，永不分离，所以就出现了一场抢送女儿出嫁的风潮。

三天后，全县未婚的年轻女子均由家人陪同，里长乡老带领，陆续来到县衙，供钦差大人挑选。

钦差看了半日，竟挑不出一个中意的。相貌平平的是不能考虑的。而其中几个稍有姿色的，又是目不识丁，言谈平庸、举止不雅，让人难堪。这样的人选进宫去，肯定得不到皇帝的宠幸，自己的这趟差使也就白出了，说不定还会以"办事不力"的罪名断送了前程。

正当钦差忧思重重之时，耳边传来秭归县令陈和的声音："大人，除了宝坪村的王嫱之外，敝县的女子大人已经全部过目了。不知有没有中意的？"

"唔，王嫱，王嫱为什么没到？是抗旨不遵吗？"钦差盯着县令手

中的册籍，满脸不悦地说。

"不，不是抗旨不遵。在下刚才问过了宝坪村的乡官，说是在钦命颁发的前一天，王嫱由两个哥哥陪同，到巴东姨母家省亲去了，现在还没有回家。所以未来县衙应选。"

"原来这样，王嫱出身怎么样？"

"回大人，王嫱可说是书香官宦门第，其父王襄，早年曾任谒者令，长期在胡地为官，后来辞官经商，家产颇丰。晚年思乡心切，叶落归根，定居故乡宝坪村。平时为人谦和，乐于施舍，非常受乡人敬重。"

"嗯，既然曾在朝中为官，想来是不敢抗旨不遵的。不知这王嫱长得容貌怎么样？"

"这……在下就不清楚了。"

"来，传宝坪村乡官来见！"钦差不等县令多想，直接下了一道命令。

不大一会儿，宝坪村的乡官应命来到。这是一个慈眉善目的老人，年纪五十开外，须发斑白，衣着朴素。来到堂前，见钦差大人和县令都在，连忙跪下叩头，说："大人在上，无知小民王仲叩见二位大人。"

县令陈和说："王仲，本县问你话，你要从实讲来，不可虚言。"

"是。"

"你们村王嫱，今天怎么不来应选？"

"回大人，王嫱前几天和她哥哥去姨母家省亲未归，所以不能前来应选。"

"我再问你，这王嫱德容怎么样？"

"王嫱得其父教诲，熟读诗书，琴棋书画样样精通，女工在敝乡首屈一指，且温柔贤淑，深得乡人爱戴……"

钦差听到这儿，心中一喜，难得穷山僻壤，出此贤女，现在最重要的，就是看长得怎么样了。因此，他急不可待地打断乡官的话，说："快说容貌怎么样？"

"要说容貌嘛……"乡官忽然不往下说了，他已经意识到自己说得太多了。皇上来选美，明摆着是要挑漂亮美丽的。而王嫱的容貌，别说宝坪村无人可比，就是整个秭归、南郡，甚至是全国，要挑出一个那样的美女也是很难的。但王嫱是王襄的心肝宝贝，王襄一向待自己不薄，怎忍心让他暮年之时，抛却掌上明珠，这不是要他的命吗？别说王襄一家不舍得女儿离去，就是自己及全村乡亲，得王嫱嘘寒问暖，叔叔伯伯、婶婶大娘地称呼，平日把她看作自己的女儿，谁也不舍得把她送给皇上啊！自己如果如实说出王嫱的美貌，岂不成了全村的罪人了吗？因此，他嗫嚅着没有再说下去。

"怎么，难道她长得貌丑不堪吗？"钦差见乡官不再说下去，担心发生他最不愿看到的事情，连忙追问。

其实，王嫱真要是貌丑不堪，王仲这会儿倒轻松了。只可惜，她实在是太美了，自己如实说来，断送了她；隐瞒实情吧，万一钦差一定要面见王嫱，自己岂不要犯下大罪，丢了性命吗？所以，当钦差再次追问时，他仍在犹豫着，没有作声。

"王仲！"钦差提高了声音，"王嫱长得怎么样，我连问两次你都不回答。难道是没见过其人吗？"

"见……见过"

"见过为什么不回答？你是否知道欺君之罪是要杀头的？"

"小人不敢隐瞒，王嫱长得实在是百里也难挑一呀！"王仲知隐瞒不住，只好说了实话。

"嗯，这就好了。"钦差长长地吁了一口气，脸上略有笑容，回头对县令说："让所有的女子回村听命，十日内不得擅自婚嫁，等看过王嫱再说。既然王襄是本地乡宦，你我当登门拜见，顺便看看王嫱的容貌。"

"是！是！"县令忙不迭地回答着。

此时在王襄家里，老两口急得犹如热锅上的蚂蚁，团团转来转去，不知怎么办才好。

正当王襄和夫人在家惶惶不安、计无所出之时，家人来报：钦差

大人和县令亲自到府上来拜访了。

王襄一听，大吃一惊，知道非同小可，连忙让夫人回避，自己整了整了衣帽，出门迎接。

寒暄了一阵之后，钦差开门见山地说："这次皇上选美，令爱王嫱为什么不去应选？"

"小女岂敢无故不去，只因在钦命下达的前一天，小女出门省亲，至今不曾回来，故而不曾前去，望大人恕罪。"

钦差见王襄言之有理，并无抗旨不遵之意，放下心来，又问："不知令爱什么时候回来？"

"估计时间不会很长，因为已派人到她姨母家找过，估计她到姨母家后，会很快回来的。"

第二天下午，钦差正和县令及王襄说话，听到外边一阵脚步声，接着传来一声清脆的呼唤声："爹！娘！"

王嫱和两个哥哥回来了。

钦差一见王嫱，不觉大吃一惊：天下竟有如此美貌的女子？自己这次奉旨选美，漂亮女子见过成千上万，但像眼前的这位美女，还是头一次见到。钦差觉得她肯定不是凡人，不是巫山神女转世，就是月里嫦娥下凡。

"王公，这位是……"钦差有点惊疑地问。

"噢，这是小女王嫱，表字昭君。"

"王嫱，昭君。这个名字好啊！"

"王昭君听令，本钦差奉旨选美，将你选为南郡第一美人，速速收拾行装，告别家人，明日先到县衙居住，三日后随本钦差进京复旨！"

昭君目瞪口呆，跌坐在地上。

两个哥哥手足无措，呆呆地望着爹爹。

王襄勉强点头微笑，眼中热泪满眶。

后堂里，老夫人哭得死去活来。

乡亲们听说王嫱被选为南郡第一美人，不日进京受皇帝召见，一半替她高兴，一半为她即将离去而悲哀。

这天晚上，王襄一家人，几乎是彻夜不眠。钦差刚走，乡亲们听到消息，络绎不绝地来看王嫱，有的鼓励，有的安慰。平日几个要好的姐妹竟拉着王嫱的手哭了起来。这样闹闹嚷嚷直到三更过后，王家一家人才有了说话的机会。

他们走后，王襄先把钦差来县中选美的情况说了一遍，使儿女们明白了事情的原委，然后把担忧的目光转向夫人。

夫人依然是满面泪痕，紧紧地搂住女儿，呜咽着说不出话来。

"娘，"长子王传为了安慰母亲的心情，小声地说，"娘，您老人家不要过分伤心，妹妹被选入宫，说不定还是一桩好事呢！"

"好事！"王夫人生气地说，"什么好事？骨肉分离，永远不能见面，你还说是好事，你当哥哥的说出这话，还不如乡亲们有情义！"

王传被母亲斥责，委屈得低下头去。

王嫱见哥哥如此，连忙抬起头来说："娘，您别委屈大哥了，刚才，他还躲在房中偷偷哭泣呢。这还不是为了安慰您，才这样说的吗！"

王夫人怜爱地看了女儿一眼，气头消了大半，用歉意的目光看看王传。

王昭君

"娘，"二儿子王学见空气缓和，也用不大的声音说，"娘，大哥说得有一定道理，如果是平常人家的女孩儿，可能进了皇宫就再也不能出来了。但像妹妹这样的容貌与聪明贤惠，进宫肯定得皇帝喜爱，等妹妹封了妃子，在皇帝跟前说一声，不但能回家看望您和爹爹，说

不定还会把二位老人接到京城去住，那时一家人不就又能常见面了吗?"

"就是你多嘴多舌，烦死人了。"老夫人说着王学，嘴角露出了浅浅的笑容。

王襄看夫人心情好转，连忙给女儿叮嘱一些应注意的事情。他知道，女儿生在胡地，长在秭归，从小饮长江之水，餐巫山之粟，聪明过人而又性情刚烈，皇帝的后宫佳丽成百上千，钩心斗角、争风吃醋之事在所难免，女儿虽美，但不会用心机，稍有不慎，就会成为宫廷斗争的牺牲品。

还有，王襄现虽闲居在家，但毕竟在外为官多年，比较关心国家大事，对当朝皇帝的情况也略知一二。

现在的皇帝刘奭，是孝宣皇帝微贱时的妻子许氏所生，而且许氏生下此子后，即被人暗害而死。宣帝痛惜许氏，对此子多加呵护，并在8岁时将其立为太子。谁知刘奭长大以后，全无其父的雄才大略及其母的坚强刚毅，柔仁懦弱，远不如张婕妤所生之淮阳王明敏干练。宣帝在世时，曾几次想废掉刘奭另立淮阳王为太子。但因怀念许氏为患难夫妻，所以始终未下决心。

宣帝驾崩后，刘奭当了皇帝，就是现在的汉元帝。在位之初，尚能秉承父亲遗志，勤于国事，甚受朝臣称赞。但他毕竟没有像父亲那样饱经忧患，加之即位以后，国家经过昭、宣两朝的休养生息，武帝后期的凋敝状态已经改变，国力恢复，人民富足，天下无事。于是就滋生享受之心，经常外出游乐，几次到民间选美，搞得人心不安。这样下去，于国于民均大有害处。倘如果有人能及时进谏，请皇帝以国事民生为重，少游乐，多勤政，少选美，多安民，这不又是国家之福吗?

想到这儿，王襄又叮嘱女儿，进宫以后，如果能得到皇帝宠幸，万莫恃宠而骄，要向皇帝多进善言，为国为民谋福，不要辜负父母和家乡人民的一番期望。

王襄说完这一番话语，东方已经微微发亮了。于是让大家赶快休息一会儿，天明时好送女儿上路。

王嫱回到自己房中，怎么也睡不着，短短一夜之间，自己的生活竟发生了如此的变化，简直使人无法接受。昨天，自己还和两个哥哥在路上策马驱驰，兴奋不已。今天，自己却要远离家人，住进县衙，然后又被送往京城了。京城的繁华富庶，平日也听爹爹说过，如果是平时，说不定还想央求爹爹，带自己去长安开开眼界呢。可现在，当自己要被送到那儿去时，却又觉得长安是那样的神秘莫测、阴森可怕。这一去，将夺去她生活中的许多幸福，对未来的憧憬也化为泡影。正像爹爹所说：一入宫门深似海，到底是祸是福，都万难预料啊！她又想到年迈体衰的父母、可敬可爱的哥哥、多情多义的乡亲、亲如手足的姐妹们……一个一个从眼前掠过，折腾了一整夜，王嫱实在太累了，在千思万想中迷糊过去。

中午时分，一辆华美精致的锦帷车，停在宝坪村口，秭归县衙派车来接王嫱了。

王嫱和家人及乡亲们依依惜别，难舍难分，县衙的差役们也心中不忍，赶着锦帷车默默地走在后面，让王嫱和乡亲们多走一会儿。

走出宝坪村，王嫱回头望望，远处的青山，近处的村庄，眼前的乡亲，这是她几年来未曾一会儿离开的呀，在山里，有她和哥哥们上山嬉戏的乐趣，有和姐妹们采桑养蚕的辛劳，眼前的乡亲们，更是自己所尊敬所信赖的亲人，他们对自己的那份情爱，不是用语言所能表达的。王嫱无言地望着他们，眼泪一个劲地顺腮而下。

到了香溪边，王嫱望着这清澈碧澄的溪水，想到平日里和姐妹们常来此浣纱，今日一去，再也见不到这条可爱的小溪了。她忍不住弯下身去，捧了一掬甜甜的香溪水，尽情地喝了一口，然后，向送她的乡亲深深施了一礼，又到父母面前跪别，才上了锦帷车，缓缓向前走去。

三天之后，王嫱和县里选上的其他几位女子一起，乘船沿长江而下，直达江陵。在江陵作了短暂的停留，等其他地方选到的民间女子集中之后，再由陆路北上，从襄阳折向西北，取道蓝田，直入长安。

毅拒延寿失机遇

长安城在关中中部渭河南岸，是当时世界上最大的都城。

长安城由汉高祖、汉惠帝、汉武帝三代皇帝陆续修建而成，由于先修宫殿，后修城墙，加之北部受渭河河道的制约，因此除城东墙比较平直外，西、南、北三面皆有曲屈，使长安城状如斗星，城南如南斗，城北如北斗，所以长安城又被称为"斗城"。

在宝坪村时，每次父亲讲到长安的宏伟景象时，王嫱都心往神驰，幻想着有一天能亲临其地，一睹帝都风采。但当今日来到京城时，却又如在千里万里之外，别说细细领略，就是看一眼也不容易。自从车子进了青城门以后，便重帷叠帐，直奔掖庭宫而去。

掖庭宫在未央宫里面，是汉初所建三大宫之一，专供皇帝后宫婕妤以下的女子居住。里面有丹景台、云光殿、九华殿、鸣銮殿、开襟阁、临池观等，住满了年轻美貌的女子。

王嫱和从南郡选来的几位姐妹被安排到掖庭宫东面一间房子里居住，当晚又进行了一次登记。主管掖庭的官员认为"嫱"字比较生僻，而"昭君"有昭彰君德之意，就将王嫱的名籍改为昭君，以字代名。从此，掖庭宫内没有了王嫱，只有王昭君。

负责照管昭君她们的傅婆婆约有 40 岁，体形富态，风韵犹存，面目慈善，嘴碎脚勤。对于这些刚从家乡来到宫中手足无措的姑娘们，她总是给予多方面的照顾，使她们感到深宫之内，也还有一丝人间的温暖。

在众位姑娘中，傅婆婆最心疼的要算王昭君了，这确实是由于她生得美貌，得人心爱。另一个原因就是傅婆婆深知，像王昭君这样的姑娘，住在掖庭，不过是暂时的事，很快她就会得到皇帝宠爱，在皇帝身边说一句算一句，到那时，只要昭君在皇帝面前提一下自己，自己就不会是一个照管姑娘们的傅婆婆了。所以今日在昭君心目中留下一个好印象是十分重要的。因此，傅婆婆对昭君的关心自然要比其他人多些了。

人生不如意的事情实在太多了，就在傅婆婆和昭君日夜祈盼好事的时候，一个不祥的阴影悄悄地来到了昭君身边。

原来主管掖庭的官员史衡之在第一次接待姑娘们时，就被昭君手上的绿玉手镯吸引住了，目不转睛地看了很久，他多么希望昭君能把它从手上卸下来，送到自己身边，据为己有啊！可惜他的这种心思昭君当时并未领会，事后也不见有何反应，只是随例给他送上 10 两银子，以示尊重。这使他感到万分失望。于是有一天，他把傅婆婆叫到跟前，要她给昭君传个话。傅婆婆来到之后，掖庭令头一句说："我看掖庭这些女子中，才貌俱佳者，非王昭君莫属。"

傅婆婆点头附和："大人说得极是。"

"一旦到皇帝身边，肯定会得到宠幸。"

傅婆婆再次点头："大人明鉴，这是不消说的了。"

"受到皇帝宠幸，金银首饰是不会缺的了。"

"当然，当然。"傅婆婆忙不迭连声赞同，又有一点疑惑，不知他说这些是什么意思。

"她手上的那双玉镯，我看着蛮好。"

傅婆婆明白了，原来他是看上了昭君的玉镯呀。想了一想说："大人不必多说，老身去办就是。"

傅婆婆来到昭君房中，把掖庭令的意思说了一遍。出于礼貌，傅婆婆没有把话说得太明白。

但姑娘们都听出了其中的意思，纷纷骂掖庭令脸皮厚，公然索贿，主张不要理他。但傅婆婆说："这个掖庭令可是不能随便得罪的，他是你们的顶头上司，俗话说'县官不如现管'，他到上边说你几句坏话，说不定就能断送你一辈子。这些，你受得了吗？"

　　姑娘们觉得傅婆婆说得有理，便不再嚷嚷，一齐把目光投向昭君。

　　昭君心里着实犯难了：掖庭令既然开了口不给总是不好。自己的这双玉镯，是上好的和田美玉打磨而成，通体碧绿，晶莹无瑕，是父亲当谒者令时用千金从胡商手中买得，送与母亲留作纪念的。这次临行之时，母亲郑重其事地把它交给自己，再三告诉她"见物如见母"。现在，掖庭令竟然开口索要，玉镯的价值还在其次，母亲的心意叫她怎么割舍得下。踌躇再三，她把自己的为难给大家说了，用求助的眼光看着众人。

　　这一来，连傅婆婆也不好勉强了。是啊，让人家把代表母亲心意的东西送给别人，总是不大好的。再说，玉镯既是昭君的心爱之物，今日强索了去，他日昭君告诉皇上，自己多少也得担一些干系，真是两头都不敢得罪呀！

　　过了一会儿，傅婆婆自言自语地说："唉，要是他喜欢其他东西就好了。"

　　这句话使大家觉得有了希望，于是昭君取下头上的两件首饰，又包了10两银子，托傅婆婆带给掖庭令，并答应以后再有馈赠。其他姑娘怕掖庭令嫌少，又凑了30两银子，交给傅婆婆。

　　掖庭令看着傅婆婆拿来的40两银子和两件首饰，心中一肚子的不快，按说，这个数字也算不菲了，但要和他看中的碧玉镯相比，实在是大相径庭。按他往常的脾气，恨不得把这些东西一下子扔到地上。

　　但是，他也知道，对昭君不能过于得罪，扔到地上就太不给面子了，万一昭君以后得宠，在皇上跟前告上一状，自己闹不好就要人头落地了。所以，过了一会儿，他才冷冷地对傅婆婆说："这银子你就拿去用了吧。既然昭君不给面子，我也不会让她很痛快的。"

　　"大人，昭君为人很识大体，她并不是小气，实在是不忍有悖母亲心意，还请大人谅解。"傅婆婆没有接掖庭令推过来的银子，反而委婉地替昭君辩护。

　　"你为什么要替王昭君说话？"掖庭令不解地望着傅婆婆。

　　"无非是图个将来。"傅婆婆意味深长地说。

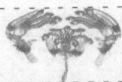

沉默了一会儿，掖庭令缓缓地说："我亦不至于毁了她一生，只是不能让她太得痛快。"

傅婆婆不说话了，她不明白掖庭令怎样能让昭君不"太得痛快"。

一天晚上，二更已过，姑娘们和傅婆婆都已进入梦乡，掖庭宫大门上锁，里边一片沉寂。

掖庭令看看已近三更，也开始准备就寝。

忽然听到一阵清脆的铜铃声，他赶紧整理好衣服，奔了出去——皇上又要宣召美人了。

掖庭宫大门旁边另有一个小门，开了小门一看，皇上的贴身侍从周祥站在外边。

"周大人，这么晚了到掖庭来，不知宣召哪家美人？"

"掖庭住的美女中，可有一个从秭归来的王昭君？"

掖庭令一惊，他知道王昭君早晚要被宣召，但没想到这么快，真让他有点措手不及。

原来皇帝是听钦差交旨时汇报了昭君的美，因而不等形图，就急不可待地派人宣召。

掖庭令想了一下，一个主意出来了。

"皇上可是要召王昭君侍寝？"

"正是。"

"哎呀，真是不巧得很。王昭君初来这里，水土不服，饮食减少，精神不佳。这还不要说起。更为难的是她长了一身恶疮，怎么侍候皇上！"

"什么恶疮？"周祥惊异地问。

"也不是什么恶疮，只说是浑身发痒，手指缝中流水。"

"噢？"周祥不由皱紧了眉头，"那是疥疮，怎么会得上这种病呢？"

"大人不信，可以进来看看，我也是奇怪她怎么能这样呢！"

"既然这样，就不用看了，改天再说吧。"周祥打着灯笼，到皇上那儿复命去了。

运气和机会就这样和昭君失之交臂了。

这件事，只有掖庭令心中明白，傅婆婆压根一点也不知道。

昭君更是被蒙在鼓里，一无所知了。

姑娘们住在掖庭，眼巴巴地盼着皇上召幸，都希望早承恩露，亲睹圣颜。

她们哪里知道，皇上后宫佳丽成千上万，而皇上只有一人，哪能人人宣召。

本朝的汉元帝，后宫佳丽三千，未必一一临幸，他想的时候，只是让画工毛延寿把后宫的美人个个画成图形送至御前，他从中选取自己喜爱的侍寝。

这毛延寿的画技确实很高，他笔下的人物，一个个活灵活现，栩栩如生。画到画上的姑娘，也一个个水灵灵的，仿佛能从画上走下来。正因为如此，皇上才把如此重任交给他，等于让他给自己挑选妃嫔。

毛延寿开始进宫作画，还能实事求是，一点不敢虚捏。日子长了，慢慢从中悟出了一个道理——女人都想亲近皇上。于是有的女人在图形前，给画工送点银两或是贵重物品，不久这个女子就得宣召，不用说是毛延寿的功劳。而对那些不谙世事，不精此道的，只消画工手下歪那么一点点，就足可使她终老掖庭，永世不能重见天日了。当然这是很隐晦的，一般人并不知道其中的奥妙。

轮到给昭君她们画像的时候了。

这一天，傅婆婆早早起来，招呼姑娘们做好准备，说一会儿画师到来就要画像。末了又关照大家，要每人准备十两银子，作为画工的润笔之费。傅婆婆这样做，完全是为姑娘们着想，但她哪里想到，十两银子怎能填满毛延寿的私欲呢？

过了一会儿，毛延寿带着画具来到掖庭，为一个个待召的女子作画。

也许是想到这是关系自己命运和一生幸福的大事，心情有点紧张的缘故吧，前面的几个女子，表现都不怎么如意，不是过于拘谨，显得生硬呆板；就是咧嘴一笑，冒出一股俗气；再不就是打扮得花枝招展，脂粉气太重，失去少女的纯真。一连画了几个，毛延寿有点泄气了——连自己都不满意的女子，怎么让皇帝喜爱呢？没办法，只好在笔下下点功夫，为她们掩饰一下，别让皇上过于失望。

轮到给昭君画像了，毛延寿眼前突然一亮，眼前的这个女子，貌如天仙，美而不艳，丽而不俗，淡描蛾眉，薄施脂粉，仪态万方，光彩照人。而且衣服合体，举止端庄娴雅，好一个大家闺秀，绝世佳人！

昭君款款来到毛延寿跟前，盈盈施礼下拜，说："后宫女子王昭君，见过丹青师傅！"

毛延寿喜不自禁，心想这下可有奇货可居了。口里连忙说："不敢当，不敢当，请姑娘坐好，我就要动手作画了。"

"谢师傅！"

说完，昭君从容地坐在几前，从袖中取出一本《楚辞》，静静看了起来。神情娴静温和，姿态优雅自然。毛延寿看了更加高兴，认为后宫之冠，非此女莫属。但不知她肯不肯出大价钱。因为没有过多接触，毛延寿不了解昭君的其他情况，因而不敢造次，专心一意地作起画来。

他先画了昭君的满头秀发，又画了她的如月脸庞，耳朵、鼻子、嘴巴等等都画完了，昭君还在静静地看书，毛延寿有点失望，不觉在心里叹了一口气。

突然，昭君合上书本，放在一旁，用手在袖笼中摸着什么。

毛延寿心里一喜：这女子果然聪明，知道关键时候自己该干些什么。

不料，昭君又拿出一本书来，聚精会神地看了起来。

毛延寿这一气非同小可，不过他还是忍住了——这种事也不能操之过急。

只剩下最后几笔了，毛延寿终于沉不住气了，他客气地招呼昭君说："姑娘，快画完了，你看看画得像不像呀？"

昭君过来一看，连自己也惊呆了，画上的女子竟是这般美丽，要是剩下的几笔画完，还不知会美到什么程度呢？她不由得惊疑地问：

"师傅，我真有这么美貌吗？"

"有！有！我这还没画完呢。要是最后几笔点睛加彩之后，姑娘可就成了后宫第一美人了。"

"真的吗？"昭君有点不相信。

"真的倒是真的，不过这可是点睛之笔呀，俗话说'一点千金'啊！"

"一点千金？"昭君不明白话中的含义。

"对，一点千金，一点千金啊！哈哈！"

昭君明白了，原来画师是在索贿呢。她突然想起有人说花大钱画像的事。当时没有多在意，觉得那是一些其貌不扬的女子为了争得宠幸不得已而采取的办法，自己并未向这边想。现在见毛延寿竟公然索贿，突然觉得自己受了侮辱：毛延寿把自己看成什么人了。她深信，凭自己的容貌，就是毛延寿不特意加工，也会受到皇帝看重的。于是，她回转身去，重又坐到几旁，说："丹青师傅确是一点千金，只可惜昭君身上并无千金，无法求师傅点睛加彩，师傅还是如实画来吧。"

毛延寿这下可真泄气了，不过他马上回过神来，说："现在没有也没关系，过上几日也不晚嘛！这可关系到姑娘一生的命运，姑娘你要三思啊！"

昭君听了这话，正色说："丹青师傅，图形作画，贵在写实，难道无千金之资，便要任意涂描吗？如果如此，昭君只好告辞了。"说完，拿起书本，头也不回地走了。

毛延寿可真有点吃不住了，这几年来，在宫廷作画，哪一个不是对他毕恭毕敬，奉迎唯恐不及，哪个敢在他面前说半个不字呢？没想到王昭君一个乡村女子，竟敢无视他的威权，不但不给供奉，还公然顶撞，使他脸上无光。他紧盯着王昭君离去的背影，口里恶狠狠地说："王昭君，咱们走着瞧吧！"

几天后，元帝寝宫中，皇帝一张一张翻着毛延寿送来的画像。看了几张，都觉平庸，不免有几分扫兴。当他拿起王昭君的一张时，不由得仔细看了几眼：这张画像上的女子，端庄、娴静，神态优雅。一头秀

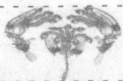

发,长可及地,光可鉴人,面如满月,秀媚不俗,鼻子、嘴巴,无不可人,只是一双眼睛虽大,却无半点光彩,晦涩呆痴,顿使整个画像黯然失色。而且,右眼角和左眉之上,还各长一颗不太醒目的黑痣。

"毛延寿!"元帝对侍立一旁的画师叫道。

"臣在。"

"这王昭君到底长得怎么样?"

"启禀陛下,王昭君秀发出众,面貌亦可人心,只是眼睛大而无神,形如呆痴,更要紧的,是眼角和眉上的两颗痣,使人不得不防。"

"唔,这两颗痣有什么说法?"元帝对此颇感兴趣。

"臣常年形图画像,对面相上的事略知一二。这左眉上的痣嘛,名为淫痣。"

"淫痣,怎么讲呢?"元帝对此比较关心。

"是。如果是男子长此痣,定是凶暴奸顽,阴险欺诈,贪杯好色之徒。女子长此痣,则为水性杨花、朝三暮四、人尽可夫之流。"

元帝大为不快,紧皱眉头,接着问道:"那右眼上的这颗痣呢?"

"这颗痣就更不好了,名为'白虎痣',白虎主凶,妇女长此痣则主刑杀,近之大凶……"

"别说了!"元帝生气而又惊悸地把昭君的图像掩了起来,放到最下面,又继续看其他图像。

毛延寿嘴边泛起一丝得意的狞笑。

远嫁匈奴愿者行

岁月悠悠,春去秋来,转眼五年过去了。昭君和她的女伴们虽然是吃穿不愁,有专人侍候,但她们犹如笼中的金丝鸟,池中的美人鱼,

本来是准备受人观赏的，现在连这个机会也失去了，等待她们的只有一条路——汉元帝驾崩之后，她们作为他的宫人侍女，去为他看守陵园，终其一生。

竟宁元年（前33年）正月，新春刚过，一条不同寻常的消息传到后宫，打破了掖庭平日的寂静——匈奴呼韩邪单于来长安朝见，并请求做汉家的女婿，为汉朝守卫北边门户，确保境内安宁。

这里，我们不妨回顾一下匈奴的历史及其与汉朝的关系渊源。

匈奴是我国北方的一个古老的民族，他们过着游牧生活，随水草牧畜而转移，史书记载他们"逐水草迁徙，无城郭常居耕田之业，然亦各有分地"。他们没有文字，重视诺言。尚武好斗，贵壮贱弱。父死，儿子以其后母为妻。兄弟死后，其妻归其他兄弟所有，风俗和汉族差别很大。

汉朝和匈奴之间进行的多次战争，不仅给汉族人民带来深重的苦难，也使匈奴人民付出了惨重的代价。从汉武帝以后，经过汉昭帝一朝，到汉宣帝初年，匈奴居住的地区屡屡发生灾害，人畜死亡严重，社会经济受到严重损失，濒临崩溃的边缘。加之匈奴贵族内部又争权夺利，战乱不息。五个单于争夺统治权而彼此征战，把广大匈奴百姓重又推入水深火热之中。混战的结果，匈奴人民死伤人口数以万计，牲畜死亡百分之九十。征战到后来，只剩呼韩邪单于和郅支单于两支军事力量割据南北，继续争斗。最后在汉朝的帮助下，呼韩邪单于终于打败了郅支单于，统一了匈奴。

呼韩邪单于名叫稽侯珊，是匈奴的第十四个单于，他才能出众，善于统兵，受到匈奴各阶层的尊敬和爱戴。在长期的政治、军事生活中，他意识到以匈奴的力量是不足以和汉朝一比高下的。尤其是在匈奴多次受到天灾人祸的袭击之后，国力衰竭，祸乱迭起，如不和汉朝保持友好关系，得其庇护，匈奴就难以有休养生息，恢复国力的机会，因而在思想上倾向于和汉朝结好。加之这时呼韩邪手下的左伊秩訾王又建议呼韩邪单于对汉称臣。他说，现在汉朝国力强盛，西域各国都向汉称臣，声威震动天下。而匈奴屡遭饥荒战乱之后，力量大为削弱，实在是外强中干，不堪一击。目前只有归附汉朝，才能够得以安定，获得生存的机会。

左伊秩訾王的建议和呼韩邪单于的想法不谋而合。于是呼韩邪单于采纳他的意见，率领百姓南移，准备同汉结好。并在汉宣帝甘露元年（前53年）把他的儿子匈奴右贤王铢娄渠堂送到汉都长安，作为人质。

甘露二年（前52年），呼韩邪单于亲自来到五原塞（今内蒙古包头市西北），向汉朝皇帝致意，并提出在明年的正月，亲自入朝朝见汉宣帝。

汉宣帝对他的请求表示欢迎，决定以贵宾之礼，隆重接待。宣帝先派车骑将军韩昌带人从长安出发，远道欢迎呼韩邪单于。西汉政府还在呼韩邪单于沿途经过的五原、朔方、西河、上郡、北地、冯翊等七郡，安排了两千名骑士，作为仪仗队伍，进行护卫。

汉宣帝甘露三年（前51年）正月，呼韩邪单于来到甘泉宫（汉朝皇帝离宫，在今陕西淳化县西北）朝见汉宣帝，受到宣帝的隆重接待，给予了他特殊的恩礼，将呼韩邪单于的地位排列在汉朝诸侯王和西域各国首领之上。呼韩邪单于也表现得非常恭谨谦虚，在宣帝面前称臣而不称王。在接见过程中，宣帝赐给呼韩邪单于许多贵重的礼物，其中有表示品秩尊贵的冠带和衣服，用黄金铸成的印玺上系以金色的丝带，这表示汉政府对单于地位的认可。另外，还给了呼韩邪单于用美玉装饰的宝剑、佩刀、弓箭、画戟；供单于乘坐的安车、马匹。还有钱20万，黄金20斤，衣被77件，丝绸8000匹、棉絮6000斤等等，物品之丰富，难以胜计。接见完毕，让使者引导贵宾到长安城西北50里的长平观下榻休息，宣帝当晚则居住在长平观以北的池阳宫。

第二天，宣帝又从池阳宫亲临长平观看望呼韩邪单于，并让他不要参拜。及呼韩邪单于从长平观到长安时，宣帝命令居住于大道两边的官员和百姓皆列队观看，让京城内数以万计的各少数民族的首领和使臣，都到渭桥（咸阳和长安之间通过渭河的桥梁）旁边，夹道欢迎，宣帝亲自到渭桥上迎接。桥下人山人海，欢呼之声不断。

这次汉朝皇帝接见呼韩邪单于的礼节之隆重，场面之盛大，可以说是空前绝后的。

呼韩邪单于在长安停留一个多月，处处受到热烈的欢迎。临返回的时候，呼韩邪单于为了表示对汉朝的友好态度，主动请求留居汉代徐自为修筑的光禄塞（内蒙古包头市西南），以便在汉朝边境出现紧急情况时，出兵保卫汉朝的受降城（内蒙古乌拉特中后旗北）。宣帝对单于的心意深表谢意，派人将单于送出朔方鸡鹿塞（内蒙古杭锦后旗西）。还命韩昌、董忠等人带人护送和保卫呼韩邪单于，并调拨谷米34000多斛，以缓解匈奴的粮食危机。

通过呼韩邪单于的这次朝见，汉匈关系出现了亲密友好的局面。

昭君出塞

隔了一年，即汉宣帝黄龙元年（前49年），为了保持和加强同汉朝的友好关系，呼韩邪单于第二次来到长安，朝见汉朝皇帝。汉朝宫廷和上次一样，对单于进行热情欢迎和盛情接待，又送他衣服100多套，丝帛9000匹，棉花8000斤。

汉元帝即位之初，呼韩邪单于又上书汉朝，叙述匈奴百姓困苦之状，元帝下令，让云中、五原等郡拨给匈奴2万斛粮食，供其食用。

这时候，郅支单于已向西迁到康居，呼韩邪单于的势力越来越大，实力大为增强，便迁回匈奴故地。其他匈奴百姓也纷纷北迁，依附呼韩邪单于。在呼韩邪单于的治理下，匈奴内部统一，人民生活稳定，农牧业生产都有了一定发展。到汉元帝建昭三年（前36年），西域都护甘延寿和陈汤又一举歼灭了同时与呼韩邪单于和汉朝为敌的郅支单于，匈奴各部均归呼韩邪统领，他在匈奴中的地位就更加巩固了。

呼韩邪单于两次来到汉都长安，朝见汉朝皇帝，目睹汉朝的强盛丰庶，羡慕汉朝的文明礼仪。从西域都护歼灭郅支单于的战争中又亲见汉朝军事力量的强大，认识到只有和汉朝永远保持友好关系，匈奴才有可能发展壮大。恰巧这时呼韩邪单于的阏氏（王后）去世，单于就想娶一名汉族女子为阏氏，在原本就很友好的关系上再加上一层亲戚关系，使汉匈关系更加巩固。

于是，汉元帝竟宁元年（前33年），呼韩邪单于第三次来到汉朝，一来向汉元帝表示致意，二来正式向汉朝提出求婚。

呼韩邪单于的求婚，无论是动机还是形式，对巩固汉匈人民的友好关系，都是十分有益的。

对于呼韩邪单于的请求，汉元帝又喜又忧。喜的是匈奴单于没有辜负汉朝的一片诚意，愿意继续巩固这种友好的局面。忧的是以呼韩邪单于的地位、实力，能与之匹配的最起码也得是公主或宗室女儿等身份的女子。可现在元帝只有一女，年方十六，从小由太后抱养抚育，溺爱娇惯，无所约束。现在要将她嫁给40多岁的匈奴单于，她肯定不会答应，太后那一关也过不去，就是自己，又何尝忍心割爱。退一万步来说，即使排除一切阻力，把女儿嫁给单于，以女儿的娇骄蛮横，只怕是无益于汉匈友好关系的加深，反而能重起裂痕呢！因为和亲绝不是简单的男女婚嫁之事，而是担负着两方关系怎么样发展的大事，自己的女儿显然是担当不起这一重任的。

公主不行，宗室女儿也行吧。汉元帝把他所能记起的宗室女子一个个在脑海中过了一下，也没有一个合适的，不是已经婚嫁，就是年龄太小。

这下真把汉元帝给难住了。拒绝呼韩邪单于吧，显然会影响到双方关系。答应吧，巧妇难为无米之炊。到哪儿找一个既有一定身份、地位，容貌又好，且能担负起两国和好重任的女子呢？

元帝左思右想，想不出好办法，就召集几个大臣前来商议。大臣们一致认为，呼韩邪单于请求和亲，乃是一片诚意，不可拒绝。且对方已经说明，娶过去的女子就是单于阏氏，相当于汉家的皇后，也不算轻贱汉朝。可是在人选问题上，大家却确实犯难了，元帝说的都是

实情，谁也想不出一个两全其美的办法。

元帝用眼睛依次看看他召来的三个大臣——中书令石显、御史大夫繁延寿、大鸿胪冯野王，三人回避着元帝的目光，也是你看看我，我望望你，什么也说不出来。看到这种情况，元帝不觉烦躁地叹了一口气。

"陛下，"中书令石显见元帝心烦，轻轻叫了一声，说，"臣有一个主意，不知使得使不得？"

"什么主意，快说！"元帝有点急不可待了。

"掖庭那么多女子，何不选上一个，赐予封号，着其和亲，岂不是好。"石显说完，两眼望着元帝，不知自己的话说对了没有。因为掖庭的女子，名义上也都是皇帝的妃嫔，要叫她们去嫁给单于，不知元帝会怎么想。

"噢，这倒是个好主意。"元帝点头表示同意。接着又说："即便这样，也得她们自己愿意才好，否则，心怀怨恨，勉强去了，也是对我朝不利的。"

元帝看冯野王和繁延寿也没有相反意见，就下了一道圣旨到掖庭，命愿意和亲者自愿请行。

于是就有了王昭君远嫁匈奴。其后，她的兄弟便被封为侯，并多次奉命出使匈奴，得以与昭君见面。呼韩邪单于也十分宠幸王昭君，时间久了，王昭君也逐渐与匈奴人相处得十分融洽。

此后，王昭君一方面将中原文明介绍到匈奴，另一方面经常劝呼韩邪单于不要起战事。因此在之后的六十多年里没有爆发大战争。

王昭君临终前，让子女把自己的墓地设计成坐北朝南方位，以便眺望她日夜思念的国家。王昭君去世后，葬在归化郊外，因墓周围芳草青青，翠绿无比，故后人称其为"青冢"。此后，昭君出塞的故事一直流传至今，令无数人敬仰！

第 六 章

燕啄皇孙，魂断凄凉
——赵飞燕

　　赵飞燕，原名宜主，汉族，吴县（今江苏省苏州市）人，是西汉汉成帝的皇后和汉哀帝时的皇太后，也是当时著名的舞蹈家。赵飞燕是一位在中国历史上传奇的人物和神话般的美女。在中国民间和历史上，她以美貌著称，所谓"环肥燕瘦"讲的便是她和杨玉环。她在专宠期间淫乱后宫，毒害皇嗣，和妹妹赵合德一样，终身不孕，在几易皇帝之后，因恐惧无依自杀而亡，也是中国历史上红颜祸水的典型。

婀娜曼舞即得宠

汉成帝建昭元年，江都王刘建府上结彩张灯，大宴宾客，其间少不了丝竹管弦，更兼舞女翩翩，一时间热闹非凡。酒宴中间，江都王刘建站起来当众说："诗云'关关雎鸠，在河之洲；窈窕淑女，君子好逑'，今本王孙女——姑苏郡主行年一十有六，可谓淑女也，乐得配江都中尉赵曼为妻，可谓天作之合。众宾客今日前来相贺，本王这里敬诸位美酒一杯!"

众宾客闻说，立即纷纷起身应和。酒干完之后，人们坐下继续畅饮，不觉红日西斜，方才收拾了杯盘罢宴。第二日一早，那姑苏郡主便艳妆浓抹，乘坐花轿，与那江都中尉赵曼完婚。时人无不羡慕那赵曼艳福不浅，赵曼心中自然也暗乐不已。小夫妻均当妙龄，云情接着雨意，欢爱无比，谁知天公不作美，也是那赵曼纵欲过度，几个月过去，竟得了一病，阳物难以再举，成了房中废人。尽管那赵曼抛尽金钱，寻药觅医，却全无济于事，姑苏郡主自然也心焦万分，不得已而困守活寡。转眼便是两年过去，赵曼望着如花似玉般的一个美人，自己竟无福消受，心中常常暴躁不安，久而久之，便成品性，对那郡主，不免动辄打骂起来，小夫妻二人便时常反目，情分自然越来越薄了。

赵曼因有了变态心理，突然喜欢上了音乐。说来也巧，江都城中此时恰来了一位名叫冯万金的人，此人正值风华之年，翩翩才俊，善制仙音神曲，一时大名远扬。赵曼凭着自己的地位权势，于是将冯万金招至府中。按理说，冯万金乃是小民一个，在中尉府中不过是仆人的身份，但这赵曼因特别喜好音乐，反倒礼贤下士，拜了冯万金为师，日子一久，两个人便不分你我起来。到了后来，那赵曼进餐如果没有

冯万金在场，便食不甘味。因此冯万金便由陪乐发展到陪食，一来二去，便结识了姑苏郡主。那姑苏郡主正在热盼男人，突然有冯万金出现，自然惊喜万分，乐得那郡主把一双漂亮的大眼睛直盯着冯万金。冯万金因与赵曼已成至交，渐渐地也与姑苏郡主熟了起来。那时，冯万金也是青青旷男，有温柔漂亮的郡主青睐，不觉受宠若惊，时不时把那一双充满欲火的眼睛朝着郡主身上瞥去，渐渐地，彼此便心领神会起来。不过郡主也好，冯万金也好，因中间有个赵曼，谁也难得做出些手脚来。

也是老天成全，这年夏天，朝廷突然有令召赵曼赴京公干，那赵曼哪里知道发妻与挚友心中的勾当，就在出发之时，拱手将中尉府中诸事托付给了冯万金，并嘱咐他好生照顾夫人。冯万金见良机来到，心中暗自高兴，便将赵曼嘱托一口应承下来。赵曼一走，冯万金俨然成了赵府中尉，喝五吆六，一时好不威风，又仗了赵曼之托，经常出入郡主椒房。结果，没过多久，两个人便做起了男女勾当。冯万金自然是好不快乐，他一个无赖般的人儿，竟睡到郡主千金身旁；而那郡主，久守活寡，一旦得了这么个青年才俊，自然要饱尝野鸳鸯之乐。没过几时，数度春风之后，那郡主便怀上了身孕。这下可吓坏了郡主，因为赵曼用不了多久便要打道回府，被他发现，岂不要赶赴阴曹。思来想去，只好在赵曼回来的前一晚上，编了个阴阳不调的口实，回王府养病去了。因为赵曼性无能，郡主在不在他倒不往心上去。回府之后，他虽有几次想去接郡主回府，又因王府警卫森严，江都王风闻孙女干了丢人之事，事先传令不论任何人不准进入王府，赵曼虽是女婿，却也沾不了王府半点边儿。结果没过多久，那郡主便在王府临了盆，一胎生下两个女婴。因为王府私下皆知这对女婴并非赵曼后代，于是严守机密，不让任何下人知道，又暗暗将一对女婴送出府去，让一平民代为抚养。

再说那冯万金，自从郡主怀了身孕，便已战战兢兢，担心一旦事情败露，便要魂归地府。他找了个借口，逃离了赵曼，在江都隐居了起来。又是几个月过去，姑苏郡主身子复初，胆子便壮了起来。她花了重金，派人在江都暗暗察访冯万金，果然将他找寻出来，打通了关节，郡主又将双胞胎从平民那里要回，转交给冯万金，她自己便打道回了赵府。这些事情做得巧妙至极，赵曼一丝不知。郡主倒也心安理得，把一对女儿丢给冯万金不管，悠哉游哉地做着中尉夫人。她哪里知道，这下可苦坏了冯万金。这冯万金本没有娶过妻室，却有了这样一对女儿，如果让其姓了己姓，这样说不通，左右一思量，因郡主是赵曼夫人，便借了个赵姓，给大女起名为赵宜主，她的妹就叫赵合德。当着外人，只说是为他人抚养。开始，冯万金身体强壮，带着二女，日子过得还蛮不错，谁知五年之后，冯万金突然患了一病，没过几日，便赶赴阴曹，抛下二女啼饥号寒。也是二女命大，竟有一位名叫赵临的老翁将她们收养了过去。二女到了十岁光景，出落得如花似玉，赵老翁心中欢喜，拼着命赚了点钱，小心养育。不久便赶上一桩巧事，身居京城的阳阿公主前来江都采选女娃以充戏班，结果便将二女选了过去。

赵宜主与其妹合德进了阳阿公主府中，真是大换天地。公主见两姐妹稚花艳嫩，又加意养育，很快这对姐妹便成为阳阿府中两个尤物。又是几年过去，二姐妹已是二八年华，怀春情炽，赵宜主偷偷恋上了府中一位射鸟郎儿，妹有情，郎有意，结果那宜主便告别了处女时代。不过这些事，阳阿公主并不知道，只有她的姑表姐樊嬺有所耳闻，这樊嬺乃赵临侄女，因赵临收了宜主为义女，故两下沾了亲，那樊嬺自知此事，整日为赵宜主捏了一把冷汗。月余之后，樊嬺交了鸿运，被选入宫中做了宫女，临别宜主之际，对宜主说："我的好妹儿，你现住在阳阿家中，公主待你不薄。那阳阿公主乃是当今皇上异母之妹，你生就一副天生丽质，保不住日后会有出头之日，请妹子自重。"

赵宜主不觉两颊羞红，不便说什么，便点头应了应，与那樊嬺作别。

转年春天，阳阿公主召见赵宜主，说："你来府上已有几年，我见过的女孩多了，其灵秀俊丽没有比得过你的。你腰骨最纤，手执花枝，他人绝比不得你。我这里舞女，都有个艳名，皇上高兴时来我这

里，他听了那些艳名，心中快乐。今你人长得漂亮，舞技又极好，只这宜主之名好不雅致，今本殿下赐你名为飞燕，怎么样？"

赵宜主闻听，哪里有不应的道理，立即叩头谢恩。这赵宜主从此便改名为赵飞燕。

当此之时，皇帝乃是汉成帝刘骜。这刘骜自继其父元帝登了帝位，把朝中一切政事均交给母舅——大将军王凤掌理，自己做个不管政事的太平天子，大肆享乐起来。他又常喜微服出行，做些戏耍，为此朝臣多有劝谏。无奈他一概不听，又常做些乱伦奸淫的勾当，越干胆子越大，不久便与阳阿公主勾搭成奸。那阳阿公主别看对下人说话拿腔拿调，装成一副老气横秋的样子，可她对这位异母之兄的皇上却永远显露着青春放荡的浪样儿。因那阳阿公主当时也不过二十几岁，仍然像二八女子那样闪烁青春光彩，且又异常美貌，有着勾引男人的一套本事。那成帝自与她颠鸾倒凤之后，便时时想着阳阿府。一天，成帝又觉身上痒痒，微服出游，悄悄溜进了阳阿府。阳阿公主一见皇上驾到，慌忙设宴，请成帝坐了上座，自己在下相陪。席间，成帝开口问道："御妹近日做何玩耍好想煞为兄啊！"

阳阿公主立即媚眼作答："臣近日正赶着教习一班舞女，好给皇上消愁解闷儿。"

成帝听后，哈哈大笑，说："御妹真知为兄之心。现今我与御妹饮酒，为什么不让她们给为兄我舞上一回？"

说完便伸手朝阳阿公主香腮上抹了一把。阳阿公主自然有些销魂，但知还不到入房时候，便传令让舞女出舞。舞女

赵飞燕

们闻命排队而出，成帝扫了一眼，似觉个个平平，早已没了兴致，尽管那些舞女在下面尽力舞着，成帝却不投去一眼，只顾与阳阿公主调笑。阳阿公主见成帝没有兴趣，自觉有些失了面子，便娇声细语地朝舞女队中喊道："赵飞燕独舞以娱皇上——"

那成帝一听她有一个名叫飞燕的舞女，细品味其名，觉得有趣，方才有些留意。这时赵飞燕已经出队，一边伴着舞乐翩翩起舞，一边用柔润清丽的嗓音唱道：

思怀高远春燕青空

何处觅郎踪

双鸳池沼水溶溶

南北小桥通

人定黄昏后

斜月帘栊……

成帝听了这歌声，忙举目望去，见下面歌舞者竟然是一位光彩明艳的二八丽人，玉体纤细修长，举动翩然轻盈，恍如燕子凌空，不觉惊呆了，便停杯投箸，目不转睛地欣赏了起来。等到赵飞燕舞毕，成帝才醒了神儿，对阳阿公主说："妙！妙！妙！今日竟然在御妹府中遇到仙女，三生有幸。方才御妹说教习她们歌舞是为了给为兄我取乐解闷，那你何不就将此女送给为兄？"

阳阿公主当下听了，撒娇似的说："皇兄真是见一个爱一个。既然皇兄有旨，小妹我怎敢不去照办？不过皇兄可不要得新忘旧啊。"

成帝说："御妹在为兄我心中永远是新，日后常来看你也就是了。"

那成帝说这话时全是心不在焉，随便应付而已。当此之时，他一门心思就全在赵飞燕身上了。于是阳阿公主立即罢宴，传令赵飞燕更衣随成帝入宫。赵飞燕闻命，心中惊喜，这真是一步登天，应了表妹樊嬺言：不过又一转念，自己已非处女，如被皇上得知，说不定脑袋搬家，想到这里不觉有些害怕。不过最后她还是横下一条心决定去碰碰运气，立即随人去更了衣，跟着成帝走进了汉宫。

这成帝虽然政事不甚问津，但皇权却牢牢在握，他想怎么样，谁

也管不了。此番虽是微服出行，回到宫中却是堂堂正正，猎得一名艳女，他欢喜得不知怎么样是好，立即将赵飞燕安排在淑德宫。消息很快传至皇后及其他妃嫔耳中，自然引起她们一阵恐慌，不过她们又觉得这不过是皇上随便拉这艳女玩玩而已，几天之后，说不定就会像穿过的鞋子一样抛在一边。其实，这一次她们都想错了。

当天晚上，成帝便急不可耐地要与赵飞燕同享巫山之乐。此时，淑德宫红烛高照，映着赵飞燕倩装丽影，成帝在旁瞧着，欲火熊熊，立即将赵飞燕双手抱起，放在龙床之上，脱去赵飞燕的衣裤。那赵飞燕身上有一种非他人可比的妙龄女生气味，弄得成帝神魂飘荡，瞥见其裸体娇嫩酥白，油滑软腻，暗暗销魂，对赵飞燕爱得不知怎么样是好，谁知赵飞燕此时却战栗不迎，弄得成帝不知怎么样是好。如果是以往，成帝早已恼怒，此番遇到赵飞燕，他却觉得有趣，便双手将赵飞燕抱着，直至东方发白，如此一连三夜，成帝都没能如愿以偿。白天时节，成帝还老大不知羞，向宫女们把此事当成新闻传说一番，一边说，一边竟夸赵飞燕是个真正的女人。有宫女上来打趣成帝，说："皇上如此多情，飞燕那般无意，空抛良宵，皇上不觉可惜？"

成帝说："胡言些什么？飞燕自非你们一般人可比：她抱在怀里，柔软得像没有骨骼，面对男人有种自然的娇羞之情，不像你等只擎男人作践。"

那宫女闻听，不禁咋舌。此话也传到赵飞燕耳中，她觉得不宜再拒，至第四日夜，便张弛肉体，任成帝自由动作。成帝畅快销魂，自觉与他女不同，于是第五天以后，便视赵飞燕如掌上明珠一般，白天竟不上朝，日夜劳乏房中，大享男人之快，其他嫔妃统统被丢在脑后。转眼几个月过去了，成帝弄得贵体轻减，飞燕自是得意无极，俨然成了后宫主人。

一天，赵飞燕快乐之后在宫中闲逛。此番是一人出行，她沿着雕栏玉砌信步走去，突然遇到了樊嬺，双双吃惊不小。还是樊嬺先开了口，说："还认得我吗？"

赵飞燕说："怎么会不认识，你入宫这么久，并没有变化。"

樊嬺说："表妹果然应了我那年说给你的吉言，你该怎么样谢我呢？"

赵飞燕得意地一笑，说："谢是自然要谢的。表姐如今入宫这么久了，混得怎么样？"

樊嬺说："说来也不怕表妹你见笑，我来宫中，至今尚未见成帝一面，比不得你一入宫便专宠如此。说句玩笑话，人家说皇上御幸于你，畅快销魂，果真是这样吗？"

赵飞燕听了，毫不掩饰地说："皇上体壮，创我特甚。"

樊嬺听后，扑哧一笑，说："那自然是十分快活了吧！你刚入宫，表姐我还真为你捏了把汗，担心被皇上识破你非处女，想不到老天如此成全你，将来贵宠了，可别忘了表姐我呀！"

赵飞燕诡黠地一笑，说："那是自然。想我在宫中，除了皇上，尚无一亲近之人，今遇表姐，我真高兴。我日后如贵宠了，怎么能忘了表姐？"

两人又谈了些别的，便各自干自己营生去了。

赵飞燕回到宫中，真就将樊嬺记挂心中。一天，与成帝欢爱之后，她娇滴滴地说："臣妾有一表姐名叫樊嬺，来宫中一年有余，至今尚未见到皇上，我这位表姐，也如天仙一般，足可荐皇上枕席。"

成帝说："你又来了，如今后宫之中，哪一个人像爱妃你这样让朕快活？你如此举荐表姐，难道不愿侍候朕了？"

赵飞燕忙搂着成帝说："臣妾哪里有这个意思？不过是想让皇上另眼看待一下我表姐。"

说罢，便又强让成帝与她云雨一番。转天之后，成帝破天荒地召见了樊嬺。大凡入宫侍候皇上的女人，都是美女，樊嬺虽不如赵飞燕美丽，却也生就得楚楚动人。成帝见了，心中十分高兴，当晚便让樊嬺侍寝。那樊嬺受宠若惊，便在枕上大献殷勤，说："皇上有所不知，能容臣妾进上一言吗？"

成帝听了，心中吃惊，说："有什么话要讲请大胆讲来，朕不会怪罪于你。"

樊嬺便说："臣妾也无什么天大之事说给皇上。受皇上垂青大恩，臣妾永世不忘，今有一人，愿举荐给皇上消受。"

成帝一听，心中大喜，说："既然如此，快快讲来。"

樊嬺说："飞燕虽美，尚不及其胞妹。"

成帝说："朕怎么不曾听说她有一胞妹，其名叫作什么？现在在哪里？"

樊嬺说："她名字叫作赵合德，现在阳阿公主家。"

成帝说："怎么个美法，说与朕听听。"

樊嬺说："合德之美，不但身体纤细修长，面似花容，且其肌肤莹泽雪白，出水不濡，人间没有比得过她的。"

成帝听了，呆思好久，连连说："这样非常好，你能为朕举荐如此奇女，朕日后定奖赏于你。"

到了此时，成帝一门心思只在赵合德身上，哪还有心恋着樊嬺，便昏然睡去。一觉醒来，已是日上三竿，成帝思着夜里樊嬺之言，立即传令舍人吕延福，用百宝凤辇，去阳阿公主家迎赵合德入宫。吕延福领命，立即携车前往阳阿公主家，禀明来意。阳阿公主立即去唤赵合德接旨听宣。赵合德迈了盈盈之步，做出千金之态，跪下接了圣旨，说："圣上虽有垂青大恩，臣妾不敢贸然前往。"

吕延福说："这是什么话？"

赵合德说："凡为女子，谁都巴望入宫侍候皇上，不过有这样福分的人世间太少了。现今我姐姐入宫，正蒙皇上垂爱，我们姐妹，一母同胎，我怎么可以不顾姐妹情分，夺了她的宠？如果让我入宫，除非有我姐姐遣书亲招，不然断不从命，宁死也不去。"

吕延福听后，知道不可强将她载入宫中，立即回去复命。成帝听那赵合德必要其姐赵飞燕之书，心中犯难起来，心想：让她们姐妹共陪一夫，谬情背理，飞燕面前，实难亲自张口。左思右想，觉得应该让樊嬺从中为之撺掇，便立即派人传召樊嬺，说："朕今日命舍人吕延福去招赵合德入宫，无奈吕延福去后，赵合德出于姊妹大义，必要姐姐赵飞燕之书才愿意入宫。你知朕正宠着飞燕，这事让我怎么样在

飞燕面前张得开口？"

樊嬺说："这个好办，包在臣妾身上，保让皇上尝此禁脔。"

成帝说："如此甚妙。火速去办，朕已等不得了。"

樊嬺领旨，立即去见赵飞燕。到了淑德宫，见赵飞燕正在凤榻上若有所思地端坐，樊嬺忙说："表妹又在想什么？"

赵飞燕猛抬头见表姐来到，心中一惊，忙招呼入了座，开口说："我正想着合德。如今我贵幸了，她却仍在阳阿府中，让我不得见。"

樊嬺乘机说："这有何难，让她入宫侍候皇上，你姐妹不是可以朝夕相见了吗？"

赵飞燕说："谈何容易。我入宫之事，不过交了好运，如果不是那日在阳阿家中偶遇皇上，怎有出头之日？"

樊嬺说："这有何难，如今你正侍候皇上，举荐她一下，不就成了？再说合德表妹天生丽质，还怕皇上看不上她？"

赵飞燕说："我现在受宠，怎么样开得口去荐我妹？如让皇上觉得我是不想侍候他，那可怎么样是好？"

樊嬺说："表妹不要犯难，此事包在表姐我身上，由我去跟皇上说，一者可以避去你之嫌，二者也可让合德妹进入禁宫，岂不两全其美？"

赵飞燕一听，心中非常高兴，说："表姐既有此意，真是上天垂青，那就拜托表姐了。"

樊嬺听后，假装承命，出宫转悠一阵，返身回宫，说："我已说给了皇上，皇上喜欢你，他听说让你胞妹入宫，心中高兴，让你修书给合德，快些接她入宫。"

赵飞燕说："这话是真的吗？"

樊嬺说："表姐难道还骗你不成？你姐妹贵宠，还会忘了我不成？"

赵飞燕听后，说："既然如此，我就修书一封。"

说罢取了一张花笺，手握羊毫玉笔，刷刷点点，写好书信，交给樊嬺。樊嬺立即与赵飞燕作别，把此书交给成帝。成帝得书，夸奖了

樊嬺一番，于是重让吕延福去接赵合德入宫，吕延福携了凤辇，很快来到阳阿府中，向赵合德递上其姐亲笔书信。合德看过，立即上前辞别了阳阿公主，乘坐凤辇，前往宫中。此时成帝正在宫中焦急等待，传报赵合德已到，成帝大喜，立即传命入见。赵合德接旨，盈盈小步，走至成帝面前，跪下说："贱妾赵合德朝见我皇，万岁万岁万万岁。"

成帝忙命平身，圆睁双目，细细打量起赵合德。只见赵合德肤如堆雪，鬓如乌云，柳眉凤眼，双颊红润欲滴，的确美艳胜过飞燕。龙心大悦，自觉艳福远胜祖宗武帝，立即让她去见过其姐赵飞燕，待姐妹草草道别后，成帝便将赵合德藏之金屋。这天夜里，成帝又是一花烛的夜晚，他的高兴可想而知。第二天，成帝传令大摆筵席，庆贺新得美人之喜。那成帝与赵飞燕比肩正坐，赵合德在旁含羞相陪。酒过三巡，成帝乘着酒兴说："以前出塞的王昭君，天下称为美人，父皇元帝思之至死；现在的合德，也是天生尤物，比之王昭君，大概有过之而无不及，朕艳福不浅啊。"

赵飞燕在旁听成帝如此夸奖妹妹合德，想他昨宵在妹妹房中猎艳，不觉心头掠过一丝妒意，没有说话，闷闷地呷了一口酒，好久才启动朱唇，说："启奏陛下，我姐妹今日共奉君王，王之大恩永世不忘。俗话说，名不正则言不顺，我入宫已有多时，现今尚无封号，宫中活动多有不便，皇上何不开开大恩，也好让我姐妹脸上有光。"

成帝听后，忙说："爱妃之言有理，封号出自朕口，举手之劳，以前多有疏忽。今朕即封你姐妹同为婕妤，诏布群臣知晓便是。"

越飞燕姐妹闻听，忙叩头谢恩。酒罢之后，成帝立即携了赵合德去房中销魂。从此那成帝便与赵氏姐妹花朝缱绻，夕绸缪，好不快乐。

三千宠爱集两人

不知不觉数月过去。一天，赵飞燕与妹妹闲聊，赵合德说："姐姐入宫已有多时，为什么不怀龙胎呢？"

赵飞燕说："我也正愁此事，这产育龙儿乃是我姐妹大事。你想想，皇上看上我们，还不是因为我们长着一副好容貌。俗话说人无千日好，花无百日红，后宫美女如云，待我姐妹青春一过，色衰爱弛，没个龙儿，地位岂能长保。我招你入宫，也为这个，倘万一我不生育，如妹妹能产下龙儿，你我姐妹地位尚可望保住，望你好好奉侍君王，一旦产下龙儿，便是你我姐妹大福了。"

赵合德听了，也觉有理。姐妹又闲谈了些别的，不觉红日西沉，成帝下朝，立即传赵合德去陪。赵合德马上前往。赵飞燕见自从合德来了之后，成帝已对她日渐疏远，心中不是滋味，却也无法可想。

数月之后，赵飞燕独自一人躺在凤榻之上，盘算起日后之路。她想，她与合德虽说是亲姐妹，但同侍一个男人，便理同仇敌一般。现今两人同是婕妤，如果要胜过妹妹，必须登上皇后宝座。自己现今尚未完全失宠，如果不抓紧，皇后桂冠将来必戴在妹妹头上，良机一失，哪会再有？思来想去，觉得必须先行下手。

赵飞燕虽然这样想着，却也无计可施，因为皇后之位并无空缺。此时皇后姓许，乃昌邑人氏，大司马车骑将军平恩侯许嘉之女，被霍家毒死的西汉王朝第十位皇帝刘询的皇后许平君的侄女，出身地位极其显赫，远非赵飞燕可比。她又绝顶聪明，漂亮非凡，见多识广，饱读诗书，自当太子妃之日起，便把成帝控制得奇紧。可是这许皇后虽久居龙廷，却不结珠胎，弄得成帝之母太后王政君以及大将军王凤对

许皇后十分不满。此后又接连有日蚀、地震出现，一些人便别有用心地乘机说此类变异是上天示警，让皇上大选美女，以广子嗣。结果，成帝以此为藉口，渐渐摆脱了许皇后控制。那许皇后因渐渐色衰，便开始独守空房，这样一来，许皇后诞育皇子也就更无望了。皇上不到她房中睡觉，她倒也可忍耐，但恩爱一弛，那成帝便对皇后娘家之人满不在乎了。凡赏赐馈赠，一律紧缩，那皇后仗着自己显赫出身，认为这是辱没了家声，对成帝及婆母——太后王政君不满起来，结果便给皇上上了一封奏书，以鸣不平。成帝看过奏折，顿生反感之心。至此之时，那成帝已与皇后恩断义绝。赵氏姐妹轮番侍寝，已将此情了然于心，于是她们便发动了一场阴谋。

那成帝宠着赵家姐妹，自然希望从她们身上生下个龙子来。他觉得自己御幸二姐妹既久，总该有一个会怀上身孕的，然而却始终未如愿，这让他十分不快。有一次，他询问赵飞燕怎么怀不上身孕，赵飞燕见时机已到，便在枕上煞有介事地说："皇上还来问我，去问皇后娘娘好了。"

成帝说："爱妃这话怎么说？"

赵飞燕说："有一件事宫中几乎到处传着，唯独皇上不知。"

成帝说："什么事？爱妃请讲。"

赵飞燕危言耸听地说："皇后娘娘身为六宫之主，母仪天下，本应以皇上子嗣为重，她因自己产不出皇子，便与其姐许谒、班婕妤结伙，用巫蛊诅咒宫中怀孕之女，让其不得生育；更有甚者，还咒大将军王凤及皇上你本人。像这样，我姐妹怎么能怀育龙子，皇上及大将军恐怕也要身危。"

成帝听后，忽忆及许皇后近日种种不寻常行为，信以为真，第二天一早，便将枕上听到的事报告了母后王政君。王政君闻听，雷霆大怒，立即下诏将许皇后、许谒、班婕妤逮捕起来。

皇后之位一空，赵飞燕欢喜异常，立即向成帝请求搬到长信宫去侍奉皇太后王政君。成帝因为有比赵飞燕更美的赵合德侍寝，自然恩准了赵飞燕之请。赵飞燕于是搬进长信宫，在那里开始拼命巴结王政

君。俗话说，凡人挡不住日日甜言蜜语，那王政君见赵飞燕如此孝敬，又恪守妇道，心中十分高兴。

数日之后，皇太后王政君便敦请成帝惩处囚犯，许皇后被夺去一切封号，贬为平民，囚禁在昭台宫；其姐许谒被处斩，许氏家族统统被赶出长安，遣返老家山阳。

皇后既倒，凤座空悬，赵飞燕又千方百计向成帝献媚，弄得成帝立即要擢升赵飞燕为皇后。成帝将自己的打算说给了太后王政君。王政君虽然对赵飞燕印象很好，却碍着她出身太贱，表示不同意。成帝自然不便违抗，不过他立赵飞燕主意已决，便托皇太后之侄淳于长去太后那里疏通，结果把太后给说通了。太后叫来成帝，对他说："我儿，皇后之位空悬，不利家国。你欲封婕好赵飞燕为皇后，她人还行，只是出身太贱。我刘家向无封贱女为后之例。依为娘之见，宜先封其亡父赵临为侯，这样可堵住朝臣之嘴。"

成帝听后，连声称是。结果几天之后，立即当着朝臣面追封赵临为成阳侯。朝臣闻听此诏，大都知道成帝是为封赵飞燕为后铺路，一般人认为无论谁当皇后都碍不了自己当臣，谁还愿招灾惹祸地出来去劝谏，所以都奉承皇上明断，唯有谏议大夫刘辅不知好歹，上了一封奏书竭力反对赵飞燕为皇后。其书云："臣闻天之所兴，必先赐以符瑞；天之所违，必先降以灾变。此自古之占验也。昔武王周公，承顺天地，以飨鱼鸟之瑞，然君臣犹祗惧，动色相戒。况于季世，不蒙继嗣之福，屡受威怒之异者乎！虽夙夜自责，改过易行，妙选有德之士，考卜窈窕之女，以承宗庙，顺神祗，子孙之祥，犹恐晚暮，今乃触情纵欲，倾于卑贱之女，欲以母仪天下，惑莫大焉！俚曰：'腐木不可为柱，人婢不可为主'，天下之所不平，必有祸而无福，市途皆共知之，朝廷乃没有人敢说一句。臣窃伤心，不敢不冒死上闻。"

成帝览过奏章，不禁勃然大怒，他自认为自己所处乃当今盛世，而刘辅却云季世，尤其是力反立赵飞燕为后，更让他难以容忍，于是便让人将刘辅逮捕下狱。朝臣闻知，俱受震惊。这刘辅素以耿直闻名，颇得朝臣敬重，于是便有中将军辛庆忌、右将军廉保、光禄勋师丹、

太中大夫谷永等联名上书保救。成帝见此等处罚太不得人心，便改令将刘辅押在孝工狱，出过气之后，又将刘辅贬为鬼薪 (即苦工)，以解心头之恨。

刘辅已除，成帝寻了个便当日子，将赵飞燕封为皇后，册封其妹赵合德为昭仪，其地位仅次于其姐。

赵飞燕梦想至此成真，内心自然有说不出的得意。从此，她在后宫之中有了发号施令的权力。由于姐妹专宠，渐渐地连皇太后也不放在眼里了。成帝遂了大封赵氏姐妹之愿，心中自然也极为畅快，觉得虽然无穷尽地取悦于她们，却也对得起她们，从此更是对赵氏姐妹依恋非常，左拥右抱，享尽风流。

转眼又是几年过去。赵飞燕的宿敌许皇后已被毒死，宫中除其妹之外已无人与她抗衡，尽管皇帝越来越依恋其妹赵合德，但她对胞妹比较放心，料想是不会出来夺她后位的，而且其妹与她一样，也一直没生育皇子。提到生皇子，这倒是赵飞燕的一块心病。她知道许皇后被废，除了自己做了手脚之外，也与她没有生育皇子有关。眼下宫中虽然是她与妹妹赵合德独霸，但如自己长期不生育皇子，皇嗣无人，必然让太后、皇帝、众臣担忧以致不满，说不定又要为皇帝立新妃，那新妃如诞育了皇子，就有可能起来与她争后位，而且自己容貌日衰，后果将不堪设想。因此，赵飞燕此时最大的愿望就是生个儿子。至于怎么个怀法？她想到妹妹独占了皇帝，但也怀不上儿子，便猜想是成帝患有不能生育之症，纵使再勾得成帝与她频频同房，恐也无济于事。于是就产生了借种的荒唐想法。她认为不论此种来自何人，只要生在自己腹中，怀孕之后勾来皇上睡上几次，这所怀之子皇帝便难以赖掉。有了皇子，一切便都好办了。有了这个想法，她便付诸实施，暗暗物色男子，不久，便搜寻到不少对象。赵飞燕比来比去，发现只有成帝侍郎冯无方最为理想，一者俊美，二者又与成帝某些地方长得相像，但是怎样把冯无方勾引到床上，这却是个难题。赵飞燕此时处境与那些寡居的太后们并不一样，成帝健在，要实现这一梦想，必须极秘密地进行，不然一旦露了马脚，就要脑袋搬家。再者说冯无方现为待郎，

敢不敢前来与她寝奸还是一个问题。因此，开始赵飞燕只是单相思。说来也巧，却是成帝给她造成了勾引冯无方上床的机会。

一天，那成帝玩腻了饮酒赏花，就命人在太液池中造了一条大舟，呼名龙舟。待舟造好，便带上赵飞燕、赵合德登舟轻泛，备了酒菜，边饮边玩，让侍郎冯无方为他们吹笙助兴。这赵飞燕因平日已暗暗钟情于冯无方，此时有冯无方在身旁，心中自然兴奋异常。可是，冯无方哪里晓得，只是一门心思地侍候一帝二妃快乐。游着游着，不觉船到水心，突然从西北刮来一阵大风，直扫成帝龙舟。那赵飞燕身轻，竟然被风吹起，眼看便要落水。成帝看在眼中，在一旁干着急，于是就喊冯无方赶快上前去救。冯无方领命，立即放下手中乐器，麻利地用双手握住了赵飞燕双脚。赵飞燕虽在险中，但见心上人冯无方来救她，顿觉通体酥麻，心旌摇荡，知道不会落水，于是就势凌风而舞，宛如飘飘仙子。冯无方见状，在下面配合默契，成帝观了此景，不觉龙心大悦，连称此乃天上地下奇观。几个人尽兴之后，方才回宫。那成帝回到宫中，想起方才情景犹有余兴，立即传筵，饮乐之中，大赏了冯无方，又极力夸赞他救护皇后有功，颁命冯无方从此可自由出入禁中侍候皇后。这成帝也太昏聩了些，古来侍奉皇后嫔妃均为阉宦，哪里有让全男自由出入禁中之理？赵飞燕在旁听到成帝颁了此命，心中暗暗高兴，连庆天遂人意。那冯无方虽眼下尚无宫中猎艳之心，但得此等优厚待遇，整日可目睹宫花禁草，心中暗喜，因此慌忙叩谢。宴罢之后，各自安歇，成帝照例睡在赵合德那里。赵飞燕空房，无男子相伴，心中不快可想而知，便盼着明日来到，好与冯无方遇机温存，一宿无话。待到天明之时，冯无方果然大摇大摆地入宫向赵飞燕请安，并请命何事侍候。赵飞燕见他这么一副正正经经的样子，心中好笑，忙说："我也没什么大不了的事，今儿你来，陪我唠唠闲话儿。"冯无方连称遵命，便陪伴赵飞燕闲扯起来。如此这样一来二去，二人便熟了起来。赵飞燕本是美色，又兼玉衣锦冠，高居皇后之位，高雅之风尚存；冯无方本是旷男，又当青春妙龄，觉得与皇后在一处说笑十分快乐，渐渐地便觉一天不见皇后便心神不安起来。一天，冯无方奉命

从远条馆给赵飞燕送来一船饰珠，回宫之后，因冯无方还有些事要为皇上办，便要退出。赵飞燕今日情欲正烈，哪肯让冯无方走脱，便启动朱唇，风骚地说："冯侍郎，难为你为我跑上跑下，我要重赏你一番。"

说罢便将宫中一个价值万金的九龙玉鼎送给冯无方。

冯无方见皇后一下子赐予如此丰厚之物，哪里敢轻受，立即奏说："回皇后，为臣报效皇后，原是应尽的职分，皇后款爱小臣之恩，小臣生生世世报答不已。适才皇后赐小臣之宝乃价值万金之物，小臣实不敢接受。"

那赵飞燕见冯无方憨实地说出此话，娇嗔地一笑，说："好个晓事的奴才，我赐你宝物不要倒也罢了。你适才言要生生世世报恩不已，应该怎么理解？"

冯无方说："小臣之意是贱躯但凭皇后指使，情愿肝脑涂地。"

赵飞燕忙说："这样就好，现如今我就认你做个心腹。我今贵为皇后，你如果肯尽心效劳于我，日后飞黄腾达自是莫愁。"

说到这里，那赵飞燕淫邪地朝冯无方瞥了一眼。冯无方连忙叩头谢恩。赵飞燕继续说：

"你今后跟了我，我的荣枯便是你的荣枯。你知道我缺少什么吗？"

冯无方连忙说："小臣知皇后娘娘一人之下，万人之上。率土之滨，莫非王土，天下之物，莫非王财，娘娘还缺什么呢？小臣实不得知，还望娘娘明示。"

赵飞燕说："你之所言也是。不过本宫思那宗宗宝物虽充库府，均是身外之物；本宫所缺，乃是身内之物。"

冯无方说："回明娘娘，这身内之物倒是何物？"

赵飞燕又淫邪地一笑，说："你真傻得可爱，就是那皇子呀。你适才言要生生世世报答本宫，现今我来问你，你可能为本宫讨到吗？"

冯无方听后，汗流浃背，慌忙说："这……这……如果说他物，小臣尚可粉身去为，独这皇子，乃龙种所生，小臣可上哪里去讨？"

赵飞燕说："办法嘛，不劳你去想，本宫自有主张。今晚来宫，听本宫吩咐，此事极密，切不可说及外人。"

冯无方点头承命。

赵飞燕说："既然你已应了本宫，那就回去准备吧。本宫也有些劳乏了，别忘了，今晚来本宫。"

冯无方连声答是，离宫而去。这一天过得好快，不觉便是金乌西沉。那冯无方一天之中牢记皇后娘娘之嘱，看看到了掌灯时分，果然来宫听命。进了后宫寝门，冯无方见宫内高燃红烛，并无一个宫女，十分诧异；又往凤榻上一瞧，但见皇后娘娘云鬟低偎，通身赤裸地躺在床上。冯无方一惊，忙低了头，不敢仰视，奏说："小臣冯无方，应皇后娘娘之命，入宫听娘娘差使。"

赵飞燕在凤榻上将双股摇动了几下，翻了个身，娇娇地笑说："好个讨人喜爱的小奴子，既来听我差使，那就上床吧。"

冯无方听到让他上床，吓得魂飞魄散，忙说："娘娘这是为什么？"

赵飞燕哈哈笑说："借你的种讨个龙子。你说要生生世世报恩于我，如今事到关节紧要之处，怎么反倒犹豫起来了？"

冯无方说："皇后娘娘乃万金之躯，唯有至尊皇上方可近得，再说此事一旦为外人——"

赵飞燕已等得不耐烦，说："你还啰嗦什么，你不是不怕肝脑涂地吗？现在怕死不成？我告诉你，你今不应了我的愿，我让你死，你也不得活。再者说你占了便宜，我也得了好处，双双有益，何乐不为？况且本宫现今一手遮天，事极秘密，万无让皇上等外人知道之理，难道你以为我是傻瓜找死不成？快来吧。"

冯无方见今日之事，做了也得死，不做恐也不得活，反正一死，不如做个风流之鬼，且他也是个血性男儿，哪禁得赵飞燕如此引诱，便宽衣上了凤榻，只觉香风扑鼻，又睹那赵飞燕通体酥白，乳峰高耸，已情不可耐。赵飞燕见冯无方上了床，立即将他搂住，与之云雨起来。一夕销魂，直至天将放亮，冯无方才悄悄离去。临行密嘱他夜夜来此。冯无方尝到了甜头，自然应允，于是便与赵飞燕做了暗中夫妻，彼此

好不快乐。如此这般地数月过去，赵飞燕发觉自己腹中依然空空，不觉有些心冷。一天，她密嘱一心腹宫女，让她去宫外求巫，讨生子之法。那宫女果然悄悄照办，回来之后对赵飞燕说："小奴今天已访得求子询问法。大先生告诉小奴说，可让求子人做一男女之偶，置于榻中，并讨得符咒一道。行事之前，将双偶交合，念符三遍，如果那男人不是废物，必怀珠胎。"

赵飞燕听后大喜，立即暗暗命人做了男女之偶，照大先生所言置于榻下，待冯无方来后，便默念符咒三遍，然后共赴巫山好梦。又是数月过去，赵飞燕按时经血来潮，仍然没有怀子，心中方知冯无方虽然青青妙龄，体魄健壮，仍是废物一个，于是便想，此番借种不可指望一人，机不可失，必须广置壮男，遍求野种，必有怀子之日。于是从此便辞掉了冯无方，秘密地在宫中开设了一间密室，托言供神求子，无论何人，不准擅入。然后将宫中一些多子的侍郎依次秘密召入，与她云雨交合，却依然无济于事。那赵飞燕至此哪肯死心，结果是借种闹剧愈演愈烈，所招之人日多。一些人得尝凤体之快，便当作艳事美谈，含含蓄蓄地于酒酣饭饱时露出些蛛丝马迹。局外人闻之，猜个八九分，便暗中风传起来。传来传去，成帝便有耳闻了，心中不悦，他虽然恋着赵合德，却也决不允许他人尝皇后禁脔，于是便伺机捉奸。

只是捉奸之举，一定要秘密从事，并且要出其不意。成帝开始留心起来。赵飞燕哪里知道成帝已开始防着她，依然我行我素，疯狂地与野男人交合不休。那一天，赵飞燕与一少年在床上翻江倒海，腾云驾雾，忽报皇上驾到。赵飞燕闻听，大吃一惊，立即推下那少年，让其速藏房内橱中，然后慌乱不堪地出迎成帝。成帝入了宫后，见赵飞燕头发零乱，面容倦怠，言语又支支吾吾，便说："几天不见，为什么落得如此模样？"

赵飞燕心中像揣了个毛兔子，乱跳不已，回答说："臣妾体不和畅，怕是遭了些风寒，正在小睡，不期皇上驾到，望皇上海涵。"

成帝听了她这番话，知道是胡诌，朝室内环扫一遍，又不见有人来过的痕迹。便在宫内默默坐了下来。不久，那橱中少年因近日也沾了风寒,不觉咳嗽了一声。成帝听得真切,问赵飞燕说:"这是什么声音?"

赵飞燕耳也不聋,其声她也真切地听到了,顿时发觉事已露馅儿,不觉双颊烧红,忙支支吾吾地说:"臣妾并未听到什么声音。"

成帝说:"我听似有男人在咳嗽,你难道耳聋不成?"

赵飞燕说:"皇上这是什么话?臣妾虽无德,断不至于到了偷香窃玉的地步。皇上方才所听,也许是外间小太监吧?"

成帝知这是赵飞燕的搪塞之词,明摆着,奸夫就在宫内,他随便叫几个太监进来,便可将其搜出;不过没有不透风的墙,如果当众搜出了皇后奸夫,自己贵为天子,弄得四海皆知,自己自然当众丢丑,怎么样君临天下?左思右想,便打消了捉奸念头,将袖一拂,愤然离去。

赵飞燕见成帝离去,立即将那少年从橱中放出,此时早已没有了雅兴,慌忙赶他离宫,那少年走后,赵飞燕颓丧地倒在床上,思前想后,知自己闯下大祸,不久便会刀锯加身,惶恐不安起来,又一想,唯一可作搪塞者,没让皇上当场捉住,还可抵赖一通。忽又心生一计,让人密嘱赵合德为自己遮掩此事。赵合德见其姐贵为天下之母,做出此种丢人现眼之事,不免吃惊,但是那赵飞燕毕竟是自己同胞之姊,且没有她,哪有自己今日,焉有不保之理?赵合德便想了一个解救妙法,等待机会实施。

再说那成帝回赵合德处安身,思想今日情景,身上不禁虚汗淋漓。他贵为天子,竟然被雀占凤巢,岂能容忍,便琢磨定要寻机杀掉赵飞燕,以免她再给自己丢人。一天,成帝与赵合德对饮。俗话说,酒壮英雄胆,三杯入肚,成帝便捺不住了,忽然拂袖冲赵合德瞪起了双眼。赵合德一看即明白为自己姐姐之事,忙施行已想好的妙法,避席伏地,请罪说:"启奏陛下,皇上与臣妾饮酒,从来都是欢乐无比,为什么今日如此不快?"

成帝怒气冲冲地说:"此事还用问我,去问你姐姐自然明白。"

赵合德就又说:"皇上息怒,念我赵氏姐妹,自幼失怙,身边没有

疼爱的亲人，有幸入宫为妃为后，蒙皇上厚爱，使我姐妹处于万人之上。俗话说，树大招风，我姐妹出身微贱，平步青云，难免让人妒嫉。我姐妹平日少教，仗皇上之宠得罪了一些人，因此，外人必恨我姐妹入骨，纷纷讲说臣妾的坏话，让你听了生气。为宽保圣躬，恭请陛下赐我姐妹一死，只要能让皇帝高兴，臣妾死一百次也心甘情愿。"

说罢泪如雨下，悲悲哀哀，不能自持。成帝此时哪能离开赵合德，听说死了死了的，他就立即慌了神，先前的气也跑散了，赶紧下去扶起赵合德，宽慰她说："爱妃坐下，听朕告诉你，你没有什么罪过，朕离不得你。说起有罪，其罪在你姐身上。此罪势不容赦，朕要砍去她的头，斩断她的手足，置于茅厕之中。"

赵合德闻听，吓得浑身发抖。她知道伴君如伴虎，那皇上乃至尊之人，一声令下，便如山倒，什么事不能做出？于是又哭着说："愚姐因什么事犯此大罪，望陛下明示。"

成帝见赵合德问及其罪，便把那天所见奸情之事述说一遍，对赵合德说："爱妃，你说此等辱没朕声之事，朕怎么能饶过她？"

赵合德又滴下数行清泪，如带雨梨花，说："皇上之言自是圣明，愚姐德行如此，臣妾岂有颜面对君，唯君惩处，臣妾有什么好说？不过臣妾想，我与姐姐自幼相依为命，曾许下同生同死之愿，如姐姐被处死，臣妾自不应活，愿与姐姐同亡，来世再来奉侍君王，怎么样？"说罢放声大恸，昏倒在地。

成帝见状，大惊失色，慌忙上前将赵合德扶起，对赵合德说："爱妃暂且平心勿悲，让朕再想一想。"

赵合德见事有转机，便收住泪珠，说："姐姐如今贵为皇后，太后及天下人均不知其阴行如此，都以为她是有德之人，今陛下一怒之间将她处死，天下岂不沸沸扬扬，指责陛下法无定规。为了陛下大望服民，臣妾愿代姐姐赴汤蹈火，万死不辞。"说罢又是大恸。

成帝说："爱妃何出此言，朕今天无你，怎么能得活？我正因为你之故，才没把你姐奸夫从衣橱中拉出连同你姐一同砍掉。我那样做，也是想给你姐一条活路。方才多饮几口酒，心念及此，很不痛快，不

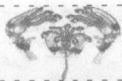

过当着爱妃说了几句气话，爱妃何必当真?"

成帝又说："爱妃之言正是，但请爱妃放心。不过日后请代我规劝你姐不要再恋此恶行。"

赵合德至此才转悲为喜，连连称说遵命。二人复又重新开怀畅饮起来。一会儿席罢，已近天晚，二人便宽衣安歇。成帝在龙床之上，搂着赵合德，虽有云腻雨香之欢，心中却老念着此事，自己心里想着赵飞燕可放，那奸夫却决不可饶恕。赵合德虽连连承欢，却也心中不似往日那么平静，想着一旦皇上食了今日之言，她的姐姐自然要魂赴地府，一夜也没有睡安生。

第二天，成帝上朝，草草处理完政事，便密令心腹太监暗查与皇后近日往来的男人。因为皇宫上下均被赵飞燕以重金买通，且关系皇上皇后乃至家国大事，有谁敢说?那太监纵有天大本事，也查不出个究竟来。

真是无巧不成书，一天，这太监奉命去宿卫陈崇府上传达皇上旨意，刚刚来到府门口，就听府中哭闹打砸之声响成一片。这太监甚觉诧异，便止住脚步，立于府门外聆听，但听得里面一妇人骂道："好你个负心男人，出身衣冠之家，却去皇后那里卖弄风情，难道你不怕掉头?你不怕倒也算了，为什么反倒以我为贱，非打即骂?我也是大家绣户之女，嫁你陈家，也算门当户对，为什么会这样呢?"

那太监在门外听得真切，传达完圣旨，立即回去把听到的消息报告了成帝。成帝立即将陈崇召来。拷讯适才泼骂的那位夫人是谁，陈崇招供乃其儿媳。成帝便派了掖庭狱卒去将他的儿子抓来。经拷问，那天与赵飞燕通奸者实即此人，便下诏将其秘密杀掉，算是解了心头之恨。又将陈崇免了职，驱出了宫廷。

赵飞燕闻听杀了奸夫，心中难受了好一阵子，看看过了月余，成帝没再追问此事，心才安定了下来。其妹赵合德见到了她，着实埋怨了她好大一阵子，劝她今后务要行为检点。赵飞燕恬不知耻地说："我何尝不知此事下作，只因我姐妹至今无子嗣，担心往后日子难过，才用此下策。"

赵合德说："姐姐所虑虽是，但行此会招来灭族大祸，想我姐妹无子，大概是天命。天命难违，咱就认命好了，切莫再招灾惹祸，此事断不可再有。"

赵飞燕说："说得轻巧，我哪似你，天天有男人相伴。你看为姐，独守空房，犹如青灯古佛旁之女，哪是人过的日子？"

赵合德说："那有什么办法，我又不是专占了他。他不到你那儿去，姐难道心里埋怨我？"

赵飞燕说："心怨有什么用，我这样活着，还不如去死。"说罢放声悲哭。

赵合德在旁好一番安慰，那赵飞燕才止住了眼泪，说："我姐妹看来只可图眼前，无有子嗣，将来他人承继了皇位，还会有我们的好？"

赵合德反复听姐姐言子嗣之事，不觉也动了心，心中想道：这也就怪了，姐姐不孕，为什么自己也珠胎不结？莫非真的是病在成帝？赵飞燕见妹妹在那儿默默出神，猜知她也是在想子嗣之事，姐妹无子，确成为她的一块心病，便试探说："想我姐妹，谅不至于那么命苦，只要有合适男人，保不定也可怀上，妹今守一人，为什么不变着个法子试他一下？"

赵合德说："姐又来了，怎么个变着法，难道也像你一样？早晚得把命丢了！"

赵飞燕说："妹也把命看得太重了。我姐妹倘果真一辈子无子，你想想看，命会有多长？他人继了皇位，还不是来向我们算账，早晚也是一死，何不铤而走险地一试？"

赵合德听了，不觉有些动心，说："皇帝夜夜专入我的房，哪如姐姐有良机可乘？"

赵飞燕说："只要有心，机会必有。说来不怕妹妹见笑，我这里现养着一位壮男，其名叫燕赤凤。此人身长貌美，阳精甚旺，又有一身绝技，一跃可纵越百丈高墙，有个风吹草动，即刻无影无踪。如果此人与妹共赴巫山，想必无失。他阳精旺盛，说不定妹可怀上。"

赵合德犹豫了一下说："此事可行吗？"

赵飞燕说："问题不大，待我说服他即是。"

姐妹二人又闲谈些杂事，相互说了珍重之后，那合德便回宫陪成帝去了。

赵飞燕见赵合德已走，立即去招燕赤凤，说与此事。燕赤凤一听，巴望不得，心中暗想，人言赵合德肤如堆雪，柔润如脂，本是皇上御用上品，我有良机消受，真是艳福不浅。立即答应了赵飞燕，且又连连保证绝无问题。

俗话说色胆包天。燕赤凤说干就干，寻了个成帝御幸赵飞燕的机会，便大着胆子去赵合德所住的寝宫——少嫔馆与赵合德幽会。赵合德一见燕赤凤果如其姐所言，修长俊美，胜于成帝，心中大喜，立即让他宽衣侍寝。燕赤凤早已按捺不住，飞速照办。二人一夕好不快活。将近天明，赵合德与他约定，只要成帝去那边，就让他过这边。燕赤凤尝到甜头，自然点头应允。成帝此时，正在赵飞燕房中酣然大睡，哪里知道自己爱物已被他人猎去，第二天一早便告离了后宫，无所猜疑地回到少嫔馆，将夜来与赵飞燕的房事细节一一说给赵合德听。那赵合德一边听着，一边吃吃地笑，还时不时地说成帝可真行，成帝也跟着大笑不止。

再说那燕赤凤，自尝此甜头，便从此横下一条心，力战姐妹二人。由这往后，姐妹二人共一奸夫，燕赤凤十分得趣。飞燕细腰，合德玉肌，他一一品味。成帝淫姐，他便占妹，成帝淫妹，他便占姐，好不畅快。

这年十月十五日，礼仪规定是遥祭先祖在天之灵的日子，成帝与赵飞燕姐妹前来参加。偏偏也巧，这祭舞中有一首名叫"赤凤来"的曲子，乐工演奏，宫女齐唱，好不动听。听着听着，赵飞燕不禁想起近来妹妹赵合德屡向自己泼酸，便以情场得意的口吻打趣其妹说："我说阿妹，你知道赤凤刚才为谁来？"

赵合德在旁一听，已知姐姐用意，立即没了长幼，反唇相讥说："那还用说，赤凤自是为姐而来，他难道肯为别人来吗？"

赵飞燕见妹妹顶撞中深带讥意，不禁恼羞成怒，随手抓过一只爵来打向赵合德。赵合德见姐姐挥爵打来，急忙一闪，这才没被打中，击了衣裙之边。赵飞燕见没有打中，便狠狠地说："老鼠想吃人哪？"

那赵合德哪肯示弱，回敬说："老鼠倒不想吃人，不过是想在衣服上咬个洞，看看里面究竟是什么玩意儿。"

那成帝后来甚觉此事发生得奇怪，便向赵合德询问底细，真是失物问窃者，岂能问出个究竟来？结果是赵合德哄骗说：

"启奏陛下，那不过是姐姐见你宠我而嫉妒我罢了，汉家以火为标帜，所以我们暗地里都把陛下称为赤龙凤，我姐妹之间都是争你这只赤龙凤啊。"

成帝一听原是二姐妹为争他而闹翻了脸，心中大悦，从此就将此事丢在脑后不提。

不觉又是几年过去。飞燕与合德明吵暗闹地偷香窃玉，可是野男人终没能让她们怀上身孕。到后来，那赵飞燕对生育龙子已完全绝望了，于是便开始玩下一步棋，刻意防范因成帝临幸其他宫女而生子，因为假如这样的龙子产出来，母以子贵，肯定会危及她的皇后之位。而那成帝尽管宠爱赵氏姐妹，但他毕竟是刘家皇权的传人，赵氏姐妹不能生子，不能不让他着急。那赵氏姐妹由于惯会使用高超的美容药物，虽入宫已过数年，仍然艳如桃花，尤其是赵合德，依然如少女般的风情万种，更让成帝无法厌旧。因此，他虽为无子而着急，却没曾考虑再立新妃，尽管有皇太后及重臣一再提醒，他却一概置若罔闻，因为他不想因立新妃而失去赵氏姐妹。不过皇子他还是想要生的，只能在其他女人身上下功夫。

成帝之时，据说宫女已达四万余人，这自然给成帝猎艳带来极大便利。然而自从赵氏姐妹入宫，二人对成帝防范甚严，成帝又不愿得罪赵氏姐妹，因此四万宫女便在后宫中空度岁月。供他与赵氏姐妹使用的宫女，其貌都不甚俊美，这是赵飞燕的主意。

一次，赵合德离少嫔馆去后宫与姐姐赵飞燕闲聊，成帝处理完政务回到少嫔馆，见赵合德不在，便上了龙床，随便拿出几片简策闲看

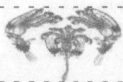

解闷儿，忽听寝门吱礚一声打开，成帝抬头一望，见是一位宫女。那成帝拿眼打量了一番，觉得眉眼儿也俊俏，且又妙龄青春，颇有女人之气，不觉动了淫心，把那宫女叫过，让她上床供他御幸。那宫女哪里敢违抗，也是巴望不得，立即从命。御幸完毕，成帝还真有些心肝，询问了此位宫女名姓，得知她叫曹宫，问过后给了赏钱，让她出宫回母家过活。

谁知说来也巧，过了几个月，这曹宫肚子便大起来。其母问她何以致此，她对母亲说："御幸有娠。"

其母闻听女儿怀上了龙子，心中大喜，立即不再让她干杂活，让她好生孕育。结果这年十月，曹宫便产下一个男婴。婴儿呱呱落地，曹家人大喜过望，立即遣人去宫内报告。这宫内之人，无不是赵氏姐妹心腹，得了此信，立即报告了赵飞燕姐妹。赵氏姐妹闻听，惊恐万状，连叫"失算""失算"，于是二人开始商量对策。

赵飞燕对其妹说："皇上常在你处，你怎么如此大意？如今生出龙子，你看怎么办才好？"

赵合德说："皇上至尊，他要那样做，我等有何办法？眼下皇上尚未得知，只有快些将此婴杀掉，方可免于大患。"

赵飞燕说："妹之言正合我意，但杀灭皇子非同寻常。再说那曹家知是皇子，必然加意防范，纵派杀手，恐也无济于事。唯一办法是伪造一份诏书，以皇上之令去干此事，方可奏效。"

赵合德思索一阵子，颇觉有理，二人于是背着成帝召见了御史中丞。那御史中丞也早已被赵飞燕买通，所以侍御史中丞来到之后，赵飞燕便直截了当地说出了自己之意。御史中丞得过赵氏姐妹好处甚多，正思无机会报答，于是当即答应照办，回去便伪造诏书一份。让掖庭狱丞籍武去将曹宫母子以及临盆护理之人一并关押起来。籍武领命，立即带上狱卒前往曹家，宣道："曹氏接旨——"

曹母闻听，以为是喜事来临，立即跪接，只听籍武念道："大汉皇帝诏曰：今查宫女曹宫有失妇德闺训，私通男子，产育婴儿，玷辱朕声，着将曹宫母子及临盆护理之人一并关押掖庭待朕处理，违者族

灭。钦此——"

曹母在下面听了这样的诏书，吓了个半死，说："狱丞大人，我的女儿明明说此子是皇帝所传，现有皇上当时所赏为证，皇上为什么反言与其他男人私通所生？老身实在不解。"

籍武喝道："休要啰嗦!"

说罢让人大搜曹家，将曹宫母子捉出，又让人去逮捕了临盆护理之人，然后回去复命。

赵飞燕听说捉来了曹宫母子，已下入掖庭狱中，这才放了心。那曹宫虽是女流，可也颇有心计。她过去在宫中曾见过这位籍武，知他虽为狱丞，为人却也正直，便拉着籍武说："籍大人在上，请听小女一言。今小女对苍天起誓，此儿乃皇上所育，如有半点谎言，愿粉身碎骨。小女死不足惜，但此子乃汉家传人，望大人妥为照看。"

那籍武听罢仔细打量眼前这个男婴，发觉颇像皇上，心中完全相信了曹宫之言，便悄悄将此事报告了成帝。成帝闻听心中大喜，忙问曹氏母子现在何处。籍武说遵旨将其关于掖庭狱中。成帝闻听，大惊说："朕并未发出此旨，你言遵朕旨，岂不荒唐，快将此旨拿来给朕看。"

籍武便将圣旨拿出。成帝看罢，勃然大怒，说："这道圣旨从谁手里得到？"

籍武说："得自御史中丞。"

成帝听罢，立即诏传御史中丞。侍御史中丞进见礼毕，成帝喝道："是谁让你拟此假诏？"

御史中丞在下战战兢兢地说："奉皇后及昭仪娘娘之命所拟。她们说是皇上让她们传述的。"

成帝一听是皇后及昭仪所干，立即像泄了气的皮球，便让御史中丞回去，转身问籍武说："龙子还活着吗？"

籍武答说："龙子健在。"

成帝立即命他赶快去掖庭，让人好生看护，以防意外。籍武领命而去。

看看天已晚，成帝便转回少嫔馆。见赵合德恰在，成帝便问："适才御史中丞说你姐妹二人传朕旨让他拟旨逮捕曹宫母子入掖庭，这件事是真的吗？"

赵合德到了此时已毫不惧怕，因为不杀掉曹宫母子，将来也没有好结果，不如就趁现在抗争一番，不成功死不足惜，于是便说："皇上所言正是。"

成帝说："爱妃知那婴儿是谁的骨血？他是朕的龙子啊，为什么不问青红皂白？幸亏那婴儿还在。"

赵合德闻听此言，立即哭闹起来，边闹边说："皇上想是思儿昏了头，那宫女一向不够本分，招的野男人甚多，想来必是杂种，我赵合德侍奉皇上多年尚无珠胎，皇上仅一幸于她，怎会产育龙儿？她那么一说，皇上便相信了她，如果是弄个杂种承继大统，不但篡了刘家天下，我等也难以得活。似此不明不白之子，还不赶快杀掉？不要给别有用心之人留下紊乱朝廷的凭借。"

成帝听了赵合德这一番话，气得两眼发直。

就在成帝与赵合德吵闹之时，太监田客飞速前往籍武府上向籍武告知了此事。他说："籍武大人，大势不妙。昭仪为皇子一事与皇上打了个翻江倒海，皇上怕着昭仪，此儿终不得活，还是赶快杀掉此儿吧，不然大人就没命了。"

这太监田客因平日得过籍武接济，颇感念籍武之恩，所以闻信跑出报告了籍武。籍武听后，思索半晌，当着太监田客之面说："此儿确是皇帝之后，我自知不杀此儿是死，杀之也是死，反正是死，不如不杀吧。皇上没有子嗣，皇恩浩荡，我应为皇上着想。你替我寻个办法，将此儿转移出去，将来我可回明皇上，必重赏于你。"

那太监田客见籍武如此，颇受感动，便回去办理此事。不久，他便持了成帝之诏来见籍武，让他在当夜漏至五刻时在东掖门把皇子交给太监王舜。籍武览过诏书，见是皇上亲笔，立即照办。便在漏至五刻时亲自把皇子转交给了太监王舜。王舜接过此儿，密置殿中，暗寻了乳母张弃，让她好生养育，并嘱令她不许将此消息泄露给任何一个

人。张弃一一点头应允。

再说赵合德当天就逼着成帝杀子，成帝无法，几天之后便当着赵合德面传了圣旨给籍武，让他杀死曹宫母子。籍武领命，不久回报说其事已办完。赵飞燕及赵合德这才放了心。

几十天之后，突然有一个宫女张环向赵飞燕报告说曹宫非但没被杀死，其所生之子还被秘密收养起来了。赵飞燕闻听，大惊失色，立即派人暗去狱中查看，果见曹宫尚在，才明白上了当，立即去招其妹赵合德。赵合德来到，赵飞燕对她说："我的傻妹妹，咱们被人欺骗了。"

赵合德不解地问道："姐姐怎么这样说？"

赵飞燕说："那贱妇所生之子并没有死，而是被人秘密隐藏了起来。我们眼下必须将他们母子一并除掉。"

赵合德听后，也十分惊恐，说："杀死那贱妇倒还容易，只是那孩子，我们可怎么样能够找到？"

赵飞燕说："只要我们用心，不信找不到，你现在当务之急是务将皇帝控制住，我在这里假传皇帝之诏，鸩杀那贱妇，然后派出人去，重金悬赏访求，一旦得知那婴儿下落，咱就以收养为名，将那婴儿要回杀掉了事。"

赵合德听后，说："只好如此，皇上这边谅无问题，即便传十次假诏，他也不会把我们怎么样。近些天来，他简直一刻也离不得我，此可谓天赐良机。"

赵飞燕听后，会心地一笑。

残害继嗣得恶报

绥和二年（前7年）的二月，出现了异乎寻常的天象，光耀汉王朝的火星竟然失去了往日的光彩，似乎当真是被水浇了一样。一时间人心惶惶，都认为是皇帝将有不测了。成帝当然最为紧张，到处寻找破解之法。于是一个自称善于破解星相的郎官贲丽粉墨登场，说此事很是易办，只要找一个权重位尊的大臣做替身就行。

于是丞相翟方进就倒了血霉，成帝当即召见了他，当面要求丞相为国尽忠。翟方进跟跄着刚返回丞相府，成帝的催命书又紧跟着来了，将翟方进大骂了一顿，说他丞相当得不合格，以致政事紊乱、天灾不断，要他自己看着办。这可真是祸从天降，翟方进只好自杀。

得到丞相的死信，成帝龙颜大悦。为翟方进隆重举行了葬礼，还亲临致祭——更有可能是要顺便亲自验尸。

成帝没有想到的是，翟方进只算是上天去为自己打前站的。他自认为灾星已退，自己有望长命百岁了。解决了后顾之忧的成帝与赵合德更加放心大胆地寻欢作乐起来。

三月十七日的夜晚，成帝与赵合德同宿未央宫白虎殿。十八日清晨，成帝起了个早，准备接见辞行的楚思王刘衍和梁王刘立，谁知刚刚穿上裤袜，衣服还没能披上身，就身体僵直、口不能言，片刻间就呜呼哀哉了。

要想人不知，除非己莫为。成帝如此风流死法，很快就传开了，宫中民间，一片哗然。皇太后王政君多年来都深居长信宫，自以为一

西汉镶嵌神兽博山炉

切尽在掌握，哪曾料到在自己的眼皮底下竟会有这样的事情发生。老太后知信后大哭一场，下令侄儿大司马王莽与御史、丞相、廷尉联合调查此事，捉拿赵合德，审问前因后果。然而老太后还是输给了赵合德。赵合德早在成帝死在床前的那一刻，就知自己死路难逃，也亏她直到此时仍然头脑清醒，趁着他们还没有光临少嫔馆的机会，她召来了宫中所有可能知道自己底细的婢仆，对他们分赐厚赏，嘱咐他们："无道我家过失。"

善后事毕，赵合德自嗟自叹说："想我多年来将皇帝当成无知小

儿随意摆弄，荣宠冠于天下，怎能在一帮掖庭令之类的小角色面前低声下气，和他们争讲自己的床闱之事？"想到伤心处，她捶胸顿足地大哭："皇帝，你到底去了哪里啊！"话犹未完，毒药发作，呕血而亡。

再说赵飞燕，其妹赵合德之死及其最后遭遇，让她耳不忍闻，目不忍睹，着实忧伤不已，不知暗中流了多少眼泪，悔恨自己入宫，害了同胞之妹，直痛得撕肝裂肺。痛定思痛，更觉不适，一种恐惧悄然袭上心头。原来，成帝在时，是她姐妹的靠山，后宫其他人侧目，皇太后诸多不满，她们都可以靠着成帝之威抵挡得住。现在成帝已做了阴间之鬼，存留下来的赵飞燕失去了乘凉的大树，众人开始蠢蠢欲动，打算向赵飞燕清算以往积怨。好在赵飞燕没有直接涉及成帝之死的大案，众人暂时还无法将她扳倒。皇太后虽然对赵飞燕不满，一时还来不及对其清查，因为朝廷必须赶快议立新帝。

皇太后王政君主持众人议立新帝。筛遍刘氏之后，有人提出唯定陶王刘欣可承大统。这刘欣乃元帝庶孙，定陶恭王刘康之子。其生母乃是丁姬。这刘欣三岁被嗣立为王，长好文辞法律，元延四年曾入朝，颇得成帝好感，称其有才。其祖母傅氏当时也跟随刘欣入朝，思及成帝无子，今孙儿又得成帝欢心，便有了将来入继大统之想。那傅氏本非寻常女流，当时便乘机以重金贿赂赵合德及赵飞燕。赵氏姐妹由此对刘欣颇多好感，时常在成帝面前抬举刘欣，以致成帝几次想立刘欣为皇太了。所以此议一出，立即得到众人赞许，便迎了刘欣继承成帝之位，是为汉哀帝。刘欣登上汉家宝座，立即尊太后王政君为太皇太后，其祖母傅氏后来也被尊为太皇太后。赵飞燕原本皇后，哀帝继成帝之位，当然依理也被尊为皇太后。

赵飞燕听了这封号之后，心中才稍稍安稳了一些时候。然而，她毕竟是惊弓之鸟，时时预感前景不妙，整日心神不安。哀帝刘欣察言观色，早已看出了她的这种心理，便亲自前往寝宫去探望她。这哀帝深知他今日能当上皇帝，和昔日赵氏姐妹多次举荐关系甚大，今日大权在握，自当知恩相报，所以见了赵飞燕，便对她说："太后休要多虑，我刘欣能有今日，昔日多仰仗了太后保举。太后无子，切莫心存悲凉之感，直可把我视同亲子一般。"

赵飞燕便说："想我赵氏姐妹，自从侍奉先帝，无失德之处，而他人似有必欲置我于死地而后快的势头。今有皇上此言，我就安心了。"

果然不出赵飞燕所料，太皇太后王政君自哀帝即位之后，欲彻底除去赵氏姐妹残余，便暗中命令司隶校尉解光调查赵氏姐妹罪行，犹以矛头直指赵飞燕。俗话云，墙倒众人推，到了此时，谁还可能为昔日飞扬跋扈的赵飞燕说上几句好话？于是首先有籍武发难，将赵飞燕姐妹当年怎么样逼害曹宫母子致死，以及怎么样杀死许美人所生皇子一事举报出来，又纠合了太监靳严、吴恭出来做证。一时间竟将此事闹得沸沸扬扬。司隶校尉解光将这些材料汇集一处，亲自给哀帝上了一份要求惩处赵飞燕的奏折，说："启禀圣上，臣司隶校尉解光奉太皇太后之命查得皇太后侍先帝时数罪，昔许美人及中宫史曹宫皆御幸产子，子隐不见。臣遣从事掾业史望，验问知状者，掖庭狱丞籍武，宦者吴恭、靳严等，皆说赵飞燕杀灭二位皇子。据似可凿，唯皇上定夺。"

奏罢，又将籍武等人的证状一一呈上。哀帝草草览过，眉头紧皱，开言说："朕知道了，请下去吧。"

待解光退去。哀帝立即将解光奏本送与祖母及母亲丁氏览阅。二人看毕说："如无赵氏，皇上及我等断不会有今天，请皇上酌情自处吧。"

哀帝闻听此言，心中已猜透这是让他袒护赵飞燕，于是连称儿谨遵命裁处，务请放心。太皇太后和皇太后听罢，心中会意，连称皇上英断。

第二天早朝，解光请求皇上议处皇太后赵飞燕于先帝在时所犯罪行。哀帝开启龙口，说："解爱卿之言意在国家常治，皇祚绵远，其意可嘉可佩。不过朕亦得知殄灭二皇子之事均是赵昭仪一人所为，非关赵皇太后事，今赵昭仪已死，自可视为伏法，可不予再究。且朕闻赵皇太后昔日侍奉先帝，纵无功劳，亦有苦劳，怎么能因为昭仪之案

而株连之。你们不要再说了。"

解光在下面听得句句真切，知皇上这是在报答赵氏昔日之恩。他也是个明白人，平日里赵氏姐妹并未得罪过他，他何苦非要坚持，于是说："皇上英明，洞察四海，小臣所言赵皇太后之事，均系奉太皇太后之旨，臣从今往后不再追查此事即是。"

哀帝坐在宝座上，一边听着，一边暗想，太皇太后固是他所尊，只因她有拥立之大功，当时才不得不尊。其处事用人一向倾心王家，自他当王时心中便很担忧，今此人做了太皇太后，竟越俎代庖，如此大事连问自己一句也不曾问得，今如依了她，以后不知要搞出什么事来，于是便暗下决心不依此议。哀帝又思解光是查办此案之人，赵氏姐妹一些鲜为人知之事，尽被他所知，留了此人，必有一天会殃及赵皇太后，为了对得起赵飞燕以往之恩，决定寻机将解光除掉，以安赵皇太后之心。主意既定，待解光奏完，将手一挥，让他下去。

哀帝见众臣无言，为示其明正，当众下诏将赵氏族属中一部分发配充军到河北卢龙，以示对赵合德大罪之惩。众人见哀帝下了此诏，连呼万岁，各自散朝而去。

数日之后，哀帝果然寻了个借口，免除了解光司隶校尉之职，流放边关。

太皇太后王政君见哀帝自继了皇位，处处偏袒赵飞燕，恨得咬牙切齿。不过，大权在皇上那里，她亦无可奈何，只恨立嗣时有眼无珠。

再说那赵飞燕，自得了哀帝频频力助，其心与哀帝靠得更紧了，恍惚觉得那哀帝竟是自己所生之子当了皇帝一般，于是便将自己后半生希望完全寄托在哀帝身上。她深知自己今后大敌乃是以太皇太后王政君为首的母党集团。为了巩固自己的地位，必须借助皇上之力把这个集团及早除掉，不然自己便不得安生。

再说那母党集团出了一位王莽。此人乃太皇太后王政君侄儿。王政君自被封为汉元帝皇后，其父及叔伯相继在元、成两朝被封为侯，位居辅政，其家凡出九侯、五大司马，唯独这王莽，因其父王曼早死，没被封侯。但他却能勤身博学，儒雅英俊。阳朔年中，其任大将军之

职的大伯父王凤染疾,王莽恭侍王凤左右,亲尝汤药,克尽孝心,颇得王凤喜爱。那王凤将死,便将王莽托与太后王政君及成帝,被拜为黄门侍郎。不久便升任射声校尉,由此之后便陡然而贵,荣任大司马之职,位居辅政,极善沽名钓誉,颇以俭约成名。哀帝即位,先辞而后居高位。此时有人奏请为哀帝之母丁姬按《春秋》母以子贵之义上尊号,哀帝自然心中合意,而此时王莽上书坚决反对。等到哀帝在未央宫庆宴,侍者排座次时将哀帝祖母傅氏与太皇太后王政君排在一起。王莽便立即反对,说:"定陶太后乃藩妾,怎么可以与至尊相并?"

说罢便让人将傅氏之位撤除。傅氏听到有人来报告此事,心中大怒,竟然不肯前来参加宴会。王莽见得罪了哀帝祖母,便上书求退。哀帝为此事也十分不快,见王莽自动请退,便也顺水推舟,赐其黄金五百斤,安车驷马,任其隐退。但不久,一些人又向哀帝提出请王莽复位。赵飞燕这时便在旁提醒哀帝,言说王莽具有虎狼之心,此人不可大用。当此之时王莽心腹遍及朝野,立即报告给了王莽。王莽闻听,心中发恨地说:"如此贱人,竟然位居太后,足令人作呕。其妹赵昭仪淫荡无方,竟让先帝殡天,十恶不赦;而此贱人,亦品德不端。想我王莽,终有一天会将其推上审判台。"

王莽说出此番话来,并非凭空而言。他深知哀帝要想治理天下,自然离不开他。果然不久,哀帝便屈从了群臣提请,让王莽重新秉政。赵飞燕见王莽又上了台,便企图与王莽再战。她抓住王莽反对为哀帝祖母傅氏及其母丁氏上尊号这件事,向傅氏丁氏献媚说:"想那王莽,毫不把你等置放眼中。此人日后如果得势,不晓得朝廷会成为什么样子。"

傅氏闻听,说:"我孙儿如今为皇上,依理正牌太皇太后自然是我,那王莽是个什么东西,竟敢力贬老身,我恨不能让其碎骨粉身。"

说罢便去哀帝那里陈述了罢退王莽之愿。哀帝听了祖母一席话,自然应允,遂将王莽免职家居。

本来这赵飞燕在哀帝在时,除笼络哀帝感情外,也拼命巴结哀帝祖母傅太皇太后,无奈这傅太皇太后先于哀帝崩故,而哀帝一死,赵

飞燕真正成了孤家寡人，朝中自此再无一个同党。赵飞燕在哭完哀帝之后，思前想后不觉浑身战栗，她自知自己再也没有能力与王氏母党抗衡了，唯有静静地躲在后宫之中垂泪不已。

王莽此时大权在握，气焰甚嚣，颐指气使，朝中无论何人都惧他三分。于是终于有一天，他求见了姑母王政君，说："我朝自先祖成皇帝故去之后，一直无嫡系子孙承继大统，所立新帝，无不仓促择出，自不利我朝百代基业。思来想去，皆赵氏姐妹之罪。早先时候，司隶校尉解光曾查明赵氏姐妹专宠之时连杀二皇子，如此大恶之人，如今竟留在后宫，处居高位，怎么对得起祖宗？"

王政君说："侄儿说得正是。想那赵飞燕小贱人，早当惩处，只是哀帝在位之时，她多方巴结哀帝，又献媚傅氏，我与傅氏俱为太皇太后，不便果断将那贱人除去。今傅氏已故，哀帝亦崩去，哪里可留得此等贱人？不过如果发此难，侄儿应居前为妙。"

王莽说："姑母心有此意，此正可报刘氏祖宗之仇，我王莽自然义不容辞。"

王莽说罢，领了姑母王政君暗中旨意，开始整治赵飞燕。

在此之前，他先去拜见了平帝刘衍，跪下奏说："吾皇万岁万岁万万岁！"

刘衍心惧此人，立即发诏说："爱卿平身，对朕有什么话要说，请直接讲来。"

王莽说："启奏吾皇，自祖宗高皇帝定鼎，历至文景武皇帝，皇图大展，江山熙熙，万民乐业。乃至昭、宣、元、成四帝，各有建树，不过成帝一朝，媚惑于赵氏，曾使金瓯失光，民间有议，此皆赵氏之罪。及至哀帝即位，赵氏又媚惑哀帝得以继续兴妖作怪，此人不除，终为刘氏基业之患。且前些日子迎立皇上，赵氏极力反对，当此之时，正是除她之机。"

那刘衍哪里知道其中奥妙，刘氏天下由他执掌，此乃始料不及，今见王莽言及赵氏反对他承继大宝，立即信以为真，说："赵氏既如此猖獗，可除去了事，留此妇人有什么用？"

王莽见皇上准奏，立即组织人力向赵飞燕杀去。他串通了姑母王政君下诏，实则此诏乃是他亲自起草。

一天，赵飞燕正在后宫伶仃向壁，忽听传她接旨听宣。赵飞燕只好跪下，只听宣旨太监念道："前皇太后赵飞燕与昭仪赵合德俱侍帷幄，姐妹专宠锢寝，执贼乱之谋，残灭继嗣，以危宗庙，悖灭犯祖，无为天下母之仪，贬皇太后为孝成皇后，徙居北宫。钦此——"

赵飞燕在下面听了这么一道圣旨，心中惊悸，立即提出要面奏皇上。那宣旨太监说："皇上有言，不见孝成皇后。"

赵飞燕到了此时，方知已无可奈何，只好跪接了圣旨，收拾了一下自己随身所有物件，乖乖地一个人搬往北宫。

此后不到一个月，赵飞燕在北宫又接到第二道诏书，其书说："孝成皇后赵飞燕自知罪恶深大，朝请希阔，失妇道，无供养之礼，而有虎狼之毒，宗室所怨，海内之仇也，而尚在小君之位，诚非皇天之心。夫小不忍乱大谋，恩之所不能已者，义之所割也，今废皇后为庶人，着就其园——"

赵飞燕听罢此旨，已羞愧得无地自容。这天晚上，她从成帝死后第一次梦到成帝，成帝对她说："天作孽，犹可为；自作孽，不可脱。你于阳间，殄绝继嗣，天怒人怨，不死还等什么？"

说罢便携了几名鬼卒来捉赵飞燕。赵飞燕忙于梦中拼命挣脱，不觉惊醒，方知是做了场噩梦，思忆梦中情景，自觉成帝之言有理，于是在此夜上吊自尽而亡。亡年三十七岁。

后人有诗说：赵家姊妹多相忌，莫向昭阳殿里飞。

第 七 章

才色双绝，靡音亡国
——张丽华

　　张丽华，是个典型的江南女子，出身歌妓，早年就在孔贵妃身边做侍女，因为她善解人意，天生聪慧，深得孔贵妃喜爱，后得其所传。又因她天生丽质，发长七尺，眉目如画，又有过人的记忆力且善诗作，可谓才色双绝，所以深得陈后主陈叔宝喜爱。后主被她所迷，不理政事，不仅淫乱后宫，而且与朝中大臣之妾之妻皆有乱伦，并作许多淫曲，《后庭花》也成为亡国之音的代表。国灭后，张丽华被杀，后主亦被赐死。

初学艺香迷后主

"男人通过拥有天下而拥有女人，女人通过拥有男人而拥有天下。我虽被太子宠幸，但太子终究只是太子，等太子登基做了皇上，恐怕我已人老珠黄，再难博得他的欢心了。无论多么美艳的女人，都逃不过风刀霜剑；无论多么痴情的男人，都难免喜新厌旧。年轻，永远是女人最有力的武器，永远是男人最合口的美味。占有处女，并不能给男人带来更多的身体的愉悦，但是却能使他在精神上获得满足，因为这是证明他的雄性能力的最好的方式。"孔贵妃把目光从窗外收回来，盯在张丽华的身上，继续说，"所以，那时的后宫就是你们的天下，只因为你们年轻。"

张丽华忙跪下说："娘娘胜王嫱、西子之美，有经天纬地之才，太子终生难舍。奴只是个宫中侍婢，年纪又小，哪里敢有非分的想法？"

孔贵妃笑着说："你国色天香，博学强记，如此年幼就这样乖巧，再过三五年，这奴婢的身份怎能掩住你的光华？你刚入宫服侍我半年，就让我这个女人爱不忍释，太子如果见了你，又怎会不喜欢？"

"奴婢甘愿此生尽心服侍娘娘，绝无半点他念。"

"好，就凭这一点，我也要将你调教成一个出色的贵妃。你虽才貌出众，但三宫位置已满，后宫佳丽三千，想做个出类拔萃的贵妃也并非易事。"

"奴婢自入宫以来，娘娘待奴婢如再生之父母。奴婢此生一切，便全凭娘娘安排。"

"我入宫多年，深知后宫之中，乃是十年河东，十年河西。现在我

虽身受太子宠幸，如日中天，但也需未雨绸缪，为将来做个打算，因为我已有了红颜易老的感觉。现在你是我的奴婢，将来也许我还要仰仗你呢。"

"不论何时，我都会永远将娘娘看成自己的恩主。"

"难得你能有这份心意，你是沙中之金，早晚必放光华。"

"奴婢年幼无知，还请娘娘教诲。"

"爱美之心，人皆有之。要想得到皇上的宠幸，没有天生丽质是不行的。但仅有此还远远不够。三千佳丽，又有谁长得丑？况且这美丑也并无一定的标准，每个人的感觉不同，标准也不同。因此，不仅要美，还要美而有态，美出一种韵味来。人家涂脂你也涂脂，人家抹粉你也抹粉，又岂能分出个谁优谁劣？所以，骨子里要有一种独特的美而不俗的仪态，那是谁也学不来的。有的人五官分开来看都很漂亮，但合在一起却毫无生气；有的人低眉细眼，但整体看来却颇有灵气。这种使五官生神的东西就是态。或雅或媚，或娇或憨，或冷或艳，总之，你要拥有一种独特的神韵，那才是无可替代的美。"

"娘娘的意思就是说女人要美而有态。"

"不错。但这还不够。男人总是希望女人既是厅前的淑女，又是床上的荡妇。男人和女人最亲密最真实的关系就是在床上。男人对女人的要求绝不仅仅只停留在欣赏女人，他们还要享用女人。所以，你要想让皇上同你试过一次还想来第二次，就必须让他产生深刻的肉体的体验。熄了灯，女人都一样，但是技巧却有着天壤之别。只荡不矜，男人会对你轻而视之；只矜不荡，男人会对你敬而远之。半推半就，若即若离，往往更能激发男人对你的渴望。可是，怎么样掌握好这个度，那就颇有技巧了。"

"这就是所谓的媚而有术了。"

"正是。但这样也只不过使帝王对你产生感官上的欣赏、肉体上的愉悦。要想稳定你在帝王心中的位置，就要让他在精神上仰仗你，在心灵上依恋你。所以，你不仅要擅于察言观色，更要擅于洞察男人的内心，了解他的好恶，理解他的心境，还要为他分忧解愁。男人看起来叱咤风云、横行天下，实际上却脆弱得像个孩子。所以，你既要做他的女儿，给他以自尊，又要做他的母亲，给他以支柱。要做到这一点很不容易，非得要全身心地投入进去，为他的喜而喜，为他的忧而忧，和他融为一体，同舟共济。想一想，你不全身心地为男人，男人怎会全身心地待你？礼尚往来，要想从别人那里拿什么，你必须也要给人家什么。皇上不是傻瓜，要想得皇上宠，必要给皇上爱。只拿不予，你就会发现你拿到的只是一场空。狐媚与色相只是暂时的，只有真诚的爱心是长久的。"

"所以一个好妃子必须能而多情。"

"说得好。凭这三点是可以在皇上心中占一席之地，如果是在民间，相夫教子绰绰有余。可是宫中女人太多，只处理好与皇上的关系还不行，还要顾及各宫各院。众口铄金，积毁销骨，要想稳固在宫中的位置，还要上顺天子，下依民心。到这时，你的一身荣辱就不是系于皇上的一嗔一喜之间了。有时，只要有人肯为你说几句好话，就可以替你消去许多天灾人祸。宫女的生活是很不幸的，佳丽三千，有几人能得到天子的宠幸？又有多少人鬓发渐白，也未曾见皇上一面？身为女人，当知空闺之苦，其实，她们的要求并不高，只是盼望着能得君王一幸，给她们一个机会，又有何妨？君王的最大财富之一，便是有用不尽的女人，如果只要一妻一妾，他又何必做君王？只要你对自己有信心，尽可以给他一个机会，等他试过了别的女人，也许更能知道你的好处。抓住他的心，放开他的身，上可取悦于皇上，下可调和各宫各院，何乐而不为？"

"娘娘心胸厚道宽敞，让奴婢佩服之至。"

"小妮子，不要跟我玩这一套。因见你是个美人胚子，早晚必会出头，我只不过是做个顺水人情而已。将来你蒙承恩宠，对我也并无坏处，太子又不是我一个人的。我只是希望将来皇上宠幸的人也是个宽容厚道的人。年轻人中必会出贵妃，我更希望那个人是你。后宫平静于你于我都有好处。"

"娘娘教诲，奴婢一定铭记在心。只是奴婢出身卑贱，年幼无知，

恐难当此大任。”

“从明天开始，逢五逢十，你一个人到我的内室来，我来教你。”

“如此，师傅在上，请受徒弟一拜。”张丽华说罢，伏下身去连磕三个响头。

“好，好。”孔贵妃被她的机灵逗得哈哈大笑，“我就收你这个徒弟。”

这一年，丽华才十岁。

一个光芒四射、魅力十足的女人在孔妃的调教下，又将色压群芳，在历史上留下美丽动人的一幕。她只知道怎么样去捕获天子的心，怎么样稳定自己在宫中的地位，她怎么会想到自己会影响一段历史，会引起后人的各种评判呢？

太子驾幸东宫。

这太子陈叔宝有文采，爱酒色，也就是后来历史上南朝的陈后主。后主尚未登基，便已有了三宫六院，其中最宠孔、龚二妃，常将二妃比作王昭君与西施，能得此二人，更胜过得天下。闲来无事，便又到东宫来寻孔贵妃。

孔贵妃迎了后主进来，问道：“天色已晚，太子又是从哪里快活够了，才来找臣妾消遣？”

后主忙说：“这你可就冤枉我了，只因今晚月色美好，便来寻你一同赏月。赏月如果无美人在侧，那是索然无味的。”

“只怕妾与月亮一比，就显得黯然无光了。”

“怎么会呢？你有闭月羞花之貌，恐怕那月亮还怕见你呢？”

“要是月亮不肯出来，那一定是臣妾的罪过了？”

“那当然，你如果羞了月亮，我可就要你赔了。”

“那我可拿什么赔呢？”

“当然是拿你自己。看不到月亮，我就要看你。”

“太子天天见我，我又有什么好看的呢？”

“天天见到的地方我就不看了，要看，当然是看平时见不到的地方。”

孔贵妃不禁脸上一红，捶着后主的肩膀娇嗔说："你好坏呀，就是不给你看。"

"我偏要看。"太子一把抓住孔贵妃，将她拉进怀里，就把嘴向她的脸上吻来。

孔贵妃把脸向旁边躲过去，微微挣扎着，于是太子把她抱得更紧了，上面也终于堵住了她的唇。孔贵妃也不再挣扎，伸手搂住太子的脖子。两个人便紧紧地拥抱在一起，激烈地吻着。

吻了好长时间，两个人才分开来。孔贵妃的脸因激动而微微泛红，更显得妩媚动人。吻的力量也是很神奇的，被吻过的女人，不仅更漂亮了，而且更温柔。此时的孔贵妃就一脸柔情地望着太子："你准备带我到哪里去赏月？"

"到外面的亭子里好不好？"

"好虽好，但是情调还显不足。"

"那么哪里情调足呢？"

"花丛中。"

"不错，如果能花下死，做鬼也风流。可是花丛中连个坐的东西都没有。"

"我们带一席毡子，就席地而坐，卧看牛郎织女，那才有韵味。"

"好主意，你真是一肚子的雅意。"于是后主就吩咐人在外面的花丛里铺上毛毡，备好美酒鲜果。然后便拉着孔妃坐在花丛中一边饮酒一边赏月。阵阵夜风吹来，花香酒香四溢，再加上女人的香味，可真是沁人心脾了。

后主问孔妃："听说你略通星相，你能不能看出我什么时候能即位？"

"难道太子急着要做皇上吗？"

"你看，天上有三垣二十八宿，主国家的兴衰，三垣乃紫微、太微和天市。二十八宿按青龙、白虎、朱雀、玄武四个方位排列。那紫微垣中一连五星，前一星主月，太子之象，第二星主日，有赤色而独大，便是帝星。太子之星虽亮，但依旧被帝星的光芒所掩，依我所观，太

子即位还需三五年。"

"人间之事，真的能从天上看出吗？"

"世间万物，相生相依，牵一发而动全身。天子一动，天下俱动，自然会上应天象。再说，人间福祸，皆有定数，是尘世中无法更改的。"

"既然一切皆有定数，又何必为明天多思。来，对饮一杯，乐度今宵。"

两人各喝了一杯，后主问孔妃说："你知我为什么偏爱赏月吗？"

"月色清冽如水，入夜万籁俱寂。所见之色清爽淡雅，所听之音声如天籁。人处于天地之间，观天而胸阔，触地而心平。太子机敏多情，通灵倍悟，赏月之时必然情寄幽深，文如泉涌。是以独爱赏月。"

"言之有理，当赏一杯。"说罢取一杯给孔妃喝了，又说，"此外我心中还有一念。"

"太子想的是什么呢？"

"我想那月中的嫦娥虽有天姿仙容，但空守月宫，心中定然不胜寂寞。我虽有众多嫔妃，却不能邀嫦娥同饮，解她心中寂寞。所以月圆之时，我便举杯邀她，或许有一天会感动上苍。让她下来与我相会。"

"太子真是痴情种子。只是你如果只见天上嫦娥，而不见地上的嫦娥，便当罚三大杯。"

"这话怎么说？"

"需你喝了酒才能告诉你。"孔妃回头对侍女说，"让丽华送酒上来。"

不多时，张丽华手捧酒器，盈盈而至。

后主一见，大惊失色，凝视良久，方对孔妃说："真是国色天香。你怎么把这样美人藏在宫里，不让我看见？"

孔妃一笑："要我说，你现在看到也还太早。"

"为什么？"

"丽华虽天生丽质，但年纪尚幼，微葩嫩蕊，怎么能承受得了太子的采摘？"

后主便向丽华问道："你今年几岁？"

丽华翩翩一拜，答道："奴婢十二岁。"声音如初莺出谷，雏燕新啼，清脆悦耳。

后主见了美人，便有临幸之意。只是见她年龄尚小，体态纤弱，顿生怜意，便唤她过来同坐。丽华忙答道："有殿下、娘娘在此，奴婢不敢。"推辞不坐。

后主本想让她过来揽在怀里，爱抚一番，见其推辞，心中怅然。因有孔妃在侧，不好强迫，便叫周围人拿笔墨来。

后主取了一张金花笺，凝望丽华片刻，提笔写下一首《罗敷媚》：

海棠初试胭脂嫩，翠佩葳蕤，弱态难支。不许金风用力吹。

新妆时样慵梳掠，淡淡娥眉，云鬟双垂。欲护兰花不自持。

写罢，递给丽华。丽华接过，便跪在毡上，叩头说："奴婢多谢殿下赠诗。"

孔妃在一旁见了，笑说："殿下真是太多情了。"

丽华不肯久待，告退而去。后主望着她的背影，不禁叹说："真是月下嫦娥。"

孔妃忙接说："殿下此语既出，三大杯酒是少不得的了。"

"宫中有此美女而不见，恋什么天上嫦娥？该罚，该罚。"后主说罢，连饮三杯。又对孔妃说，"丽华在你宫中，就有劳你照看了。"

"这自不用你说，我们本是师徒，丽华本就是我为殿下准备的。"

"怎么会有师徒呢？"后主不解。孔妃就把丽华拜师的事儿说了一遍。

后主听罢说："真是名师出高徒呀。"

"就怕有人见了徒弟就忘了师傅呀。"

"你还说呢。今日让丽华逗上我的性子来，却又不让我碰她。那好，徒弟走了，就由师傅来顶替吧。"说着便一把把孔妃拉倒在毡上，亲吻起来。

孔妃半推半就，嘴里说："宫中鲜枝嫩蕊甚多，殿下怎么还会贪恋我这明日黄花？"

后主手下不停，嘴里说："鲜花虽嫩，只是一时新鲜。如果要酣战尽兴，还要是老对手。轻车熟路，进退有度，姜还是老的辣。"说着就上来解孔妃的衣服。

孔妃说："露天草地，颠鸾倒凤恐怕不雅。"

"此时青天为被，花丛为帐，绿草为床，在这里来一次才真正是皇家气派。"

"请殿下不要将妾的衣服除去，恐别人看见不雅。"

"也好。"于是二人车马纯熟，也无须细腻功夫，当下一阵狂风骤雨，刚烈勇猛，恣意进退，孔妃娇喘阵阵，香汁微微，这才玉盘承露，雨打沙滩。

丽华得宠加贵妃

此后，后主常常到东宫来，因为这里不仅有丰艳的孔妃，还有一个天仙似的张丽华。

张丽华也果真是个百看不厌的美人。她不仅长得漂亮，而且吹弹歌舞，一学就会，诗词歌赋，寓目即晓，又善察颜观色。这样的女孩子，谁能不喜欢呢？

越是得不到的东西，越让人心驰神往。后主的心中，已许多次地想象过与张丽华交欢的情景，心中的美人比现实中的美人更美。想象的东西不是更好，就是更糟，如果是跟现实一样，那不是伟大就是俗人了。

既然把张丽华还当成孩子，后主便常常把她拉过来，抱在自己的膝头，乘机抚摩一下。因为若想好好地抚摩一下某个人，把她抱在自己的膝头无疑是一种最佳的姿式。可是每到关键的地方，张丽华就会拦住他的手，然后用半嗔怒半讨饶的目光望着他，撒娇地说："这儿可不许你碰。"于是后主便不碰了。见到那一种神色，无论谁的心都会软下来。可是，后主并不甘心，虽然他试过几次都被挡回来，但他还是要继续地试下去。因为这一关通过了，一个女人也就成熟了。

人是通过人成长的。正如女人使一个男人成熟一样，男人也帮助了女人的成长。后主的抚摩，无疑加速了张丽华的成熟。虽然她刚刚十三岁，却已被后主撩拨得春心萌动，云情雨意，盈盈欲露。正如每一个处于这个时期的女孩子一样，她对男人，对男人的身体产生了一种莫名的好奇与憧憬，惧怕着但也渴望着某件事的发生。因为每个女孩子的心中都想使自己成为一个女人，一个懂得许多许多事情的女人。可是，有一些事是只有做过以后才能明白的。所以，张丽华也想试一试了。

又是月圆之夜。据说月圆的时候，人的情绪往往容易激动，所以醉酒、杀人的事就比平时多。可是人激动的时候，除了喝酒、杀人，是不是还会做出别的事情来？

后主一个人在月下漫步，这时候什么都可以想，什么都可以不想，是人的身心最自由的时刻。然而却不孤单，因为抬头看看天上，月亮也正跟着你走呢。

于是后主又想到了嫦娥。嫦娥偷了后羿的仙药，便一个人飞到月宫里去了，到广寒宫里独耐凄凉。她虽然得到了长寿，却失去了自己的男人。可是，对一个没有男人的女人来说，长寿岂不是对她的一种残酷？嫦娥会不会后悔？她既已成仙，会不会凭借她的法力再回到人间，来找寻一个可以为她解除孤寂的男人？

后主正想着，嫦娥便从花丛那边缓缓地走过来。她散披着如漆的长发，穿着一身白纱，一阵风来，那长发和衣带便向后飘去，平添了一股脱俗的仙气。她仰着脸，凝望着天上的明月。随口吟出两句诗来：

汉皋有佩无人解，楚峡无云独自归。

吟罢不禁抿嘴一乐，低下头来。这一低头，后主方才看清，原来正是张丽华。她那婀娜的身姿，娴雅的步履，端庄的仪态，便真如嫦娥临凡一般。

后主躲在花影后，待张丽华走近，便从后面上前一把将其轻轻地抱住。

"谁?"张丽华吃了一惊，慌忙问道。

后主低低笑说："是替你解佩的。"

张丽华回过头来一看是后主，忙说："原来是殿下，可把我吓死了。"

"你嘴里说着等人给你解佩，怎么解佩的人来了，你反而害怕了呢?"

"妾一时胡言乱语，不想无心中误撞了殿下，万勿见怪。"

"哪个怪你? 只是已经入夜了，你怎么还在这里呢?"

"只因午睡时做了一个梦，醒来后一直不解其意。见今夜清幽，便出来散散心，或许有些事就能想开了。"

"什么梦? 说出来让我替你解一解。"

"殿下还会解梦?"

"信不信由你。"

"那好，就说给你听听。我梦见自己去井边打水，手里捧着一个白瓷的水罐。那水罐做工非常精细，摸上去光滑细腻，看上去洁白无瑕。我心里想，这么好看的东西可千万不要打碎了，于是就非常小心地用它打水。等我打完水往回走的时候，突然手中一滑，那水罐就掉在地上，摔碎了。我心中感到非常惋惜，看着地上的碎片，伤心得都要哭出来了。可是看着看着，心里不知怎么反而畅快起来，觉得那水罐早晚都是要打碎的，并不怨我。水从打破的罐子里流出来，越流越多，渐渐地在我的脚边冲出一条美丽的小溪。我脱下鞋袜，把脚伸进小溪里，水清凉而柔和地冲过我的脚，我感到舒服极了。但是水却越涨越高，漫上了我的腿。开始我还觉得很好玩，可等到水漫上了我的胸口，我就有些慌乱起来，想喊也喊不出来，想跑又跑不掉。一会儿水就齐了我的脖子，我觉得胸口特别憋闷，就拼命地挥舞着双手。这时，一个浪头迎面向我打来，我一惊，就醒了。醒来一看出了一身汗。殿下，你说这梦是好是坏？"

后主略一沉吟，狡黠地冲张丽华一笑，"好梦，当然是好梦。不过，你要先陪我喝酒，我才能讲解给你听。"

"殿下一定是一时想不出来，拿这话骗我，我才不上当呢。"

"绝不骗你。等一会儿我讲给你听时，你如果觉得毫无道理，我就任你处罚。"

"那好，看你怎么说？"

后主揽着张丽华的腰，一同来到房中，便叫人拿些酒菜来。二人喝了几杯，后主把张丽华拉过来，搂在膝上坐了，靠着脸同饮。张丽华斟了一杯酒，递给后主。后主喝了半杯，剩下半杯递给丽华说："你不喝，净叫我喝，有什么意思？"张丽华笑笑喝了，又斟了一杯捧给后主，说："这是第二杯，可是个双啦。"

后主笑着说："你也要喝一杯，那才算是双。"二人说说笑笑，倒喝得十分高兴。

后主问张丽华："你十几了？"

"十三。"

"十三岁已是个春心荡漾的时候，你不觉得一个人寂寞吗？"

"寂寞也没有办法，我只是个小奴婢，又比不得娘娘妃子，有人疼爱有人宠。"

"我一直很疼爱你，难道你不知道？"

"殿下虽疼爱我，但我毕竟只是个奴婢侍女，只是那天空中的一颗小星而已。"

"做了小星就要为云为雨，只怕你太小承受不了。"

"云雨虽难当，霖露却易消受。"

后主见她应答乖巧，知她心中已有春意，不禁心花怒放，说："你知道自己的梦是什么意思吗？"

"我也正要问殿下呢。"

"你的梦乃是要我为你开苞之意。"

张丽华一听，不禁满面绯红。

"殿下乱说。"

"不是乱说，梦喻有此兆。那白瓷水罐暗示你的处女之身，摔破了便预示着你要破身开苞。那流出的水便是春水，你一旦尝到其中的乐趣，便会沉浸在那无穷的快乐中，逃不脱，挣不掉。你刚才还说有佩无人解，今天就让我来为你解佩吧？"

张丽华被他说得满面羞涩，心中堵囊囊，乱哄哄的，一时也是不知所措，低头不语。

后主见她不拒绝，酝酿了许久的情兴按捺不住，低头贴着她的耳边说："来吧，陪我睡吧。"说着半拖半抱，把她拉到床边。张丽华心中想说，自己的身子早晚都是他的，那男女之事也不知有多少的乐趣，今天不妨就试一试，也许殿下往后就更喜欢自己了。

张丽华心中虽已有了献身之意，但终究是女孩家，待到临寝叫她脱衣服时，又不觉羞涩起来，倚着床帏，半晌动弹不得。后主已经解衣就寝，情兴勃勃，连催了丽华数遍，她只是迟缓着不肯脱衣。后主欲火如焚，哪里等得及，便探身把她扯到枕边，替她把衣带松开，轻轻脱去。月光下露出如雪般的一个身躯，丽华更加害羞，就慌忙往被里一钻。后主便将她抱住，甜言蜜语，爱抚亲吻，曲尽温存。丽华含颦带笑，就像梨花着雨、软软温温，那姿态更是动人十分。

后主尽情尽兴，第二天起身时依然满心喜悦，便提笔写了一首《好事近》送给丽华，以志纪念：

喜气上眉梢，依约小阑干侧。昨夜芙蓉帐底，占几分春色。

憨痴未谙雨云情，娇羞更无力。为问温柔滋味，有谁人消得？

张丽华机敏有才，随即依着后主的韵脚也和了一首：

喜气上眉梢，斗转月轮初侧。雨露恩浓天上，愧好花颜色。

柳条枝弱不堪攀，春风借微力。绣帐夜阑情绪，许箫娥知得。

恭贺御制无韵。

后主见了，欢喜不已，赞说："你小小年纪，就能写出这样的清词丽句，真是可贵。而且结句带着孔娘娘，犹见灵心回映，真是才女啊。"

后主爱张丽华有才有色，年轻而机灵，既尝到张丽华的甜头，哪里还舍得下？张丽华虽幼，但一经点破，不禁豁然开朗，既已有了第一次，那么接下来就比后主还要心急了。万事开头难，第一次，无论对任何人都是小心翼翼，刻骨铭心的。但一旦有了第一次，以后便是轻车熟路，势不可当了。二人自此如鱼得水，两情胶漆，后主对张丽华的宠幸更在孔、龚二妃之上。但是张丽华知进退，识得失，并不独占后主，反让后主有机会去临幸他人。所以后宫中人非但不忌恨她，反而对她心存感激。丽华的地位便在后宫中一天天稳固起来。一个不与他人争抢的人总是受欢迎的，尽管她实际上得到的更多。也并没有人想跟她比一比，因为她身上的许多东西是没法比的。如果面对一个人，你连一分胜他的把握都没有，你会不会选他做对手？

厚道人长在，可是在后宫中争宠相残的妃子中又有几人能明白这个道理呢？

宣帝驾崩，后主即位，封丽华为贵妃。

春风得意抒相思

临光殿前，平地而起临春、结绮、望仙三阁，高楼十丈，有数十个装饰华丽的房间。栏杆、窗槛都是用最好的沉香木和檀香木制成，

内设宝床宝帐，古玩珍奇，用金玉做装饰，用珍珠做门帘，极人工之巧，穷木石之奇，皆前古所未有。庭园中积石成山，引水为池，植奇树，种名花，微风袭来，香飘数里。朝阳初照，光映后庭；月明之夜，恍如仙界。

后主住在临春阁，张丽华住在结绮阁，孔、龚二妃住在望仙阁，阁与阁之间有复道相通，后主常与美人同游其上。

丽华常在阁上梳头，因为女人梳头的姿态是女人最迷人的姿态之一，丽华深知这一点。梳完头，丽华或临轩独坐，或倚栏遥望，那神态、那气派，真如嫦娥下界，仙子临凡。宫人从楼下望去，好像在缥缈的峰头，又像在云阁仙境，让人可望而不可即。微风吹过，长发飘飘、广袖起，整个人便在似动非动之间，振臂欲飞。丽华之美，又为这结绮三阁平添了许多灵气。

成由节俭败由奢。一个国家君王如果是贪图享受，那就是亡国的开始。

当时隋文帝杨坚兵强马壮，虎视眈眈，早有渡江南下，统一中国之心，陈国在军事上已经处于劣势。可是陈后主却自以为凭借长江天险，可以一夫当关，万夫莫开。因为他是个文人，是个后宫中的才子，却不是治国的明君。

后主崇文，他觉得武夫太粗俗。他最宠爱的大臣是尚书令江总。江总博学多才，犹擅五言七言，常与后主游宴，多作情诗艳词，有好事者争相仿效，诗体为之一新。

还有一个山阴人孔范，温文尔雅，文章绮丽，而且善为后主称功颂德，深为后主喜爱。孔范又与宫中的孔妃结为兄妹，因此更加受到宠遇，位极公卿。孔范曾对后主说："边关守将都是行武出身，只有匹夫之勇，如果是谈到深谋远虑，就不是他们力所能及的了。"此后边关将帅稍有过失，就被削去兵权，换上文官。孔范弄权，边关松懈，亡国之根，已伏于此。

这天江总、孔范又随后主及嫔妃共同饮酒赋诗，唱歌作答。酒到兴处，后主提议说："今天在座的不是才子就是佳人，后宫乐班正少新词，大家不妨各作一首，以助酒兴。"

众人都说好，请皇上出题。后主望着窗外说："如今春光明媚，你们看窗外杨柳青青，甚是可爱，不如大家自出心思，即景抒情，写一首杨柳词怎么样？"

众人都说使得，江总问："该从谁开始呢？"

孔妃说："你是有名的才子，自然要从你开始了。"

江总推辞不过，便开口吟道：何须桃李描春色，画出东风二月天。

江总吟罢，众人都赞说："江尚书果然作得精妙，真是个阳春白雪，叫大家怎么样再开口？"江总说："大家别笑话我了，且听听孔兄的丽句。"

于是孔范也吟道："杨柳青青青欲迷，几枝长锁几枝低。不知萦织春多少？惹得宫莺不住啼。"

孔范吟毕，众人又称赞了一会儿，龚娘娘方才开口："杨柳青青几万枝，枝枝都解寄相思。宫中哪有相思奇？闲挂春风暗皱眉。"

龚妃吟完，江、孔二人都说："还是龚娘娘的词有些风韵，女人的心思毕竟是别有一番风韵。"

龚妃笑说："哪有什么风韵？作诗吟曲，还要听孔张师徒二人，她们的才真有韵味。"

孔妃微微笑了一笑，说："龚娘娘过誉了。"便也依题吟出一首来："杨柳青青不缩春，春柔好似小腰身。漫言宫里无愁恨，想到秋风愁杀人。"

听罢，众人又赞说："风流蕴藉，又有感慨，确实应让此曲。"

孔妃说："张贵妃机敏才气，更在我之上。"

张丽华忙说："师傅这么说，我便不敢说了。"

孔妃说："青出于蓝而胜于蓝，你吟得好，我也沾光。"

于是张丽华不慌不忙，咏成四句："杨柳青青压禁门，翻风挂月欲销魂。莫夸自得春情态，半是皇家雨露恩。"

众人听了纷纷称妙。江总说："如果论流畅、意境，大家各得其妙，但如果论词中立意，却是张贵妃的不忘君恩，大有深情。我们却

比不上。"

张丽华说："江尚书不是羞死我了吗?"

江总说："并不是我独自评判。皇上也定是如此评论。"

后主说："不错。江尚书评判极是。贵妃既念皇家的雨露,这皇家雨露就不得偏厚于你了。"说着便亲手斟了一杯酒,递给张丽华。

张丽华推辞不受,说："皇上只评判我们,自己还未作一首。大家怎么样肯依?"

后主说："也好。只是春光虽美,却哪及我后庭之中的高阁芳林?与这些嫔妃美人相比,更是略逊一筹。我便写一首,以志今日盛会之念。"于是叫人拿来笔墨,写下了一首《玉树后庭花》:

丽宇芳林对高阁,新妆艳质本倾城。

映户凝娇乍不进,出帷含态笑相迎。

妖姬胜似花含露,玉树流光照后庭。

后主写罢,众人都拍掌叫好。张丽华说："皇上这一首《玉树后庭花》,便把我们刚才的曲儿都比成了童谣。这首词如果是谱成曲儿,由宫女来演唱,就更是妙极。"

后主说："这曲便由你来谱,怎样?"

南朝·青瓷烛台

张丽华说："实不相瞒,刚才读皇上的新词,妾心中已有一谱。不如唱给大家听听,看看合适不合适?"

后主说："有歌无舞,如菜少一味。贵妃就且歌且舞一回,怎么样?"

张丽华说："既是皇上下旨,妾还有什么话说?"便叫侍女在地上铺上红毡,在旁边奏起乐来。丽华脱下鞋子,只穿着一双白袜,慢慢走上红毡,便按着乐声的节奏,巧翻彩袖,娇折纤腰,轻轻如彩蝶

穿花，款款似蜻蜓点水。一开始还是乍翱乍翔，不快不慢，后来乐声渐急，她便盘旋不停，一霎时红遮绿掩，就如一片彩云在毡上翻滚，让人眼花缭乱。

张丽华歌舞既罢，喜得后主极口称赞不已，说："贵妃真是多才多艺，技压群芳，我这首《玉树后庭花》竟被你歌舞得淋漓尽致。"

张丽华说："妾哪有这种能耐，此首如果是千名宫女同唱，那才能气势磅礴，尽情尽意。"

后主高兴地说："那好，你就来教后宫中的宫女学唱此曲，定让它千古流芳。"

后主所料不错，一曲《后庭花》果然流传千载，只是人们如果记起此曲的时候，也必忆起后主的奢侈失国的耻辱。唐代诗人刘禹锡有诗感叹说：

台城六代竞豪华，结绮临春事最奢。

万户千门成野草，只缘一曲《后庭花》。

道是辅君却害君

这一天退朝之后，后主又与群臣饮酒赋诗。忽有内侍呈上一道奏章，乃是贵妃丽华所奏。只见章上写：

"妾闻两仪成太极，阴阳相生相克，构成万物，阴阳之道，本是同理。又闻女娲补天，揉土成人，男女本是同根所成，同时而生。既然朝廷之上，不乏文人，难道闺阁之中，就没有才女吗？班昭续写《汉书》，成一代良史；苏氏的回文诗，倡千秋绝调。这本是令巾帼增辉，须眉短气之故事。既然从古就有，难道今天就没有了吗？可是空闺自蔽，美玉韫于盒中；绣户深藏，骊珠埋于涧底。胸罗锦绣，未著芳声；

笔聚云烟，难邀明鉴。纵有经天纬地之才，难酬安邦佐君之志。庶民一百，红袖五十，虽然个个有全心全意报效皇恩的心思，但哪里有什么机会呢？金石被河沙所掩，蛾眉为之痛心，脂粉因之减价。女人无为，不是自己没有才能，而是没有给她们机会呀。皇帝因此而失去了天下一半人的鼎助，妾私下里不禁为之心痛。希望陛下，睿思焕发，圣藻缤纷。弃男尊女卑之遗礼，开一祖同仁之新风。行文制典，兼及红裙；安民平乱，不遗绿鬓。人不论男女，都是帝之子民，使其人尽其才，物尽其用，人人都有机会报效皇恩。庶三千粉黛，争抒风雅之才；与八百衣冠，共佐文明之治。则帝业幸甚，国家幸甚！"

后主览表大悦，其文华丽，其情感人。于是便将表章遍示群臣。众臣自能审时度势，劝皇上应准其所奏。于是发诏于天下，筛选淑女。无论贫富贵贱，只要有才有色，就要报名送进。下面的郡县都争着迎合上意，不到数月，就选出女子数千名，选到都下，齐集午门。

后主与张、孔二妃并坐内殿，亲自试其才色，后主问二妃："如今这么多美女，怎么样才能分出三六九等呢？"

张丽华说："女人优劣，一在其才，一在其色，有才有色者，可封为女学士，伴君佐政；才有余而色不及者，可命为女校书，供笔墨之职；色甚优而才不足者，可以补充到内府之中，让她们习学歌舞。不知皇上意下如何？"

后主说："你说得很有道理。可是美与不美，又以什么为标准呢？"

张丽华说："孔娘娘论此颇有见地，我都是跟她学的。"

于是皇上便请教孔妃。孔妃徐徐说："美，归根结底是一种个性，一种成为其自己的个性。峨峨兮高山，是美；滔滔兮流水，也是美。山成其为山，水成其为水，女人成其为女人，便是美。"

后主说："那么最有女人味的女人便最美了？"

"正是。女人的美，终究是由男人来欣赏的。而男人最欣赏的，正是那种他们自己身上没有的，只有女人才有的东西。"

"女人有什么呢？"

"曲线。女人是由曲线构成的，男人是由折线构成的。那些流畅的线条，就是女人最吸引人的地方。"

"那么，曲线最多的地方岂不就是最迷人的地方？"

"当然。丰臀美腿，削肩细腰，固然有其动人之处。但男人最最关注的部位却只有四处。"

"哪四处？"

"皇上所幸女人甚多，女人的身上何处最富曲线，何处最让人心醉沉迷，皇上不仅心中一清二楚，而且一定非常熟悉这些部位。"

"不错，但我却只能想到三处。"

"皇上所遗漏的一定是女人的脚。脚虽然既不像脸显露于外，又不像某些部位暗隐于私，却也是女人味最浓的部位之一。没有男人会对一双纤细柔和的盈盈欲动的小脚而无动于衷的。"

"你这一说，想起来真是颇有道理。那美丽的脚踝，柔和的足弓，细嫩的皮肉，活泼的脚趾，果然是让人望而生念。为什么女人的脚有这么大魅力呢？"

"医家认为，百脉皆会于足，人体的各个部位，都可以在足底找到其相应的穴位。病从口入，疾自足生，望足可以知人。一双美丽的脚，便是一个美丽的女人的化身。此外，脚对于女人来说有着特殊的意味，碰了女人的手、胸、脸，都可以是事出无意，但是触摸了女人的脚却有着特殊的含义，一个女人如果是允许你摸她的脚，便也是允许你碰她身体的任何一个部位了。所以，许多男女私情都是从桌下摸女人的脚开始的。"

"说得果然精辟入理，可是今日选美也需将这四处一一验看吗？"

"自然不是。我只要上观其面，下看其足，便可定出优劣。至于另外两处，万岁只好另找机会自去验看吧。"

后主哈哈大笑："好！"转身又对丽华说："孔妃已想出选美的办法，选才就要靠你了。"

张丽华说："所谓才，不过三点：一是流畅深刻，闻一知十、滔滔不绝，由表及里，深入精髓；二是灵活变通，举一反三，穷中求变，

学识广博，思路辽阔；三是新颖独创，思人所未曾思，想人所不敢想，标新立异，一鸣惊人。具备这三个条件，便可以称为有才。"

"依你所言，专、博、特便是量才的标尺？"

"皇上果然一针见血，言简意赅。"

"可是这怎么样才能测出呢？"

"才，并不是表现在一首诗、一篇文之中。一个真正有才的人在日常生活中处处洋溢着才气。女人之才，不是在评古论今，谈天说地的长篇大论之中。一件生活中的小事便能折射出一个人的才思。所以由妾来试才，所用的方法却是再简单不过了。"

"妾既不让她对句，也不让她作文，只要随便举出一个常见的事物，让她尽量多地说出这事物都像什么，便能试出她的才气。"

"看似简单容易，实则大有道理。比如问她柳树都像什么，那么可能回答的相像的东西有丝绦、线绳、辫子、扫帚、拂尘、马尾、面条等等。说的越多则思维越敏捷，对事物的感受理解越深。但是仅仅局限在日常生活区域还不够，涉猎的领域越多，越能反映一个人的学识和志趣。说柳像烟像雨像云的人，一定对古诗词很熟悉；说柳像少女像母亲像腰肢的人一定很重人情；说柳像蛇、像蚯蚓、像流水、像瀑布的人一定很爱自然；说柳像将军像勇士的人有斗志；说柳像梦像思绪像离愁的人有情调。如果能想到'柳'与'留'同音，柳像一只挽留友人的手，那么便很深刻了。如果说柳像乌贼的脚，那该是很有独特性。"

于是，三个人便依这两种标准，孔妃选美，丽华读才，后主做最后的评点。虽然美女甚多，但三五日便已选出女学士十几人、女校书几十人，剩下的都充内府。

这一批女子都是些乳莺雏燕，嫩柳新花，一个个穿着轻罗薄纱，打扮得袅袅婷婷。后主见了怎会不心动？此后白天与众嫔妃及女学士游宴赋诗，饮酒作乐，听三千宫女齐唱《玉树后庭花》，到了晚上就选些有容色的少女，尽情享用。谁知精力虚的人，欲火更盛，心中如火焚焚，只恨气力不足，往往是到了关键时候，扫起兴来，无功而返。

后主正为此事烦恼，张丽华让宫女送来一盒丹药，名唤动情丸，有壮阳固精之奇效。后主见那药丸，如有米粒大小，拿在手中坚硬如铁，等放到嘴里，便如一团冰雪，也不用去嚼，就已经香喷喷地化作满口津液，果然是丹药自有妙处。

后主吃了丹药，一时间精神焕发，春兴勃勃，往日的疲倦昏晕早已一扫而光，精神陡长，比平日何止强壮百倍？后主满心欢喜，尽情体验丹药的妙处，不多时已换了十数人。

后主满心欢畅，想要住手，怎奈欲火如焚，情兴勃勃，不能自制。暗想道："今夜全靠药力把持精神，这些少女只能玩玩新鲜，怎能畅其大欲？"于是传旨速叫宣张贵妃。

夜静更深，贵妃已然入梦。听皇上急宣，忙坐起身来，蒙蒙穿上衣服，也来不及收拾，就慌忙来见皇帝。后主见她衣服散乱，云鬓歪斜，一番刚刚睡起的光景，更觉得妩媚撩人。便说："你送来的丹药果然奇效无比，我今夜春兴甚浓，只是这班美人不能尽兴。"

张丽华说："众美人既不能曲慰圣心，妾又有何能？"

后主说："解铃还须系铃人。你送的丹药，必用你才能解的，来，先喝些酒助兴。"

后主连赐三杯，张丽华都饮了，后主自己也喝了一杯，便揽着丽华，解衣登榻。

后主与丽华恣意交欢，尽情受用。收云罢雨，二人便紧紧相拥，交颈而眠。这一觉香香甜甜，直睡到正午才醒。

男人平天下，女人治后宫。张丽华虽然只是身为贵妃，但是却能权倾后宫，把后宫中上至孔娘娘，下至宫女都调理得顺顺服服，实在是一种本事。宫中人对张丽华既敬重又喜欢，因为张丽华能做到的事她们做不到，她们能做到的张丽华又给她们机会去做。

张丽华不想亡国，不想害君，不想把持朝政。她只是个贵妃而已，她只想稳固自己在后宫中的地位，她只想博得皇上的欢心。只是这世间的许多事你不想做却偏偏去做了。

现在后主就要张丽华与他共审奏章。由于后主沉湎于酒色，身体

日渐虚弱，临幸宫女尚有动情丸撑着，处理国家大事却是毫无精神。百官的奏折，都由宦官送进来，后主就把张丽华抱在自己的膝头共同批阅。后主精神倦怠时，便由张丽华捉刀代笔，所有批疏，无所遗漏。自此，朝廷内外一言一事，丽华必先知之。因此后主更加宠幸张丽华。张丽华已羽翼渐丰，冠绝后庭。

可是张丽华毕竟只是个足不出后宫的女人，宫外的世界都是由书籍、奏章上看到的。她不想治天下，她只是想帮后主做点什么，帮他分些忧愁，所以张丽华参政后并无苛政劣绩留于青史。只是宦官却乘机内外勾结，行贿受贿，上谄下横，一时间朝风颓废，纲纪解体，国事日坏。

隋文帝乘机兴兵伐陈。军情飞报入朝，众皆不以为然，只有仆射袁宪请求出兵防御。他对后主说："京口、采石，都是兵家必争的要地。每处需派精兵三千、战船三百艘，沿江上下以为防备。"

后主说："敌军犯境，此乃常事，边城的守将就足以抵挡他们了。要是贸然出动人船，闹得人心惶惶，反而于国不利。"

袁宪又说："这长江天险本是陈国之门户，长江一失，危在旦夕呀。"

后主正要说话，孔范在一旁接言奏说："长江是自古以来的天堑，难道隋军能插翅膀飞过来吗？什么入侵不入侵，这些都是边关守将为了升官封爵而制造的紧张空气。臣也觉得自己的官职不够高，他们这一虚报军情也好，说不定我也能沾光当上领兵的太尉呢。"

后主听了哈哈大笑，"孔尚书说得极是，袁仆射，你不要太多虑了。今天我在后宫刚刚为张贵妃建成一座月宫，大家随我一起去庆贺一番吧。"众臣齐声说好，前后簇拥着后主往后宫而来。

众人来到光昭殿后，只见那里开了一个圆形的门，就像月亮一样，四边都用水晶做成屏障。后庭之中异常的粉素，寥寥几处几凳，都是用大块水晶、寒玉雕琢而成。后庭空空荡荡，只在中间种了一株大桂树，树下放了一个捣药的玉杵臼。杵臼旁边养着一个白色的兔儿。那兔子见了众人，也不惊慌，用一对红宝石般的眼睛望了众人一望，又低下头去自顾吃自己的草。这一种清幽，这一份自然，在富丽堂皇的后宫之中给人以耳目一新的感觉，就像吃腻了荤菜，突然见到一盘青菜一样。众人都为月宫中肃然空静的气氛所感染，一时间鸦雀无声，疑是真的到了广寒仙境。

大家正看着，只见张丽华身披素裳，头梳凌云髻，足穿玉华飞头屐，飘飘然走了出来。一身的缟素长纱，一脸的庄重典雅，与这月宫中的气氛协调一致，融为一体。使人不能不觉得她就是嫦娥。

张丽华见了众人，遥遥一拜，轻声说："各位既然来了，就请到宫中饮些桂花酒吧。"说罢一抬手，一队白衣少女手托着盛满桂花酒的水晶杯走了出来。张丽华亲自接过杯子，一一递给众人。众人心中不由得生出一种神圣、奇妙的感觉。真不知是仙女来到了自己的身边，还是自己走进了仙境。

隋军果然大举南下了，杨广带兵五十万伐陈。大年初一，隋军将领韩擒虎渡过长江。当夜，隋将贺若弼也率军渡江到达采石矶，先后向都城建康进军。隋军渡江的消息送给后主时，后主正在饮酒作乐。他将那文书不拆不阅，丢在床下，又在动情丸的催动下去撩拨床上的美人了。

直到各地十万火急的军情告急文书雪片似的送到后主面前，他才如梦初醒，真的傻了眼。

后主所能依靠的勇将是以骠骑将军萧摩诃为首的一干武官。可是萧摩诃还肯为后主卖命吗？

对任何一个男人来说，戴绿帽子都是一种奇耻大辱，何况这顶绿帽子还是皇上给戴的呢！如今萧摩诃的头上就戴着一顶后主赏给他的绿帽子。

萧摩诃中年丧妻，又续娶了一位夫人任氏，年轻貌美，体态丰腴，老夫少妻，本就潜在着许多危机。那萧摩诃本是一介武夫，对闺房之中的怜香惜玉之事全不懂。任氏又是容颜俏丽，兼能吟诗作赋，自矜才色，心里常觉得不甘心。

女人漂亮不是坏事，有才也不是坏事，但是如果将自己的才色当

成一种资本，来换取自己想要的东西，那就不是什么好事了。想用自己的才色来满足自己的多种需要的女人也算不上好女人。

后主是个惜香怜玉的人，这一点国人都知道。于是任氏便入宫来寻找机会了。任氏先和张丽华结为姊妹，又常常来参加宫中的各种宴会，乘机接近皇上，很快，她就在宫中混得很熟了。

一次，任氏来结绮阁找张丽华时，后主正在张丽华房里，不仅在，而且正忙着。他和张丽华正在接吻。任氏进也不是，退也不是，只好站在那里干看着。

后主和张丽华都已兴奋得出了一身的汗，松开来，彼此相视一笑，会意的眼神中自有万种风情。张丽华眼尖，望见了任氏，忙说："妹妹几时来的？怎么不进来？"

任氏霎时间红了脸，竟像是自己接吻被人家看见一样，不好意思起来，忙施礼说："臣妾参见皇上、娘娘，刚才实在是不好意思。"

张丽华说："妹妹也是过来人，又有什么不好意思的？你回到家中，不也是和萧将军一样的亲热吗？"

任氏说："他是个粗人，哪里及得上皇上这般细腻多情。"说罢拿眼偷偷地瞟了一眼皇上。皇上一直拿眼睛望着这个艳丽的少妇，见她顾盼间颇有情韵，便说："这么漂亮的娘子，萧将军不知体贴岂不太可怜。看来我得教他一教了。"

任氏说："有些事又岂是别人能教会的。张姐姐真是有福分。我如果是遇见皇上这样的人，便死了也心甘了。"

张丽华说："妹妹如此说，我们便换一换，看你心甘不心甘。"

三人说笑了一阵，后主便叫人摆上酒宴，对饮起来。三个人你一杯，我一盏，殷勤相劝，不多时已是酒兴酣然。后主与任氏乃是君臣身份，又有张丽华在侧，任氏不敢造次，只东一句西一句说些无聊的话。任氏拿眼睛偷偷地看着后主，见他生得果然是风流倜傥，潇洒非常，倾慕之情油然而生。眼神间似嗔又喜，频频自后主脸上闪过。

那后主在脂粉钗裙中长大，怎能不明其意？当下心中痒痒，不知怎样下手。忽然心生一计，故意将筷子碰到地上，弯腰去捡时，用

手摸到了任氏的一只小脚，隔着绣鞋，轻轻地捏了捏，那脚也不回避。后主心中大喜，回到桌面上再看任氏时，只见她略低着头，抬眼望了后主一下，又垂下眼帘，抿嘴嫣然一笑。

于是后主对张丽华说："你们先喝，我去换件衣服就来。"说着又望了一眼任氏，就走了出去。

任氏举杯，又劝张丽华。张丽华喝了一口，以手支额说："我喝多了。"便转身倚在榻上，昏昏欲睡。

任氏便说："姐姐好好休息，我再去望仙阁看看孔贵妃。"张丽华"嗯"了两声，也不答话。于是任氏便起身出来。

走不多远，正见后主迎面而来，忙拜伏在地见礼。后主笑嘻嘻地走近，以手相扶说："夫人既与贵妃结为姊妹，便是我的小姨子，何必行此大礼呢？"

任氏刚刚站起，后主便挽住她的玉手，拉了她便走。任氏心中怦怦乱跳，跟着皇帝来到一间内室。后主拉了她在床边坐下，对她柔声说："我已倾慕你很久了，今天才能如愿和你在一起。"

任氏含羞低首，悄声说："妾非草木，知皇上之恩，只怕残体有污圣名。"

后主早已按捺不住，便将任氏拥在怀里，在她的耳边说："朕要幸你。"

任氏笑着说："不行。"但她芳心早动，没有半点相拒之意，任后主摆布，绝不作难。翻云覆雨，笑语盈盈。

其实宫中美女如云，任氏未必就出众卓群。只是妻不如妾，妾不如偷。后主与大臣的妻子偷情，更是别有一番趣味。

良久事毕，各自整衣而起。二人一出房门，只见张丽华正站在门外，脸上哪有一丝醉态？

当时任氏鬓乱钗斜、娇羞满面，见了张丽华，只说是来兴师问罪，哪里还能抬得起头来？忙拜倒下去，口里说："臣妾对不起姐姐，万望恕罪。"后主在一旁也是尴尬无措，不知该说什么好。虽是一国之君，但也像一个刚做错事的孩子似的，不敢正视张丽华的目光。

张丽华见了微微一笑，扶起任氏，说："这是皇上该享风流之福，因此才遇到了妹妹。妹妹能曲体圣意，让皇上高兴，便是结绮阁的功臣了。非但无过，反而有功呢。"

二人听了大喜，如获大赦。任氏说："姐姐真是宽洪厚量，待小妹情深似海。"后主也在一旁说："我在宫中能体味做皇上的快乐，也全赖张贵妃之不妒。"

张丽华说："皇上又不是我一个人的，怎么敢独占？只说是：君若怜时莫要偏，花也堪怜，叶也堪怜。情禽不独是双鸳，莺也翩跹，燕也翩跹。皇上给别人快乐时，也能记挂些我们姐妹，也就知足了。"又拉住任氏的手，对后主说："任妹妹便如我的亲妹妹一般，这样美丽的可人，皇上如果只做过一次就抛在脑后，我可不依。"

几句话说得那两个人心中暖烘烘的，对张丽华感激得要死。后主连声应说："岂敢、岂敢。"

于是张丽华领任氏到房中重新梳妆打扮，画眉点唇，焕然一新。在结绮阁中再开筵宴，庆祝后主与任氏合欢。

第二天，任氏告辞，后主还是恋恋不舍，想要留住，又恐引起众人非议，便作了一首小词《鹊桥仙》，送给任氏，以订后会之期。其词曰：

雕栏掩映，花枝低亚，玉立婷婷如画。巫山十二碧峰头，喜片刻雨沾云惹。相逢似梦，相知如旧，一点柔情非假。风流况味两心同，愿无忘今夜。

任氏也擅吟诗赋词，今日喜上眉梢，心神激荡，怎能不留诗以记恩幸，当下也答了一首《蝶恋花》：

满苑娇花人似醉，芳草情多，也是蒙苔砌。多谢春风能做美，一番浓露和烟翠。一霎匆匆罗帐里，聚出无心，散却偏容易。窗外柳丝阑上倚，依依似把柔情系。

张丽华见了，不胜叹赏说："皇上天纵之才，妹妹闺中之秀，然而却都是情深意切之人啊。"张丽华的这种不妒的本事，真是一般女人难以做到的。

此后任氏常常入宫留宿过夜，对萧摩诃只说是被张丽华留住，不肯放归。萧摩诃以为是真，也不十分追问。可是久而久之，风声渐露，才知其与后主有奸，勃然大怒，仰天长叹说："我为国家拼死拼活，苦征恶战，立下无数的功劳，才得以打成天下。可是皇上竟然不顾纲常名分，奸污我妻子，玷辱我门风，叫我还有什么脸面立于朝廷！"可是对方是当今皇上，他又能怎样？只是把这忠君为国的心肠，先冷了一半。

魂断青溪终成忆

韩擒虎和贺若弼分南北两路，渡江之后，势如破竹，长驱直入，很快贺若弼进据钟山，韩擒虎屯兵新林，京城形势岌岌可危。

后主急召萧摩诃、任忠、孔范等商议。当下三人分兵三路，来战隋军。孔范全凭一张嘴献媚取宠，临阵全无所用，与贺若弼一交锋就全面溃败，死伤无数。隋军乘胜追击，正遇萧摩诃。萧摩诃因后主私通其妻，心中一直耿耿于怀，全无战意，很快就兵败被擒。贺若弼让推出斩首，萧摩诃神色自若，全无惧意，贺若弼见了心生敬意，便亲自为其松绑，待为上宾，于是萧摩诃就投降了隋军。

任忠飞马回报后主，说陈军大败，怎么办才好？后主说："重赏之下，必有勇夫。"便叫人抬出两担黄金，让任忠招募人马出战。任忠说："皇上放心，臣一定以死卫君。"又上马而出。任忠此时心中已怀叛意，当下飞马出城，正遇见韩擒虎大军杀来，便下马请降。

隋军由任忠带路，哪个还能抵抗？隋军直入朱雀门，向皇宫扑来。

张丽华和孔贵妃正在临春阁陪着后主。后主到了这个时候，早已吓得六神无主，只知道哭泣不已。张丽华和孔妃只有像哄孩子一样劝慰他，说一些宽心的话。

正在这时，仆射袁宪急急而入，报告后主说："隋军已攻破城门，向皇宫杀过来了。"

后主抬头四顾，四周只剩这四五个人，知道大势已去，便长叹一声，对袁宪说："我平日对你并不及对别人好，现在别人都走了，只有你还留在我的身边。真是不遇岁寒焉知松柏之后凋也！唉，是我无德，也是江东的气数已尽啊。走吧，咱们也去躲一躲吧。"

袁宪说："隋军进宫，也不会乱杀乱砍，如今大势已去，逃又能逃到哪儿去呢？想当年梁武帝被侯景所破，便正衣冠，坐正殿以迎敌军。皇上不如仿效梁武帝故事，也不丢陈国君王的面子啊。"

后主说："刀剑之下，怎么可以儿戏？到了这个时候，保命要紧，还顾什么面子不面子？我自有办法。"于是不顾袁宪劝阻，带领几个嫔妃，下楼直奔后堂景阳殿，想要投于姻脂井中。袁宪见了，急赶上去，用身子盖住井口，不让后主下去。后主叫众妃把袁宪拖开，便纵身跳了下去。张丽华和孔贵妃见了，也相继跟着跳下。袁宪无奈，大哭而去。

隋军入宫，寻不见后主，便抓住一个内侍，逼问后主下落。内侍指着井说："在井里。"

众人走到井口，向下望去，只见漆黑一片，什么也看不清，连叫了几声，下面也没有声音。于是众人喊道："再不吭声就往下扔石头了。"才听到下面有人慌张答道："别扔，别扔。"于是拿来一根绳子，向井里喊道："你抓住绳子，我们把你拉上来。"两个士兵拉了几拉，也拉不动，嘀咕说："这陈后主怎么这么沉？"于是又加上三五个人，才把绳子拉上来。拉上一看，绳子的那头原来拴着后主与张、孔二妃三个人。大家见了，不觉哄然而笑。

后主和张、孔二妃被软禁在德教殿。

后主在屋里坐卧不宁，心绪烦乱。张丽华问道："如今时局已定，

无可挽回，皇上还有什么放心不下的？"

后主说："隋文帝当年将宇文氏一家满门抄斩，杀尽九族，极其狠毒。等我们见文帝，恐怕就没有性命在了。"

张丽华说："我猜，隋文帝绝不会伤害于你。"

"为什么？"

"因为当初杀宇文氏时，他羽翼未丰，根基未定，一有异己，定然斩草除根，永绝后患。可是今天隋文帝四海皆平，高枕无忧，已经无所顾忌。我们对他已构不成威胁。他不杀我们正能展示他的恩德，以使民心归附。"

"隋文帝要像你这样想就好了。"

"他如果想不到这一点，又怎么能统一全国呢？只是我们归附以后，要想保住性命，就不得不委曲求全。饮酒作诗，游玩享乐，可能于治国不利，但是却可以保全性命。万望皇帝谨记。"

"张贵妃真是考虑得周全。"

"我还听说晋王杨广生性好美色，此次他率军出征，大获全胜，自然又在朝中多了一分权力，只怕将来太子杨勇斗他不过。我如果有机会，一定效仿前朝的西施、貂蝉，把隋家的天下闹个地覆天翻，以雪今日之仇。"

"贵妃豪气不让须眉，只怕我们永无翻身的机会了。"

正说着，有人来召张丽华。张丽华说："为什么单召我一个？"

来人说："晋王派特使来专召张贵妃。"

张丽华回身握住后主的手说："妾这一去，恐怕就不能回来了。请皇上保重龙体，忍辱负重。妾这次如果能侥幸不死，将来我们重逢之时，就是我们出头之日。丽华生是陈国人，死是陈国鬼，如果不成功，一定以死报皇上之恩。"说罢跪倒在地，向后主行三拜九叩大礼。后主见了，不禁泪如雨下。张丽华起来又拜了孔妃，对她说："皇上就全赖师傅照顾了。"说罢就随着来人出去了。那神态就如出征的将士，又如临刑的好汉，刚果毅然。

张丽华来到大殿，见堂上坐着一个干瘦的老头，便上前盈盈拜说：

"妾张丽华参见大人。"

老头斜着眼睛望了张丽华好一会儿，微微点了点头，说："果然是美艳风流，名不虚传。怪不得陈国亡在了你的手上。"

张丽华说："胜者王侯败者寇。陈兵败国亡，天道使然。妾之功过，不用你来评说。"

"为了讨你欢心，后主筑起三座高阁，浪费了多少资财？为了博你一笑，后主沉湎于声色，不理朝政，忠奸不分。这亡国之责，你还不肯承认吗？"

"陈之亡国，妾实痛惜。只是大人既是隋国大臣，就该为灭陈而高兴，你却为之惺惺相惜，不知你对隋国有什么居心？"

"我是隋国开国之臣，对隋国忠心无二，自然是希望隋国不要像陈那样亡在女人的手上。"

"你受命前来召我，自然不是让你来指责我的是非。"

"不错。晋王令我为特使专来召你进见。听说你一曲《玉树后庭花》倾国倾城，不妨就在这里跳上一曲，让我们开开眼界。"

"妾虽亡国之妇，却也曾身为贵妃，不容他人戏弄。"

"这就由不得你了。"

"可是，晋王如果知道了，一定不希望你如此欺侮一个弱女子。"

"你不要拿晋王来压我。晋王也要让我几分。你自信你一定能见到晋王吗？"

"怎么？难道你还敢行凶不成？"

"你虽然美艳如花，却迷惑不了我。姜太公蒙面斩妲己，我怎能留你来乱我大隋？"

张丽华冷笑说："只怕你无此胆量。"

"只因为你不知道我是谁。我曾经连杀美女十名，怎么会杀不了你？"

"难道，难道你是高颎？"

"不错。老臣平生最恨女人，也深知女人是祸水这个道理。所以，绝不能留人祸国。"

"你不怕晋王怪罪？"

"老臣为大隋江山着想，心中无愧。就是皇上怪我，我也不怕。"

"我和你远日无冤，近日无仇，你怎能对我如此狠心？"

"我本无心杀你，只是你长得太漂亮，人又太聪明。晋王如果得了你，恐怕大隋的江山就永无宁日了。今日如果不杀你，恐怕以后就再没有机会了。因为这世上能杀你的人本就不多。"

"确实不多，因为他们太惜香怜玉，不忍下手。"

"但是我忍心，看到这么美的一个人死在我的剑下，我会感到很兴奋。因为我好久都没有杀这么漂亮的女人了。"

"你一定是个变态狂。"

"随你怎么说。"

"晋王一定不会放过你的。"

"别说那么多废话了。快想一想自己会怎么死吧！"

"我可以选择吗？"

"地点你可以选。但是死法只有一种，那就是我要亲手用剑杀了你，我亲眼看见那血是怎样从你美丽的颈子里流出来。"

"好吧。"张丽华知道今日难逃劫数，反而镇定下来，"我要死在青溪桥畔。我死后，请你把我的尸首扔进青溪水中。那里是我出生的地方，也是我的归宿。"

"好，在一个美丽的地方杀一个美丽的女人是一件美丽的事儿。当我确认你死了，就会把你的尸体扔进水里。"

张丽华把头转向窗外，夕阳西照，为大地镀上了一层金黄色，又是一个美丽的季节。回想起自己的一生，真的很可笑。人，只有在临死的时候，才能真正明白什么叫作生命；才知道，人的一生本可以不这样活。我们以前看得很重的东西其实并不重要，人的一生不过是一个编织得很美丽的谎言。

想到这里，张丽华不禁暗自笑了一下，回过头对高颎说："走吧。"

晋王杨广这次统军出征，一路势如破竹，大获全胜，终于攻破了

建康，捉住了陈后主，完成了大隋的统一大业。这一份功劳自然让杨广飘飘然，喜不自禁。

杨广此次请求带兵有两个目的：一来乘机扩充自己的实力和威望，以便将来和太子杨勇一争天下；二来久闻陈后主有一贵妃张丽华，才色双绝，倾国倾城，破了陈国，这张丽华自然就归自己所有。所以隋军一入建康，杨广就派左仆射元帅长史高颎为特使，专程去接张丽华，并且特意嘱咐高颎，一定要保护好张贵妃。

高颎走后，杨广便叫了一壶酒，在自己的房中边喝边等。可是看看天色将晚，高颎还不回来。杨广心中焦闷，又多喝了几杯，有些晕晕然。但他也不肯去睡，便倚在桌边，恍恍惚惚地望着门口，只等着张丽华的到来。

不多时，只听门外有人禀告，说高将军已将张贵妃带来了。杨广忙说："快叫她进来。"

门儿一开，走进一个一身白衣的女子，只见她生得花嫣柳媚，雪貌脂凝，韵度十分俊俏。

杨广见此女生得美丽非常，便目不转睛，看了半晌。那女子一笑说："晋王不认得丽华，丽华却认得晋王。"

杨广惊说："张贵妃果然天生丽质，名不虚传。"

"亡国之女，哪有颜色？陈国因我而亡，心中已觉惭愧。"

"张贵妃说的哪里话，国家兴亡，大势所趋。后主不迷恋你，自会迷恋他人。我不灭陈，自会有人灭陈。岂在一人一事？"

"晋王识大理，知大道，这隋家天下，将来定是你的。"

"不敢，朝中已有太子，怎能轮得上我？"

"晋王此次出征，难道没有扩充自己实力的意思吗？"

杨广大惊："贵妃真是洞若观火。你看我能成功吗？"

"自古有勇有谋者得天下，晋王有如此心机，怎会不成功？只是这天下得来容易失去也容易。"

"怎见得？"

"你同后主一样，也是个风流才子，而且有过之而无不及，后主保不住的东西，你怎么能保住？"

杨广哈哈大笑，"那贵妃就同我也风流一回怎么样？"

"妾就是心有此意，恐怕也身不由己了。"

"为什么呢？"

"因为我的身体已被高颎扔下了青溪桥，你怎么能得到呢？"

"那你这是……"

"你所见到的不过是我的魂魄，不信你摸摸看。"

杨广抬手往张丽华身上一摸，明明摸到了，手上却毫无感觉，空空无物，忙问："我明明嘱咐高颎好好保护你，他怎么会杀你？"

"这就是你选人不当了。"

"我之所以叫高颎去接你，一是因为他是忠君的老臣，二是因为他不近女色。"

"正是这两点要了我的命。正是因为他是忠君的老臣，才敢违抗命令，怕我断送君王的社稷，才敢杀我，正是因为他憎恨女人，所以才视我如祸水，不除不以为快。"

"如此是我害了贵妃。"

"生死有命，富贵在天。只是我与晋王命中无缘。"说着不禁垂下泪来。

杨广恨恨地说："古人云：无德不报。我自有报答高颎的那天。"再看张丽华，只见不断流下的泪水已渐渐模糊了她的脸，模糊了她的身子，终于化作一团白雾，淡淡散去。

"张丽华，张贵妃。"杨广叫了两声，突然惊醒过来，原来是一场梦。

杨广正在想着梦中的事儿是真是假，突然门外一阵嘈杂，一个苍老的声音在门外说："老臣高颎向晋王请罪。"

第 八 章

一代女皇，功过参半
——武则天

　　武则天（624—705），原名武照，并州文水人(今山西文水县)。自幼好学，精通文史，熟谙艺术，尤其爱好书法，且才貌过人，是中国历史上唯一一个正统的女皇帝，也是即位年龄最大的皇帝（67岁即位），又是寿命最长的皇帝之一（终年82岁）。后自立为武周皇帝（690—705），改国号"唐"为"周"，定都洛阳，并号其为"神都"。史称"武周"或"南周"，705年退位。退位后中宗上尊号"则天大圣皇帝"。武则天也是一位女诗人和政治家。她实际执政50年。半个世纪中，她雄心勃勃、披荆斩棘，可谓一代风云人物。

心机颇深登凤位

武则天，并州文水人（今山西文水县）。其父武士彟，为一木材巨商。隋朝大业十三年（公元617年），他曾帮助李渊从太原起兵，攻克长安，建立了唐王朝。于是他从地主富商走上政治舞台，官至兵部尚书，封应国公。武士彟前后娶过两个妻子，先娶相里氏，后娶杨氏，生了三个女儿，武则天就是杨氏所生的第二个女儿。

武则天的原名叫武照，在一些元老旧臣看来，"照"字不是一个女子之名，疑她有野心，便想替她另取名字，后来高宗多病，武照理政，自认为执政以来天下太平，海内富庶，功绩如同日月，就干脆改"照"为"（曌）"了，从此，武照就写成武（曌）了。则天是她称帝后的尊号。

武则天自幼好学，精通文史，熟谙艺术，尤其爱好书法，且才貌过人。当她14岁时，已成为一个博学多艺容貌盖世的才女。在唐宫纳妃之际，被唐太宗选入宫中立为才女，赐号"武媚"。入宫后，武媚由于其巧惠和龙章凤姿的体态，博得太宗的宠爱。贞观二十三年，太宗驾崩，未生子女的嫔妃们不能在宫中寡居，武则天被送到感业寺削发为尼，时年26岁。

继太宗帝位的是高宗李治。李治做太子的时候，曾经和武则天有一段暧昧关系。武则天出家为尼，李治念念不忘。在太宗逝世周年的时候，李治借口纪念父亲去感业寺行香，见了武则天，两人相对哭泣。此事传到皇后王氏那里。王皇后不仅没有吃醋，反而觉得有机可乘，可以利用武氏来达到削弱情敌的目的。于是，她暗中令武氏蓄发，准备迎其入宫。

原来王皇后和萧淑妃在高宗面前争宠，萧淑妃占了上风，因此王皇后想拉拢武则天，共同对付萧淑妃。

武则天第二次进宫，深知王皇后的用意，遂对她卑躬屈膝，百依百顺。而王皇后也愈来愈感到武氏是可用之人，从而就不断在高宗面前替武氏美言。武则天因此就越来越受到高宗的宠爱了。不久，高宗册封她为"昭仪"。昭仪是正二品，比原来的四品才人高了两级。

武则天得宠，王皇后与萧淑妃都遭冷遇。无可奈何，王、萧又联合起来，共同对付武则天。武则天为了争取更高的政治地位，唯我独尊，千方百计地发展势力，把宫中一切与王、萧不和的人都拉拢过来，使这些人充当她的耳目。为了促使高宗废掉王皇后，她竟把自己的亲生女儿掐死，嫁祸王皇后。

永徽六年十月，高宗下诏，废王皇后、萧淑妃为庶人。在一些投其所好的官员们的要求下，高宗正式下诏，立武则天为皇后。武则天终于如愿以偿，戴上了皇后的桂冠。但是，她的政敌还在，王、萧虽然被废，囚于别院，但如果高宗改变主意，王、萧很有可能东山再起，因此，她时刻想斩草除根。后来，终于找到借口，对王、萧各杖一百，然后砍去手足，扔在酒瓮中致死。

武则天

武则天还有一个心腹大患，就是太子李忠。王皇后被废，李忠还是太子。于是，在武则天的授意下，许敬宗等人竭力主张改立武则天的儿子李弘为太子。李忠失去太子的地位，终日惶恐不安，经常男扮女装，以防被人刺杀。显庆五年，又被废为庶人，流放黔州（今四川彭水）。公元644年，年仅24岁的李忠，被赐死于黔州。武则天最后一个心腹大患被除掉了。

千古女皇显韬略

显庆五年以后，高宗经常头晕目眩，难以处理政务，武则天就乘机插手政治，开始参与国家大事。高宗所作所为，往往受到她的牵制。至高无上的皇帝，在其不能为所欲为的时候，当然是不胜其忿的。他很快密召宰相上官仪商议对策。上官仪认为武则天专横跋扈，请求废黜。高宗遂命上官仪起草废皇后诏书。武后得知后，主动到高宗面前申辩，情理兼施，反使高宗感到羞愧万分。结果，上官仪下狱而死。上官庭芝与王伏胜皆被杀，李申也是以此罪名被赐死的。朝中官员，凡与上官仪有关者，非流则贬，牵连的人很多。"自是，上每视事，武后垂帘于后，政无大小，皆与闻之。天下大权悉归宫中，黜陟生杀，决于其口，天子拱手而已，中外谓之二圣。"名义上为"二圣"，实际上武后已成为一国之王，无能的高宗唯有诺诺听命而已。

武则天建议高宗设置北门学士。北门学士的任务是协助皇帝处理政务与各种表疏，其目的是削弱宰相的权力。因为北门学士直接参与国家政事，故武则天掌握他们就更有利于参政。另外，武则天根据政治需要安排北门学士为其撰写群书。元万顷、刘祎之、范履冰、苗神客、周思茂、胡楚宾等人都是北门学士的重要成员，他们先后编撰了《列女传》《臣规》《百僚新戒》等1000多卷。

废立太子问题，也由武则天决定。李弘被立为太子后，仁慈谦恭，甚得高宗喜欢。但是，这位年轻的太子爱管闲事，肯说公道话，因而得罪了武则天。萧淑妃的两个女儿义阳公主与宣城公主，因受萧淑妃的牵连，30多岁尚未出嫁。李弘非常同情这两位老姑娘，遂奏请高宗，准允其结婚。高宗同意了。不料，此事触怒了武则天，她立即把这两

位公主配给地位很低的卫士。不久,合璧宫传出太子死亡的消息。李弘死后,立雍王李贤为太子。永隆元年,又废太子李贤为庶人,后被流放巴州(今四川巴中),被迫自杀。下一位太子李哲(显),也是武则天所生。如果说废李忠是因为非己所生、毫无骨肉之情的话,那么,废立她的亲生儿子李弘、李贤、李哲,就只能说是政治斗争的需要了。对武则天来说,不管谁当太子,必须唯命是从,这充分说明武则天已经真正掌握实权了。

弘道元年(683年)十二月,高宗病死,中宗(李哲)即位,尊武则天为皇太后,实际上一切政事都由武则天定夺,中宗只是一个傀儡皇帝。第二年,武后废中宗,另立第四子李旦为帝,是为睿宗,国政仍由她独掌。

天授元年(690年),侍御史傅游艺联合900余人上表,请求改唐为周,武则天对傅游艺升官褒奖,接着就是百官及帝室宗亲、远近百姓、四夷酋长、沙门、道士共6万余人上表支持傅游艺的请求。睿宗眼看大势所趋,也上表自请赐姓武氏。武则天感到时机成熟,遂即登上则天门楼,宣布大赦天下,改唐为周。自己又加尊号称"圣神皇帝",把睿宗改称皇嗣,赐其姓武,并立武氏七庙于神都。这一切说明武则天已经成为史无前例的女皇。

武则天当政50年,作为一代女皇确实表现出巾帼英杰的才能。

第一,推行政治改革。

她利用权、术、势的威力,打破关陇士族控制政权的局面,引用寒门地主参加政权。武则天明白,关陇士族集团是她施政的极大障碍,不铲除自己的政敌,就有遭到政敌暗算的危险。她借李义府、许敬宗等人的吏部职权,首先以谋反罪名把长孙无忌流放黔州,迫令其自杀。然后又把褚遂良贬官爱州、韩瑗贬官振州,让他们远离朝廷,无法干预朝政。高宗死后,武后直接临朝听政,引起唐宗室及旧势力的愤怒和骚乱。他们扬言女人祸国,自古无制,不可为君。接着柳州司马徐敬业、琅琊王李冲、越王李贞等,串通宫廷守旧势力,以拥护唐中宗复位为号召,先后起兵反武,不到两个月即被武则天平息。凡与叛乱有牵连的皇族及朝臣，均被铲除。公元 697 年，武则天又借箕州刺史刘思礼及洛州录事参军綦连耀谋反案，捕杀宰相李元素、孙元亨等 36 位"海内名士"，为此案连坐而被流放者达千人之众。

为了彻底解除肘腋之患，她于朝堂置铜匦四个。其中一个专门收告密文函。她奖励奴婢告发主子的不轨行为，凡被告者都要拘禁审查。与此同时，她重用了酷吏来俊臣、索元礼、周兴等 23 人，专办"谋反大案"。这些酷吏受武则天示意，制造了种种残酷刑具，如驴儿拔橛、夜叉望海等，使犯人望而生畏，未刑自招，然后广加株连。经过这些镇压措施，皇族贵戚被杀者数百人，大臣数百家，株连的州牧刺史、良将胥吏不可胜数。一时酷吏恣横，为官者"人人自危，相见莫敢交言，道路以目示意"。

第二，开放政权，让更多中小地主参政。

高宗在世时，她通过高宗下诏，首先改《氏族志》为《姓氏录》，将五品以上官"皆升士流"。这样，因军功授五品衔的军士都破格升级，为巩固政权奠定了基础。

开放政权的另一措施是科举选官。通过科举把大批寒门士子吸收进来，充当各级政府的官吏。可以说是"不惜爵位，以笼四方豪杰自助"。武则天当政期间，中国的科举制度有了新的发展。

科举中，也有不少纨绔子弟"手不把笔，即送东司；眼不识文，被举南馆"。科场舞弊之事时有发生。据此，大臣李文诚上奏直言："科场贿货纵横，赃污浪藉"，"吏部选人多不实"，呼吁朝廷采取措施制止。武则天阅后，立即降旨，让殿试进士在考卷上写好姓名后，"自糊其名"，通过暗考以定等第。这就是武则天所开创的"糊名试卷"制度。

进士科是新官僚的主要来源，事关政治的廉洁。为此，武则天亲自测试贡士，从而开创了殿试制度。另外，她还首创武举制，通过校场比武选拔武官，肃宗时的大将郭子仪就是武举出身。此制一直延续到清朝。她通过常举、武举、殿试，选拔了大批名副其实的文官武将，为国家的兴旺发达储备了人才力量。公元 676 年，武则天发现岭南诸

州都督府奏报，所选官吏有不妥之处，随即降旨：自后四年一选，由中央派"选补使"和御使同赴岭南选官。这就是"南选"。这个制度不仅选拔了有真才实学的人才，也加强了中央对岭南的控制。

对基层政权开放的另一措施是，允许九品以上的低级官吏和无功名的中小地主知识分子，自我推荐，表明可任官职，以免埋没人才。这可是历史上罕见的选官方式，说明了武则天治国的胆识。朝堂所置四匦，其中就有"延恩"匦。她诏令普通胥吏可将自身才干如实向朝廷自举，也允许别人向皇帝推荐天下贤士。

第三，吏治比较清明。

武则天选官虽滥，但对官吏要求甚严。委任官吏时，严禁一些酒囊饭袋之徒滥竽充数，经考察为民所拥戴者，方可破格晋升。"若为政苛暴，户口流移"者，定要贬官或解职。

这里特别应当提到的是武则天对亲近人的妥善控制。她有不少亲人和宠臣，如爱女太平公主、侄儿武三思、武承嗣，内宠冯怀义、张易之、张昌宗等，都不给重权，这样就限制了他们的不法行为。一次，冯怀义在内宫放肆，被宰相苏良嗣遇见打了嘴巴。冯跑到武则天面前告御状，武则天不仅训斥他放荡不羁，还令他向宰相赔罪。后来，冯怀义屡犯朝规，武则天不以私情庇护，把他交刑部杀掉了。武则天的大义凛然，在古代帝王中还是少见的。她重用酷吏，是为了打击她的政敌，但决不姑息养奸，让酷吏滥杀无辜。在稳定政权以后，便处死了民愤极大的来俊臣、索元礼，又流放了周兴等人。

第四，重视农业生产。

早在立后时，武则天就曾向高宗"建言十二事"，主张劝农桑、薄赋役、息兵减战、提拔低级官吏、广言路、杜谗言、以道德化天下等。为政以后，她规定：凡州县必须"四畴垦辟，家有余粮"，地方官方能升奖；如"为政苛暴，户口流移"，地方官必受惩罚。由于她立足农业，因而在武则天时代，社会经济继续发展，户口由唐太宗时代的380万户，增加到615万户。她发展了"贞观之治"，又为唐玄宗的"开元盛世"奠定了基础。

第五，纳谏大有太宗之风。

武则天虽然无情地镇压了自己的政敌，但并未因此堵塞言路。有人赞她纳谏大有太宗之风，此言并不过分。博士苏安桓曾投匦上书，要女皇让位太子，并批评她贪位不让。这种意见是苛刻的，按照封建制，苏安桓有杀头之罪，但女皇特地召见他，请他吃饭，赞赏他的胆量，并不怪罪，其胸怀可谓博大了。有人进谏，请求罢告密之风，宽平刑罚，得到她的准奏。监察御史上奏，请求把来俊臣所兴大狱进行复审，武则天采纳了，立即着人审理。结果使许多冤案得以平反。公元 703 年，有大臣建议政府向百姓征收关市税，武则天想批准，凤阁舍人崔融立即上书，陈述免征理由，她听后认为有理，免行此议。由此可见，武则天绝不是一个刚愎自用、听不进半点意见的独裁者。

是非功过后人评

武则天曾是唐太宗的才人、唐高宗的皇后，是李氏之妇，武氏之女。所以她尽管登上了皇帝的宝座，但不能像男皇帝那样，按照武氏世系传授帝位。在中国封建社会里，男尊女卑、夫为妻纲是天经地义的，她无法改变以男子为中心的帝位继承制度。因而，在她准备做皇帝和做了皇帝以后，就招架不住来自这方面的攻击。

在各方面的压力下，武则天不得不于圣历元年立庐陵王李显为太子，第二年以皇嗣李旦为相王。但由于女皇帝的特殊地位以及错综复杂的社会矛盾，决定了她不能径直前进，既立李显为太子，不久又赐其姓武。这种奇怪的现象，反映了武则天既无力前进，又不愿后退的矛盾。武则天担心将来太子与诸武不能相容，遂于圣历二年命太子、相王与太平公主、武攸暨（武则天侄孙，太平公主夫）等，共为誓文，

铭之铁券，以示永远和好，其实，这不过是自我安慰而已。

武则天晚年，其男宠张易之、张昌宗颇有权势。神龙元年（705年）正月，武则天病重，二张仍然狐假虎威，独断专行。反对派既然不能采取和平方式使武则天除掉二张，使中宗复位，就只有采取武力手段了。参与宫廷政变的主要成员有：宰相张柬之、崔玄玮，司刑少卿桓彦范、袁恕己等。经过密谋策划，拥兵入宫，杀掉二张，迫使武则天传位给太子。于是，中宗又一次当上皇帝，尊武则天为"则天大圣皇帝"，复国号曰唐，改神都为东都。

无字碑

神龙元年十一月，武则天死于洛阳，享年82岁。她在临终遗制中表示："去帝号，称则天大圣皇后。"她由皇后而皇帝，又由皇帝而皇后。这个自我否定的过程，标志着她冲破重重障碍，以胜利者的姿态，开创了妇女做皇帝的先例；但由于她甩不开以男子为中心的帝王继承制的制约，摆脱不了男尊女卑思想的束缚，最后又以失败者的姿态退出历史舞台。事实告诉人们，个人的才智可以创造历史上的奇迹，但不能超出历史条件所许可的范围。

武则天当政50年，政治比较清明。百姓立足生产，勤奋耕织，安居乐业。大唐帝国在她的统治下，政治、经济、文化都出现了历史上少见的繁荣昌盛局面。在边防上，她曾出兵抵御吐蕃贵族的骚扰，收复安西四镇，维护了祖国的统一，符合人民的愿望。

武则天执政时期，人才济济，名相辈出：魏元忠以廷辩闻名；狄仁杰以忠直著称；张柬之以贤良著称；唐玄宗时的名相姚崇、宋璟，以及娄师德、郭震、张九龄、张说、苏定方、裴行俭、刘知几、贺知章等著名贤才，都是武则天时代培养出来的人才。她的选官任贤、有才自举的政策，对一个封建君王来说是难能可贵的。

自汉代以来，虽有"君权神授"之说，但武则天毕竟是人不是神，其行为处事不能完全符合本朝百姓的利益。有史以来的帝王，都有其残忍、荒淫、奢侈、腐朽的阴暗面，这是由其阶级本性所决定的，武则天也不例外：她重用酷吏，造成许多冤假错案；她放手择官，又使官僚机构臃肿庞大；她佯称弥勒降生做人间之主，大崇佛祖、大修寺院，役使数万劳工为她造"天堂"建"天枢"，以铭功纪德；又敛民间农具熔铸九鼎等，劳民伤财。但她有"涉猎文史"的功底，有借鉴历史的能力，有非凡的才华，因此，能较多地代表中小地主阶级及百姓的利益，她比关陇贵族集团垄断国家政治要好得多。

也有人认为她嬖养男宠、生活放荡、淫乱宫廷，影响不好。可是翻阅中国的历史，哪个帝王没有庞大的后宫?汉元帝有佳丽3000；东吴孙皓有后宫5000；晋武帝的后妃超过万人；后赵皇帝石虎，宫妃多达10万之众等等。因此作为一国之君的武则天，也没有脱离帝王奢靡生活的轨迹。总而言之，武则天可称是一位杰出的女皇，对推动历史的发展起过进步作用。

第 九 章

旷世才女，无德薄命
——上官昭容

上官昭容又称上官婉儿（664—710），陕州陕县（今属河南三门峡）人。唐代女官、女诗人、唐中宗昭容。上官仪孙女。十四岁时，即为武则天掌文诰。唐中宗时，封为昭容。曾建议扩大书馆，增设学士。代朝廷品评天下诗文，一时词臣多集其门。得势后，其词风空洞无物，奢华菱靡，逐渐堕落，淫乱放荡，后陷入政争。终在临淄王（即唐玄宗）起兵发动唐隆政变中，与韦后同时被杀。

祖上蒙难艺早成

上官婉儿（664—710），陕州陕县（今河南三门峡）人。其父是上官庭芝；其祖父上官仪是贞观进士，初唐大臣，又是一位著名诗人，擅写律诗。

唐高宗麟德元年（664），上官庭芝的夫人郑氏有了身孕。一天，她伏床夜寐，恍惚中梦见一位金甲神人，送来一杆大秤。郑氏请占卜者圆梦，说是她将要生下一个宝贝儿子，日后能执掌国家政柄，权倾朝野。上官夫妇心中窃喜。这一年，婉儿呱呱坠地，竟是个女孩。知情的人都说梦占虚妄，耻笑上官氏空自欢喜一场。刚刚满月，母亲郑氏抚弄着襁褓中的女婴，怀着无限期盼，逗趣地问："你能称量天下人物吗？"女儿投手蹬足，口中咿呀不止，似乎是说："能，能，能！"上官夫妇疑信参半，渴望着日后好梦成真。

恰在这年，一场大祸蓦地降临。身为高宗宰辅的上官仪因对武则天揽权不满，奏请废黜武后，被处以极刑。上官家族全部株连入狱，或被处死，或除籍流放。上官庭芝的夫人郑氏和襁褓中的婴儿也被收入宫中为奴。

上官婉儿在成长的岁月里，虽未能得到擅长文学的祖父和父亲的指点，但其家族的文学修养与传统，早就潜移默化地植根在她的心目中。婉儿虽然是宫婢身份，却表现出一种与其他女子不同的气质。她喜爱读书，聪敏过人，能够过目成诵，出口成章。起初，婉儿仅靠母亲郑氏发蒙教诲。后来，见她与众不同，又特许她到习艺馆学习，正式拜宫教博士为师。在这里，她系统地学习经、史、子、集等书籍，兼习书法、算术、琴棋、绘画诸技艺，还熟悉了朝廷政令和往来应答

等礼仪。尤其对写诗，她表现出浓厚的兴趣和极高的天赋，博士们都很喜欢这个聪明、勤奋又颇有天分的女学生，甚至预言：这个姑娘将来会在文坛上有所建树。

看到女儿长大成人，学有所成，母亲郑氏的心里涌起阵阵自豪感。许多年含辛茹苦的培养，终于盼到女儿成才的一天，对于一个母亲来讲，没有什么比这更让人欣慰的了。在欣慰之余，郑氏也感到一丝担心：婉儿的父亲和爷爷当初曾因为反对武氏而惨遭杀害，现在婉儿头角峥嵘，如果被武后查知，一旦翻脸报复，可就有性命之忧呀。武后是一个人人皆知的铁面女人，也是一个不达目的决不罢休的女强人，婉儿的才情究竟是福是祸呢？

受宠却是如伴虎

唐高宗仪凤二年（677），上官婉儿长到 14 岁时，已出落成一个亭亭玉立的少女，其艳丽气质分外惹人注目。加上她天资聪颖，博览群书，文思泉涌，无论写什么样的文章，均可提笔一挥而就，洋洋洒洒的千字文，好似平日里构思过一样，言语酣畅，结构严谨，文采斐然，读后真让人不忍释卷。婉儿的芳名，由此在宫中传播开来，大家都知道她是个既美丽又颇具才华的女子。

就在这年，突然有一个内宫小侍郎来到郑氏母女栖身的地方，传达了皇后武则天召见上官婉儿的命令。这突如其来的消息，简直让郑氏且喜且惧，不知所措。看着母亲疑虑重重的目光，婉儿倒显得镇静自若。她脸上泛起一丝浅笑，宽慰母亲说："别担心，不会有什么事情的，或许是咱们命运的转机呢！"然后，她精心梳妆打扮了一番，又换上了一身洁净的宫装，仔细地将衣裤抻平，就坦然离去。果真像上官婉儿所预料的那样，命运的大门开始向这个聪慧而多才的少女敞开了。

上官婉儿的才名一经在宫中传开，便受到皇后武则天的注意。武则天一生强硬，处事待人也极狠辣，但却十分爱惜人才。这次宣召婉儿，就是要亲自考察一下她的诗文才学，看是否如传说的那样名实相符。

果然是百闻不如一见。上官婉儿首次朝拜这位权势煊赫的武则天皇后，虽然是满脸稚气，但却举止沉静，闲雅自若，完全一副胸有成竹的样子。在例行的问话之后，武则天当场命题，让婉儿赋诗作文。婉儿稍加思索，旋即提笔挥毫，一篇诗文，竟然一气呵成。武则天展读一遍，果然是锦绣华章，字字珠玑，不仅辞意清新，而且书法俊秀，真是文如其人，字亦如其人。武则天心中暗自称赞说：真是一个旷世才女呀！随即传旨下去，将上官婉儿留在身边，以供驱使。

上官婉儿一跃成为武皇后身边的女官，自然是一步登天，其得失轻重是显而易见的。可上官婉儿内心十分清楚，如今飙升至天后驾前，既是对自己才能的考验，也是进一步施展满腹才学的机遇。跟随着武则天这样一个极富挑战性的女人，自己会付出远胜于常人的努力与艰辛。想到今后可能遇到的种种困难，婉儿心里反倒有一种跃跃欲试的冲动，既然命运作出了这样的安排，那就去迎接它吧。

打这以后，上官婉儿开始了繁忙的学习和文牍工作。一方面要阅读大量的历史典籍和宫廷档案资料，以扩充自己的视野，另一方面要随时留心天后的诏命和各地的国事奏章，以观察施政得失和时局变化。从武则天身上，她汲取了作为政治家的女人所必需的知识和素养，并逐渐了解这个生性强硬、傲慢的独裁者，从而能及时调整自己的思维方式，以迎合武则天的所思所欲。在武则天的培养下，上官婉儿渐渐熟悉了朝廷典制、政刑以及文书简牍的存放保管事宜，处理日常事务有条不紊，成为武后得力的年轻臂助。

到了永淳二年（683）十二月，唐高宗病重而逝。太子李显即位，是为中宗，尊天后为皇太后，政事悉决于武太后。

不久，即第二年二月，武太后深感昏庸懦弱的中宗皇帝碍手碍脚，索性废之为庐陵王，改立豫王李旦为帝，是为睿宗。睿宗只是个傀儡皇帝，避居别殿不得预闻国政，朝中一切军政大权悉数把持在武太后手中。武太后又逼迫废太子李贤自杀，还将中宗远徙到房州。随后，她大刀阔斧地变革吏制，公然起用、提拔武氏子侄为官，用以排斥皇族李氏和朝廷旧臣。

武则天的所做所为激怒了一班大臣，柳州司马徐敬业等暗中联络一些文臣武将，于这年九月树起讨伐武则天的旗帜。徐敬业很快在扬州聚集兵马十余万人，欲杀入京师，扫灭诸武。消息传到宫中，上官婉儿的心里交织着十分复杂的情绪。一方面，如果徐敬业此番起兵成功，她则家仇可报，借此可对祖、父亡灵有所慰藉。另一方面，在同武则天相处的几年中，武后果断、干练的政治气度和才能已使她无限敬仰。回想武后掌权以来所实行的劝农桑、薄赋徭、息兵戈等一系列政策措施，已使国家呈现出天下太平的盛世景象。这个年过花甲的老人，能够冲破世俗偏见，做了许多前人不敢想、不敢做的事情，终以一个坚强的女性形象登上了波谲云诡的政治舞台，而且许多举措都实施得那么有深度、有力度。这种安定繁荣的局面已前后持续了几十年，如今无端引发战乱，只会给人民带来灾难。就整个时局而言，天下安堵，坚如磐石，欲以一隅之地、数万之兵对抗全唐，犹如蚍蜉撼树，以卵击石，徐敬业的举动大不明智。婉儿感情的天平已向武后一侧倾斜。

到了永昌二年（690），武则天索性变易国号，以周代唐，改元天授，由群臣议上尊号，称为神圣皇帝。她以67岁的高龄正式登基称寡道孤，成为我国历史上唯一的一位女性皇帝。在武则天称帝前后，上官婉儿一直为武氏竭诚效力。尤其圣历（698）以后，许多政制、诏书、祭拜祝词以及加官晋爵的命令，都出于婉儿之手，百官上奏的表章也让她参议决断。10余年的文秘生涯，已使她对拟定一应文件驾轻就熟，且表现出高超的应变能力，成为武则天政治生活中不可缺少的得力助手和亲密伙伴。

武则天不仅将上官婉儿视为政治心腹, 而且在私生活方面也不避讳她。武则天的个人生活比较放纵, 身边有许多男宠。她先曾宠幸僧人薛怀义, 后又钟情于张昌宗、张易之兄弟, 并为二张加官晋爵, 百般笼络。有时, 武则天携女儿太平公主、驸马武攸暨、上官婉儿等人, 与二张在后宫寻欢作乐, 行为放荡, 毫无顾忌。时间一久, 上官婉儿见张昌宗风流倜傥, 难免春心摇动, 便背着武则天与之打情骂俏。一天, 二人正私相戏谑时, 被武则天看见。武氏抄起一把匕首, 刺入婉儿前额发髻中, 重重地划了一道血痕, 还怒冲冲地训斥了婉儿一顿。事后, 幸亏张昌宗多方求情, 武氏念及婉儿才学, 才特地法外施仁, 没有将她杀死, 仅处以黥刑。施刑之后, 上官婉儿的额头上便留下一朵梅花形状的痕迹。为了掩盖这个缺憾, 婉儿在头顶戴上一个花钿作为装饰。这样一来, 反而使她显得更加娇媚迷人, 浑身上下散发出神秘诱人的魅力。

有才无德重营私

神龙元年 (705 年), 宰相张柬之会同左羽林大将军桓彦范等五大臣发动政变, 诛杀张昌宗、张易之兄弟, 拥戴中宗李显复位, 复国号为唐。武则天被尊为上皇, 退居上阳宫。

中宗复辟之后, 上官婉儿的地位非但没有下降, 反而成为皇帝的宠妃。

原来, 中宗李显与上官婉儿系多年旧交, 情谊深厚。中宗共生有八女, 第七女即安乐公主。当年中宗被废, 携韦氏远赴房州, 途中分娩, 生下此女。因当时行色匆匆, 钱物两缺, 只好解衣作褓, 裹负而去。为此, 七女儿特取名 "裹儿"。安乐公主资性聪慧, 容貌清丽, 待

长到十几岁时，竟然出落成一个绝色美女。中宗和韦氏夫妇念她自幼备受流离之苦，对这个女儿格外娇惯。武则天见了这个孙女，也钟爱有加，亲自为她择婚，许嫁武三思之子武崇训。安乐公主成婚之日，场面极其壮观，达官贵戚无不往贺。上官婉儿擅赋诗文，自然呈献喜庆佳作，以表恭祝。中宗看过众多的贺表贺词，唯觉婉儿的文章寓意新颖，文采卓越，再思想婉儿容颜俊美，行为超尘脱俗，竟致情牵神往，念念不忘。

此次中宗复位，大权在握，便不时地召见上官婉儿，询问家事国事。问答中，他见婉儿思辨清晰，出言机警，且对宫廷的礼仪典制至为熟悉，自是又加深了几分敬爱。中宗欣喜之余，当即册封上官婉儿为婕妤，并封婉儿的母亲郑氏为沛国夫人。从此，更加重用上官婕妤，命她专掌皇帝诏敕，协助中宗处理繁重的宫廷文案。

此时的上官氏已经42岁。她一方面凭依中年女性的炽烈之情多方体贴中宗，博得他的欢心。另一方面，借助官场上的历年经验，充分发挥书写应对才华，以弥补中宗李显的昏昧、孱弱缺憾。唐中宗经过御座上的一番沉沦，早已意懒志惰，现时得势，只想纵情享乐，干脆把朝廷政务悉交韦皇后和上官婉儿等亲贵臣僚处理。

此时的朝廷政局，呈现李氏、韦氏、武氏三家势力时分时合、又联络又斗争的复杂局面。经过武则天数十年的专制统治，李氏皇族和先朝旧臣或死或亡，流落四方，受到极大削弱。韦皇后主持后宫以来，又利用中宗的软弱，大量引进韦氏兄弟子侄，形成新的外戚集团，一时势焰冲天。而武氏势力经久凝聚，早已盘根错节，武则天虽然归政，但直至其死后，朝野仍对她畏之如神。在这种情势下，上官婕妤怎么样生存，就要费一番心思和手腕了。她不仅要取宠于中宗皇帝，更要依附野心勃勃的韦皇后。

神龙元年秋，上官婕妤为韦皇后献策，让她效法武则天，积著功德，博取民心。韦皇后照计实行，上表中宗：第一桩事是要求天下士子、庶民为去世的母亲服丧三年，极尽哀思。表面看来，这似乎是泛泛地倡议孝道，实际上则是要借此感化中宗，使其不忘生母武则天，自然惠顾三思诸武氏。上官氏此举，可谓思虑深远，用心良苦。第二桩事是请求改革兵役、徭役等制度，以收时望。按初唐规定，百姓21岁为成丁，60岁为年老，一生中有39年需随时应征，或去当兵打仗，或去充当苦力。现改为23岁为成丁，59岁免役。此两桩请求，中宗一概恩准。这真是于国于民无害，而更于韦氏、武氏有益。

韦皇后、武三思等势力日渐扩张，同太子李重俊的矛盾难以调和。第二年，即景龙元年（707）六月，武崇训教唆安乐公主奏明中宗皇帝，请求废掉太子，改立公主为太女。太子李重俊积恨在心，忿忿难平，便与忠正大臣李多祚、魏元忠商量讨逆之策。这年七月，左羽林大将军李多祚会同李思冲、李承况等人，矫制征召三百羽林兵，拥戴太子李重俊，发动了宫廷政变。李多祚等人首先冲进武三思府中，杀死武三思父子及其亲党十余人。只有安乐公主入宫未归，幸免于难。随后，羽林兵冲进肃章门，直奔宫禁而来。

此时，中宗李显正与韦皇后、上官婕妤、安乐公主等人夜宴，忽见右羽林大将军刘景仁张惶而至，声言太子谋反，已杀入禁宫。中宗闻警，直吓得目瞪口呆，一时不知所措。韦皇后和公主等人更吓得籁籁发抖，魂不附体。关键时刻，还是上官婕妤有些主见。她说："养兵千日，用在一时。刘将军掌管禁宫防御，难道能听任叛兵前来犯阙吗？"中宗、韦后、安乐公主等人这才清醒过来，立刻吩咐说："刘将军快去调禁卫军，守住玄武门，再派人报知兵部尚书宗楚客，速来保驾。"上官婕妤又建议说："玄武门城楼坚固，守兵众多，请皇上、皇后和公主速上城楼，一则可以暂避贼锋，二则也可以俯宣诏旨。"听了这话，中宗等人急忙蜂拥而出，登上玄武城楼。中宗居高临下，质问李多祚为什么要谋反。李多祚答说："武三思等人大逆不道，淫乱宫闱，臣等奉太子令，已诛其父子……上官婕妤勾引武三思入宫，是第一个罪犯，请陛下将她交出，由我们处置。"听了这话，中宗心内没有主张，便回首注视上官氏。上官婕妤朗声说："妾先前随侍则天大圣皇后多年，一向谨慎，从无纰漏。如今蒙圣上召幸，册为婕妤，也恪守宫礼，无半点违制之处。所谓勾结武氏，纯系叛贼发难的借口，欲

加之罪，何患无辞！妾死不足惜，只怕众贼先索婉儿，次索皇后，最后就要索取陛下的性命呀！"这寥寥数语，揭示出敌方图谋，稳住帝后心志，全身一发之际，促使大家协力同心，众志成城。

平息太子之乱后，上官婕妤更受到中宗宠信。

深陷政争终薄命

上官婕妤愈来愈显现出出众的诗文才学和政治器识，大大提高了她在宫廷内外的声誉和地位。至景龙二年（708），唐中宗晋升她为昭容，位列正二品，成为后宫权势显赫的嫔妃。而外朝的文人政客也越来越多地聚集在她的周围，利用她亲掌制书敕命的特权，来谋求各自的利益。

外朝一片乌烟瘴气，内廷更是混浊不堪。景龙四年（710）正月元宵节，唐中宗携韦皇后、上官昭容及公主微服出游，并放出宫女千人随行。宫人们专拣热闹去处尽情玩赏，竟同市井浮浪子弟一起戏耍，直到夜深方才回宫。后经查点，竟有多数宫人逃往民间，不肯归来。

政治的昏暗，社会风气的败坏，使人与人之间丧尽良知与真情。尤其韦皇后和安乐公主这对母女，强烈的权力欲望早已超过夫妻、父女的亲情。韦皇后一心想学武则天，要做第二个临朝亲政的女皇。安乐公主则痴心不改，仍想做皇太女，日后好继承皇位。两个人都巴望着中宗早死，让梦想尽快变成现实。中书令宗楚客自从李重俊叛乱护驾有功，已成为韦氏集团的重要一员，遇事唯皇后的马首是瞻。他仗势横行无忌，目中已无大唐天子。

唐中宗景龙四年（710）五月，许州司马参军燕钦融上奏："皇后淫乱后宫，干预国政，宗族强盛，安乐公主、宗楚客等图谋危害社稷。"中宗当面盘问，燕钦融直言无讳，神色不屈不挠。中宗默然沉思，将信将疑。不久，宗楚客竟命人找来燕钦融，先是痛打一顿，随之又投向殿庭石基。霎时间，血肉飞溅，燕钦融折颈而死。宗楚客在一旁狂呼怪笑，大称快活。对此，中宗觉得忍无可忍，不禁动怒说："宫中只知有宗楚客，还知道有朕吗?"这番训斥引起宗楚客的恐慌，立即去报告皇后和公主，说皇上已疑及她们母女。二人欲壑难填，顿生恶念。韦皇后遂指使颇通医术的新妍夫马秦客，配制了一剂毒药，夹在中宗最爱吃的馅饼之中。这年六月，55岁的中宗李显被妻女合谋毒死，结束了长年废黜流逐又惶恐复辟的多事年华。

　　唐中宗死后，韦皇后秘而不宣。她假诏召集宰相入宫，监控起来；又征召诸府兵5万人屯扎京城中，让占据武职要位的韦氏子侄驸马都尉韦捷和韦灌、长安令韦播以及郎将高嵩（外甥）等分头率领。还命中书舍人韦元巡逻六街三市；调亲信侍卫宦官薛思简率五百精卒驰戍均州，防备谯王李重福；再把上官昭容的情夫崔湜升为宰相兼吏部尚书，协助料理政务。

　　人事、防务安排就绪，安乐公主便同上官昭容合议起草遗诏，扶立中宗少子李重茂为太子。李重茂是后宫妃妾生养，位低身贱，又年轻无知，韦皇后得以随心所欲地垂帘训政，总揽全权。皇室诸王中，相王李旦最为宽厚恭谨，

上官婉儿

恬淡退让，便拉他出来参谋国事，作为皇室与政的陪衬。可宗楚客同相王一向失和，强扯出"叔嫂不通问""难为礼"的理由，阻挠李旦从政。他还出头联络几位宰辅，上表劝进，吁请韦皇后临朝亲政。结果，将李旦改授太子太师的虚职。

第三天，韦皇后召集百官，为中宗发丧。皇后临朝摄政，改元唐隆，大赦天下，命皇后的哥哥韦温总掌内外兵马。

至中宗死后的第六天，韦氏党众自以为江山稳坐，便推出李重茂做傀儡皇帝，史称"少帝"或"殇帝"，尊韦皇后为皇太后。

几天以后，宗楚客同韦氏、武氏等亲信臣僚计议，共劝韦后遵照武后，广聚党众，内外连结。他还密献图谶，声言韦氏宜革唐命。

就在韦氏集团图谋篡唐的时候，一股反韦力量也渐渐聚集在相王李旦的第三子李隆基身边。

李隆基本是相王之妾窦氏所生，长得英俊魁伟，善于骑射，精通音律。他初封楚王，后改封临淄王，出任潞州别驾，于景龙四年（710年）回京。李隆基察知韦氏阴谋，便在暗地里结交才勇之士，笼络宫廷侍卫，准备匡复李氏帝业。六月二十日夜，李隆基见情势危急，便与太平公主、兵部侍郎崔日用等合谋讨逆，率羽林军突入太极殿。韦皇后听到鼓噪之声，惶惶奔入御用卫队飞骑营，被骑将杀死，献首于李隆基；安乐公主正在对镜描眉，当即被军士斩首；韦氏子侄及其亲信党羽，也被捕诛殆尽。宗楚客闻变，匆忙乘青驴化装出逃。行至通化门，门卫戏说："大人不是宗尚书吗？"然后挑掉他的布帽，撕破布衣，就地斩首。

李隆基搜捕韦氏残余，来到昭容寝宫。只见上官昭容站立门前，秉烛恭迎。原来，颇有心机的上官氏，还希望通过自己铺设的一条退路，保住身家地位。当初，上官氏刚封婕妤，便荐引两姨兄弟王昱为左拾遗。王昱对婕妤之母郑氏说："武氏退位，实系天之所废，不可复兴。如今婕妤依然附于武三思，岂不是灭族之道！望姨母思之。"郑氏转诫上官氏，她却未能听信。及至太子李重俊起兵讨伐武三思，特意追索上官婕妤，她方才如大梦初觉，回思王昱之言。从此，她既追随武、韦外戚，也心附帝室，与安乐公主各树朋党，在各宗派间虚与委蛇，巧妙周旋。唐中宗暴死后，上官氏负责草拟遗诏，曾想径直拥立温王李重茂为帝，起用相王李旦为宰辅。诸韦氏及宗楚客极力反对，竟涂改遗诏，暂立李重茂为太子，以李旦为太子师。上官昭容力不能

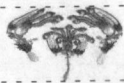

禁，也不想过费心血，只是把诏书草稿妥为保存，留作日后推脱罪责的依据。现在，临淄王发动政变，上官氏便祭用起这个法宝。因有一线之光，她还能临乱不惊。在薄施脂粉、淡描蛾眉之余，上官昭容轻移莲步，率宫女执烛迎立门侧，向李隆基等倾诉委曲，乞求宽容。李隆基胸怀国恨家仇，正当杀红了眼睛的时候，哪容上官氏分说，立命将她斩于旗下。

上官婉儿一生与文字和政治打交道，使她名扬古今，最终却因文书制敕丢掉性命，成为残酷的政治斗争的殉葬品。深宫红颜命运多舛，荣辱无常！

第 十 章

歌舞双馨，为爱而死
——杨贵妃

　　杨贵妃（719—756），名玉环，原名杨芙蓉，字太真，原籍蒲州永乐（今山西永济）。10岁时父亡，被寄养在叔父家。因受祖辈熏陶，通晓音律，喜爱并擅长歌舞，尤其是胡旋舞。17岁时被册封为寿王妃，后玄宗爱其姿色才华，贬寿王而册封她为贵妃。"回眸一笑百媚生，六宫粉黛无颜色"便是她的写照，她也是大唐的第一美女，同时也是历史上四大美女之一。后在安史之乱中，与玄宗逃往蜀地，行至马嵬坡时，禁军哗变，为平息军心，被赐缢死。年38岁。

少女初成度新婚

武惠妃死后，唐玄宗李隆基似乎一下子老了许多。后宫虽然美女如云，却没有一个能够取代武惠妃在他心中的位置。因此，李隆基长期以来郁郁寡欢，精神萎靡，内心感到十分孤独。有时，他退朝以后，一个人呆呆地站在武惠妃生前居住的寝宫前，许久一言不发，样子十分可怜。

李隆基的心思，被侍驾多年的内宫总管高力士洞察得一清二楚。高力士是广东潘州（今广东高州）人，幼年时便净身入宫，年龄与玄宗相仿。因其处事谨慎，效忠主子，深得李隆基的信任与重用。他追随玄宗多年，曾参与过平定韦武集团叛乱和削除太平公主势力的斗争，深知李隆基的脾气秉性与喜怒哀乐。他平时就注意察言观色，从不违忤玄宗的旨意，因而从开元后期起，成为李隆基身边最有影响的人物。李隆基曾说："力士上值，吾寝则安。"凡内宫事务，悉数交与高力士办理。为此，高力士地位殊于常人，皇太子呼之为"二兄"，诸王、公主皆呼之为"阿翁"，而驸马则称之为"爷"。在一些重大的政治事件上，李隆基也颇为倚重高力士。武惠妃死后，太子的储位一直空缺。玄宗为便于自己控制皇权，欲立三子忠王李亨为太子，但朝廷舆论都倾向于武惠妃之子寿王李瑁，尤其宰相李林甫更是竭力推荐寿王。玄宗非常犹豫，一度为此寝食不安。有一天，他和高力士聊天，提及此事，说："你是我家老奴，岂不能揣知我意？"高力士奏说："皇上何必如此虚劳圣心。只要推长而立，谁敢复争？"高力士的一番话，让玄宗心下释然，于是下旨宣布立忠王李亨为太子，一桩有关江山社稷的大事，就在高力士的参谋下毅然决定了。唐玄宗对宦

官的倚重较前朝犹甚，高力士地位的上升就是明证。虽然他还仅仅充当着皇帝心腹的角色，未曾越位擅权，但唐后期宦官专宠乱政的局面，却是由此而起的。

高力士洞悉玄宗李隆基丧妃的痛楚，便尽心为他物色新欢，以缓解他半百之年的孤独抑郁心境。经过一年左右的寻访，一位绝色佳人杨玉环引起了高力士的关注，也引起了李隆基的莫大兴趣，于是演绎出一场千古传诵的帝王爱情悲剧。

杨玉环，祖籍蒲州永乐（今山西永济），于开元七年（719年）六月一天出生于蜀郡（今四川）。她的高祖杨汪系隋朝名臣，曾拜国子监祭酒，唐初被太宗李世民所杀。父亲杨玄琰是蜀州司户，负责掌管户籍、计账、道路、行旅、婚田等事务。两个叔父均在朝廷为官。杨氏家族在开元前后家道虽渐中落，但仍属名门望族之后，家教严格，中规中矩。杨玉环的童年是在四川度过的，她从小聪明伶俐，活泼好动，对音乐有天生的喜好。又因是家中幼女，深得长辈垂爱。

开元二十三年（735年）七月，武惠妃所生的女儿咸宜公主出嫁。这个女儿平时最为玄宗喜爱，因而婚礼办得非常豪华。杨玉环有幸被邀做公主的嫔从，从而结识公主以及公主的胞弟寿王李瑁。寿王初见杨玉环，便被她超群的姿色迷住了。经过与母亲武惠妃商量，并征得父皇的恩准，于当年十二月纳玉环为寿王妃。婚礼由宰相李林甫和黄门侍郎陈希烈主持，自是筹办得分外排场。杨玉环从此迈进了唐皇室的生活圈子，开始了与李氏父子的感情纠葛。

不幸的是，武惠妃于开元二十五年（737年）十二月暴病身亡。第二年，忠王李亨得立太子，寿王瑁的地位急剧下降。失去母亲的呵护，寿王的小家庭宛如一叶扁舟，在波涛汹涌的宦海中随风摇摆，茫然不知其终。果然，时隔不久，唐玄宗便打起儿媳杨玉环的主意。

高力士最初留意杨玉环，是觉得玉环的许多地方都与逝去的武惠妃颇为相似。待说与唐玄宗后，唐玄宗也渐渐回想起几次相见的情景，杨玉环这个姿色冠绝当代的儿媳，曾经在他的记忆中留下了深刻印象。当初，杨玉环被册立为王妃时，玄宗曾以父皇的身份接受过小两口的

叩拜，玄宗曾在婚诏中称赞她"含章秀出"。开元二十五年十月，玄宗与武惠妃率皇族驾幸骊山温泉，杨玉环恰好独自骑马出游，唐玄宗在高台上看见，便召她入暖阁共同进餐。这次小范围的觐见，似乎隐隐在玄宗心底留下点什么。是惆怅？是遗憾？或者是其他？那就难以描述了！总之，玉环在玄宗心中印象不菲，只是当时武惠妃恃宠在侧，使他无心他顾。至于在另外一些社交场合的见面则不可枚举，杨玉环的姿容仪态、风度举止都深深地烙在李隆基的心上，因而，一经高力士提出要杨玉环入宫，李隆基那枯槁的心一下子就复活了。

开元二十八年（740年）十月，唐玄宗照例到骊山温泉宫行幸。第二天上午，唐玄宗便派御妹玉真公主前往寿王府邸，诏令寿王妃杨玉环前往骊山侍驾。毫无疑问，这道诏令意味着寿王夫妇爱情生涯的结束。自古君命难违，李瑁与杨玉环心里都十分清楚。自从武惠妃死后，寿王就被父皇逐渐冷落，这次诏令自己的妻子前去侍驾，显然是要公开将杨玉环夺走。夫妻五年恩爱一场，眼见妻离子散，自己却丝毫不敢违逆，如果抗旨不从，只能招惹杀身之祸。想到这些，寿王忍不住抱住玉环放声大哭。在至高无上的皇权面前，寿王一筹莫展，或许这就是夫妻两人最后一次相拥相握，从此，虽近在咫尺，却无法相亲相爱。

杨玉环辞别寿王，随玉真公主来到华清宫。这一次，她陪侍李隆基度过了18个夜晚。李隆基内心得到了从未有过的满足，兴高采烈地对高力士说："朕得玉环，如获至宝，实是平生第一快事。"此次骊山相会，对于22岁的杨玉环和56岁的李隆基来说，各自的生活都揭开了崭新的一页。从此，大唐王朝开始上演一幕催人泪下的爱情故事，尤其是那凄惨的悲剧结局，更为李杨之恋画上了让人难以忘怀的句号。

鸳鸯既散有新知

在唐朝，父子兄弟争妃的事情不乏其例。威名显赫的唐太宗李世民夺取江山后，曾纳弟弟齐王李元吉的妃子杨氏为妾。唐高宗李治所立的皇后武则天，原本是太宗李世民的侍妾。到了唐玄宗李隆基一代，则又要出现父夺子媳的闹剧。在我国少数民族中，曾有子纳父妻、弟纳兄妇的习俗。唐朝虽然民风开化，但传统的封建礼教还是束缚着人们的头脑，就算是皇帝也不敢公然违背事关重大的伦理纲常。唐玄宗的举动颇有"乱伦"之嫌，他既要达到目的，又要遮人耳目，便不敢堂而皇之地将杨玉环迎入宫中，径直册立为妃。于是，他采取了一个迂回的办法。

杨玉环入宫不到一年的时间，便赢得异乎常人的宠幸，史称"礼遇如惠妃"，"礼数实同皇后"。她不必整日一身"女官"打扮，而是像普通嫔妃一样穿红披绿，尽兴梳妆。宫中人都称她为"娘子"，凡事无不毕恭毕敬。唐玄宗更是日夜围着她转，其地位上升之快，就连以往的武惠妃也无法相比。

李隆基对杨玉环的宠爱，最初是受其容貌的吸引。杨玉环正值青春年华，更兼天生丽质，体态丰韵，举止娴雅，雍容华贵。确如白居易《长恨歌》所描摹："回眸一笑百媚生，六宫粉黛无颜色。"李隆基一生好色，尤其到了老年以后，精神更加空虚，一直渴望有一个像武惠妃一样才色俱佳的女子陪伴左右。杨玉环既有着年轻女子的姣美，又有着少妇的妖娆。她没有后宫嫔妃那种死气沉沉、故作妖媚的脂粉味道，其柔媚中透着纯真、直率、泼辣甚至放纵。她言行举止不甚循规蹈矩，时而表现出平民女子的野性，这恰恰足以给李隆基濒于死寂的心以强烈刺激。他像一个被重新点燃青春之火的年轻人一样，开始陷入一种近乎疯狂与痴迷的恋爱之中。据说，他在骊山温泉初次召幸杨玉环后，当夜便赠予金钗钿盒，以为定情信物，又拿着磨金步摇，亲自为玉环戴上，其欣喜之情，溢于言表。

杨玉环除了有出众的容貌，还具有高超的音乐舞蹈艺术修养，史载她是一位"善歌舞，通音律"的女子。这适可与多才多艺的玄宗相匹，结为艺术知音。唐玄宗的音乐才能是从小培养起来的。他的父亲唐睿宗以喜音律而著名。玄宗自小在深宫中与乐工为伴，长大后"犹知音律"。在作曲方面，他可以即事谱曲，达到随心所欲的境地，比一般的乐工还要技高一筹。他会弹奏多种乐器，尤其精通羯鼓。羯鼓本是从西域传入中原，鼓声雄健，能给许多乐种伴奏。玄宗曾多次在宫廷宴会或小范围的欢娱场合亲自击鼓尽欢，成为当时宫廷音乐界的一大盛景。唐玄宗曾经研习印度佛曲《婆罗门曲》，加上自己的想象和感受，创作了《霓裳羽衣曲》，用以咏唱众仙女翩翩起舞的意境。唐玄宗将此曲教给杨玉环，命她依韵而舞。杨玉环稍加浏览，便心领神会，当即载歌载舞地表演起来。歌声婉转若凤鸣鸟啼，舞姿翩跹如天女散花，使观者仿佛身临众仙齐舞、镖缈神奇的瑶池之会。她对乐曲领悟之深，表现力之强，让玄宗兴奋不已。玄宗亲自击鼓伴奏，两人都沉浸在灵犀贯通的音乐意境之中。杨玉环对《霓裳羽衣曲》的配舞，推动了盛唐舞蹈艺术的发展。她在创作过程中，注意吸收传统舞蹈表现手法，又融合了西域舞蹈的回旋动作，因而使整个舞蹈飘忽轻柔，绰约多姿，乐曲与舞姿的协调几乎达到了完美无瑕的境地。

在杨玉环的熏陶与培育下，她身边的许多侍儿婢妇都成为能歌善舞的人才。一次，杨玉环随唐玄宗游幸绣岭宫，命侍儿张云容当场献舞。云容轻舒罗袖，曼转娇躯，跳起霓裳舞。

杨玉环还精通胡旋舞。当时，唐玄宗对各民族的音乐舞蹈艺术持开放、交流态度，使胡舞、胡乐得以在中原地区渐渐流传。胡旋舞以旋转为技巧，舞者身段飘摇，翻跃如风，让人眼花缭乱。由于杨玉环及唐玄宗对胡旋舞的大力推广，使之逐渐成为宫廷表演的重要节目之

一。安禄山在天宝六载（747）入朝觐见时，就在兴庆宫宴会上表演过此舞。他号称体重350斤，腹垂过膝，但跳起胡旋舞来，仍身手矫捷，旋转如风，可见其胡旋技艺的高超和此舞的流行程度。杨玉环也擅长弹奏琵琶。她所用的琵琶，是中官白秀贞从蜀中带来，其木"温润如玉，光辉可见，用金缕红文，做成双凤"，成为乐器中的精品。当时许多王侯郡主纷纷拜玉环为师学艺，自称为"琵琶弟子"。杨玉环还是个击磬高手。她演奏时"拊搏之音泠泠然，多新声，虽梨园弟子，莫能及之"。唐玄宗特意让人以蓝田绿玉精琢为磬，并饰以金钿珠翠，无比珍贵。

开元二十九年（741年）冬，杨玉环再次跟随唐玄宗到骊山温泉宫避寒。这次逗留的时间远比前两次长得多。由骊山华清宫回到长安，玄宗索性命杨玉环迁入兴庆宫内居住，并赐号曰"太真妃"。唐玄宗将朝中大事一并委与宰相李林甫处置，自己深居简出，日夜与"太真妃"游玩嬉戏。对此，白居易在《长恨歌》中作了这样的描写：

> 云鬓花颜金步摇，芙蓉帐暖度春宵。
> 春宵苦短日高起，从此君王不早朝。
> 承欢侍宴无闲暇，春从春游夜专夜。
> 后宫佳丽三千人，三千宠爱在一身。

到开元末期，唐玄宗骄奢淫逸之举日益严重，史称"在位岁久，渐肆奢欲，怠于政事"。被他委以权柄的李林甫，则是个口蜜腹剑、嫉贤妒能、专擅朝政的奸佞小人，这就埋下了唐代由"治"趋"乱"、由盛转衰的祸根。

两度遣归情更深

在封建社会，皇帝拥有众多的后妃姬妾已成为惯例，后宫建置成为封建皇权的重要组成部分。帝王私生活的放纵，历朝历代都屡见不鲜。唐玄宗是个多才多艺的风流皇帝和痴情帝王，他青年时拥有"三千宠爱"，尤其偏宠赵丽妃、武惠妃诸人，显然带有"泛爱"、"纵欲"色彩。但他对所爱所恨之人并不着眼于家世门第和身世履历，却是难能可贵的。如赵丽妃本是歌妓，他却能爱得深挚。王皇后是他创业时期的贤内助，却由于两人性格不合，遭到废黜。到了晚年，他对杨玉环情有独钟，是出于品貌才情的全面考虑，既有惜香怜玉的"唯美"成分，更有志同道合的"惜才"因素，两颗心实现了真诚地碰撞与交流。它既不是皇权高压下违心的顺从，也不是附庸于金钱名利的阿谀献媚。在这一点上，杨贵妃的爱犹为纯洁无私，可谓古代帝后爱情传奇的代表。她不仅把唐玄宗看成是人间至尊的皇帝，而且把他看成是可托肺腑的挚友，两个心心相印的至高至尊的男女，在追求着人与人之间的真诚的爱。

天宝五年（746）七月，杨贵妃与唐玄宗发生了一次很大的冲突，起因据说与玄宗过爱梅妃有关。梅妃姓江，名采萍，福建莆田人，祖上世代行医，父亲江仲逊是江南名医。采萍自幼随父读书写字，习舞绘画，养成了文静含蓄、深沉高雅的气质。开元年间，高力士曾奉玄宗之命出使闽粤，见其年轻美貌，将她选入皇宫，很快受到玄宗宠幸。江采萍身材修长窈窕，仪态端庄稳重，能诗善画。她酷爱梅花，在住所附近遍植梅林，林旁又修一亭，玄宗特为之手书"梅亭"。由此，唐玄宗册封江采萍为"梅妃"。

在杨玉环入宫之前，梅妃一度是玄宗最宠幸的妃子，对她的种种礼遇远在其他后妃之上。杨玉环一出现，玄宗顿时移情别恋，把全部心思放在杨玉环身上，梅妃逐渐失宠。开元末年的元宵晚会，梅妃与玉环各自前去赏灯，在街上不期而遇。当时，玉环尚无封号，只是一名寄居内宫的女道士，论理应该给梅妃施礼。梅妃平素孤芳自赏，恃才而矜，只因杨玉环风头过健，将自己比压下去，内心早就酸溜溜的。当晚借此机会，出口讥笑玉环说："看你身材丰硕，可算是一个肥婢呀！"说罢，带着侍女扬长而去。玉环受此羞辱，自然心存芥蒂。其后得势，便恃宠排挤梅妃，终将她贬到东都上阳宫。

梅妃独卧冷宫，心内凄凉，形容枯槁。为了排遣寂寞，唤醒玄宗素日情怀，写了一首词，题曰《一斛珠》，托人捎给玄宗皇帝。玄宗见词，复想起昔日梅妃楚楚可爱的神态，顿生怜悯，派人将她召入翠华西阁叙旧。两人床笫欢洽之际，不料被杨玉环探得始末。她醋意大发，把玄宗和梅妃大大羞辱了一番，直闹得后宫天翻地覆。玄宗本只想偷香窃玉一场，如此一闹，面子上很是尴尬，一怒之下，竟命高力士将杨玉环送到其兄杨府中。

杨贵妃

大总管高力士熟知皇上的心思，奏请将贵妃平时起居所用的衣服、帏帐等器具赐予杨玉环。玄宗爽快答应，于是将各种物品装载了一百多车，送到杨府。玄宗还将自己未吃的御膳分出一半儿，让人一并带给杨玉环。如此一来，高力士更知玄宗难以离开玉环，天黑之后，便奏请接回贵妃娘娘。

玄宗闻奏，正中下怀，当即命令禁军打开安兴里门，由专人护送贵妃回宫。须知唐代宵禁极严，夜间不准轻易开启禁门。如今为了早些见到贵妃，不惜破坏成规，其思念之切，用情之深，不言自明。当天夜里，李杨再度聚首。一见面，贵妃忙伏地请罪，玄宗则欣然慰抚。一天不见，恍如三秋，两人都煞有隔世之感，免不了相拥而泣，喋喋耳语。经过这一次出宫风波，两人愈发衡量出对方在自己心中的分量，此番感情的起伏跌宕，使李杨情谊更加坚牢了。从此，杨贵妃"恩遇愈隆，后宫莫得进焉"。

天宝五年的出宫风波之后，唐玄宗对杨玉环更加百依百顺，言听计从。杨玉环也日渐骄纵起来，更不能容许别的女人介入她同玄宗的爱情生活之中。玄宗钟情于杨玉环，但他毕竟是一代盛世帝王，身边围绕着一大群有声有色的女人。偶尔，他也会突破樊篱，去另寻新欢。天宝九年（750年），为了三姐虢国夫人，杨贵妃又和唐玄宗发生冲突，再次被遣送回哥哥家中。事情的经过是这样的：

杨玉环做了贵妃以后，三个在四川的同胞姐姐均被接到长安，其中大姐崔氏被封为韩国夫人，三姐裴氏被封为虢国夫人，八姐柳氏被封为秦国夫人。杨氏姐妹个个才貌出众，尤其是三姐虢国夫人举止轻佻，生性风流，早年丧夫寡居，便与远房堂兄杨钊（即杨国忠）私通。后来由于经常随贵妃出入宫掖，得以和玄宗皇帝相近。玄宗早就对虢国夫人的姿色心动，又为其擒纵手段所撼，两人时而私相往来，倾吐心曲。中唐诗人张祜曾有《集灵台》诗，其中写道：

虢国夫人承主恩，平明上马入宫门。

却嫌脂粉污颜色，淡描蛾眉朝至尊。

就透露了虢国夫人与玄宗之间的暧昧关系。

天宝八年（749年）冬十月，玄宗携杨贵妃一家去骊山华清宫避寒，杨氏三姐妹均随同前往。此行共住了三个多月，直至第二年正月才返回兴庆宫。就是在这次东幸途中，玄宗和虢国夫人幽会寻欢，又惹恼了杨贵妃。回到兴庆宫不久，杨贵妃就借题发挥，将玄宗的丑行

抖落出来。于是再次"忤旨"，被送归杨府。

　　杨贵妃又被送回兄长家中，使杨氏满门大为震惊。他们深知，万一玄宗不再复召玉环回宫，仰仗贵妃庇荫的杨氏家族的荣华富贵就将化为乌有，甚至可能招致无穷祸害。虢国夫人觉得内心惭愧，急忙赶来商讨对策。

　　唐玄宗的心情也不能平静。十来年的朝夕相处，杨贵妃成了他生活中不可或缺的一部分，彼此建立在信任体贴基础之上的感情，成为玄宗晚年的主要精神支柱。一旦杨贵妃离宫，不但老奴高力士为之着急，朝中大臣也多为牵动。时任户部郎中的吉温劝玄宗收回成命，说："据臣所知，女人多半没有深思远虑，遇事易于冲动，难免有违背皇上心意的地方。皇上既然对贵妃恩宠备至，难道还吝惜宫中的一席之地吗？我看不如就在宫中赐她自尽，何必让她到宫外私宅中受辱，以致贻笑大方，玷污皇帝的名声啊！"吉温当时已经投靠了朝廷新贵杨国忠，深知杨贵妃的荣辱兴衰直接关系到自己的命运前程，因而便用激将法来打动唐玄宗，帮助杨氏兄妹。听了吉温的话，玄宗果然派太监张韬光送御膳给贵妃，同时打探一下贵妃出宫后的情形。

　　张韬光返回兴庆宫，将见面的情景娓娓奏述一遍。玄宗看到这缕秀发，睹物思人，联想起贵妃素日的好处来，不由得心下释然，赶紧命高力士再把贵妃接回宫中。这次出宫风波，前后延续了五天时间。贵妃回宫后，玄宗特意给予杨国忠和秦国夫人府赏赐百万，以奖其弥合之功。杨贵妃深知玄宗对己感情深挚，从此更加关怀体贴他，再没有发生过妒悍耍泼的事情。

　　经历两次出宫风波的考验，杨贵妃与唐玄宗的感情更加成熟而稳定，并且大有超越封建礼法、回归人间真爱的意味。曾经被无数文人墨客着力渲染，引得后世帝王、平民竞相演绎的"长生殿七夕密誓"，就是这种深挚感情的佐证，也将李杨之恋推向了高潮。

马嵬魂断空余恨

天宝十四年（755）十一月九日，当安禄山范阳起兵的时候，唐玄宗和杨贵妃正在华清宫中寻欢作乐。歌舞声中，杯觥交错，全是一片太平景象。他们几乎从来没有想到过，此时已经开始了一场骇天动地的大暴乱。范阳起兵的第二天，太原将战报火速送往长安，玄宗还认为情报是假的。到十一月十五日，在确信安禄山果真造反之后，玄宗等人大惊失色。多少年来，不断有人在他耳边提醒：安禄山久蓄异志，必当阴谋作乱。可他一概不听，不承想警告终成事实。当天，他召杨国忠商议对策。杨国忠颇为自己曾有先见之明而得意，并且断言："造反者只安禄山一人，众将士们并不愿追随。不过十天，他必为部下所杀，陛下只要派兵前去征讨，定能一举取胜。"玄宗听到这样轻率的分析，居然深信不疑。他先派安西节度使封常清赴洛阳募兵固守；又派荣王李琬、右金吾大将高仙芝为正副元帅，在长安招募新兵五万人，号为"天武军"，由高仙芝带领东屯陕州，防御叛军。

安禄山进击的势头相当迅猛，很快便攻陷荥阳、洛阳。封常清和高仙芝退守潼关，欲凭借潼关之险，与叛军对峙。玄宗听说仅一个月洛阳就已失守，心内大怒。恰好监军的宦官边令诚与高仙芝不和，便在玄宗面前挑拨是非，说二人不战而逃。玄宗随即将封、高二人斩首。而后，玄宗派陇右节度使哥舒翰为潼关主将。哥舒翰也是一位胡人出身的战将，熟悉军事，有勇有谋。他来到潼关以后，利用险峻地势，在关外挖了三道壕沟，均二丈宽，一丈深，倚之拒守，等待时机。这本是一条正确的战略决策，无奈玄宗又一次听信杨国忠的谗言，认为哥舒翰按兵不动，坐失良机，一再催促他尽快出兵与叛贼决战。本来，洛阳失守以后，安禄山于第二年正月在此称帝，长时间驻师不前，给

了唐军一个喘息整顿的机会。同时，在安禄山所占领的沦陷区内，出现了不少小股的抗敌军队，再加上郭子仪、李光弼在山西、河北的抗战胜利，使得战局呈现暂时对峙的形势。只要继续扩大战果，当有扭转时局、一举歼灭安禄山叛乱的可能。尤其是哥舒翰在潼关坚守不出的战略方针，颇让安禄山感到苦恼。由于玄宗求胜心切，加上杨国忠为私利从中挑唆，哥舒翰不得不于天宝十五年（756 年）六月倾师而出，以弱击强，与叛军崔乾在灵宝西原决战。这一战，唐军误中埋伏，全军覆没，潼关失守，哥舒翰被俘。

潼关失守的消息传到长安，京城陷于一片慌乱之中，唐玄宗最后一点信心和勇气一下子消弭殆尽。六月十日，玄宗在兴庆宫内召见杨国忠，紧急商议对策，杨国忠提出了"幸蜀"之策。第二天，杨国忠又让韩国夫人和虢国夫人一道入宫，劝玄宗赶紧安排入蜀之事。六月十二日早朝，唐玄宗登临勤政楼，宣布"亲征"，并委任了京城留守的官吏。私下里，玄宗却在紧锣密鼓地布置西狩的具体事宜，当天晚上便从兴庆宫移往未央宫。

未央宫中格外的寂静，因为事关机密，这里除了极贴身的侍女内监，几乎没有外人出入。杨贵妃打发走心乱如麻的众姐妹，自己也陷入了一种不可名状的恐惧中。早在洛阳失守之时，玄宗曾突然对她说："我想让太子监国，我亲自带兵去平定安禄山之乱，你以为怎么样？"这个打算一传开，杨国忠首先感到不安。他实在害怕太子监国后直接威胁杨家的利益，因而鼓动韩国夫人、虢国夫人找贵妃陈述利害，让她劝说玄宗放弃这种意图。那时，虽然玄宗听从了她的劝告，但依目前的形势来看，长安失陷在即，自己和玄宗恐怕只有秘密西逃一条路了。此去西蜀，道隔千里，不知何时才能回来，也不知以后的命运又将怎么样。面对孤灯寒夜，杨贵妃心中忐忑不安，几乎和衣躺了一夜。天刚放亮，她就匆忙起床洗漱，准备动身了。

六月十三日的清晨，细雨笼罩着古都长安。唐玄宗和杨贵妃携皇太子、亲王、公主、皇孙、高力士及贵妃姐妹，在龙武军统领陈玄礼的护卫下，诡秘地离开未央宫，西出延秋门，踏上了千里逃亡之路。

六月十四日,逃难的队伍继续西行。由于缺少食物,又休息不好,从行者一肚子怨言。当日中午,来到马嵬驿(今陕西兴平西北)时,士兵的怨恨和不满达到极点,已是一触即发的形势。这时,禁军的首领是龙武大将军陈玄礼。他长期在玄宗身边供职,颇得皇上信任,在禁军中也有较高的威望。自从杨国忠当政以来,一贯骄横跋扈,乱政误国,以致引发了安禄山叛乱,所以在朝野内外和禁军官兵中,普遍滋长着憎恨奸相的情绪。陈玄礼仇恨杨国忠,当禁军士兵因饥饿疲惫而心生变意时,他便站出来鼓动说:"现在天下分崩离析,生灵涂炭,这一切都是由于杨国忠奸佞误国所致。时至今日,如果不将杨国忠杀死,怎么能平息四海的怨愤呢?大家以为怎么样?"禁军士兵听了这话,无不同声响应。恰在这时,正有二十余个吐蕃使者因为饥不得食,围住杨国忠坐骑诉苦。众将士见状,大呼说:"杨国忠与胡虏谋反!"说着,放箭射杀他的坐骑。杨国忠吓得急忙滚下马来,往西门内逃去。禁军士兵蜂拥而入,将杨国忠乱刀砍死,屠割其尸体,并将他的脑袋挑在枪上,在驿门口示众。随后,愤怒的士兵又杀死杨国忠的儿子户部侍郎杨暄及韩国夫人。御史大夫魏方进见状阻拦说:"你们为什么要杀死宰相?"话未说完,当即被士兵杀死。左相韦见素闻变,出来探听情况,亦被士兵打得头破血流,幸亏有人叫说:"勿伤韦相!"才得以免死。

哗变的士兵随后又包围了玄宗所在的馆驿,喧嚷之声接连不绝。玄宗闻声,忙问左右出了什么事情。侍者告诉他:"杨国忠谋反,已被禁军杀死。"当时玄宗吃了一惊,感到事态严重,立即扶杖出门,安慰军士,表示不追究滋事的责任,劝他们回营休息。不料,士兵们聚集不散。进一步追本溯源,自然把矛头引向内宫的杨贵妃。就听陈玄礼说:"杨国忠谋反,贵妃不宜供奉,愿陛下正法。"听了这番话,玄宗仿佛挨了当头一棒。对于杨国忠的被杀,他并不觉得有多少惋惜,只要能平众怒,安全西行,他是不会追究的。至于士兵们要杀杨贵妃,他则万难割舍。自从贵妃进宫以来,17年间两人朝夕相处,相依为命。如今国破家亡之际,自己如果连一个心爱的女人也呵护不住,那还算什么堂堂的大唐天子、万乘之尊!玄宗内心十分焦虑,可形势如上弦

之箭，四野弥漫着浓浓的火药味，一旦处理不当，很可能进一步激化矛盾，后果更加不堪设想。玄宗默然良久，说了一句："这事应该我自己来处理！"就转身而回。

当馆驿外喧闹声初起的时候，杨贵妃就预感到要发生不测。玄宗走后，她惴惴不安地守候在厅堂内，不时地让身边侍女出去打探消息。听说杨国忠已被哗变的士兵杀死，皇上也被士兵围住，又要求处死贵妃，她的心霎刹间降至冰点。自己平素深居后宫，极少参与政事，对杨国忠的行径并没有多少耳闻，怎么会成为祸国殃民的魁首呢？自己身为一个弱不禁风的女子，却要承担亡国破家的全部责任，未免有失公允吧！

就在她左思右想之际，唐玄宗蹒跚走入，高力士和一班大臣都默默地跟随在后。杨贵妃早已从玄宗朦胧的眼神中预知了不幸的结局。回想起入宫以来陪伴玄宗的一幕幕如烟往事，其间有多少欢歌笑语，有多少恩爱情思啊！17年转瞬即逝，自己已由一个天真活泼的少女变成了雍容华贵的少妇，尝尽了人世间无上的美满幸福，致使多少人嫉妒自己的容颜，多少人羡慕杨家的富贵。而17年间与玄宗的恩爱情谊，又怎是语言可以描述的！忘不了长生殿中生死相伴的密誓，忘不了歌舞场中琴瑟姻缘的和谐。到如今，誓言还在耳边回响，一切却将随风而逝，自己就要做帝王将相政治斗争的牺牲品了！想到这里，她悲愤交加，泪如雨下，同玄宗呜咽诀别："愿陛下珍重龙体，平安去蜀。妾有负皇恩，虽死无恨。请容我最后一次为佛觐礼吧！"玄宗也哭着答说："愿爱妃能够善地转生！"说完，挥手命高力士将贵妃带走，缢死在马嵬驿佛堂前的梨树下。其时，杨玉环年仅38岁，可谓绝代艳妃，英年早殒。据说，杨玉环刚刚断气，便有南方进贡的鲜荔枝送到。玄宗长号叹息，命高力士拿去祭奠亡灵。

玄宗安抚了哗变的士兵，又在他们的簇拥下继续西逃，到达成都。两年过后，国事平稳，才有机会前来祭奠，于是出现了本文开始时的一幕。

玄宗重归长安后抑郁万分，时常追思与杨贵妃共处的岁月，仅过了五年，便积郁成疾，在太极宫内病逝，时年78岁。

第十一章

如仙临凡，冤魂难断
——萧观音

　　萧观音（1040—1075）辽道宗耶律洪基懿德皇后，死后追谥"宣懿"。萧观音爱好音乐，善琵琶，工诗，能自制歌词。曾作《伏虎林应制》诗、《君臣同志华夷同风应制》诗等，被道宗誉为"女中才子"。为人谨慎谦虚，后来，由于谏猎秋山被皇帝疏远，作《回心院》词10首，抒发幽怨怅惘心情。大康元年（1075）十一月，宰相耶律乙辛、宫婢单登、教坊朱顶鹤等人向辽道宗进《十香词》诬陷萧后和伶官赵惟一私通。萧观音被道宗赐死，其尸送回萧家，其子亦被杀。后平冤。乾统元年（1101）六月天祚帝追谥祖母为宣懿皇后，葬于庆陵。

天遂人愿降观音

巍峨的辽西京皇宫坐落在两山之间，静静的桑干河从它身边流过。辽西京是圣宗时期萧太后修建的，太后崇尚中原文化，有追唐超宋的雄心，所以西京大有唐宋皇宫的风采，它像是一颗耀眼的明珠，屹立在青山绿水中。

皇宫的附近有一座花园式的建筑，虽然没有皇宫的辉煌，却也别具一番风采，不失皇亲国戚的富贵和尊严，这座府第便是辽兴宗母后钦哀皇后的弟弟萧惠的住宅。

萧惠一生平庸，为人忠厚，深得兴宗的敬重，官拜南院枢密使，封豂国公。他的夫人耶律氏是秦晋国长公主，如今年近五十，身边只有两个儿子。夫妻二人十分喜欢女孩，于是每天焚香，求观音菩萨赐一个美丽的女儿。

一天傍晚，秦晋国长公主焚香毕，觉得身体疲倦，由丫环扶入寝室，朦朦胧胧地睡去，仿佛自己身在花园中，天空一轮明亮的皎月，如水的月光洒在地上，她眼望明月，口中说："我日后如果有女儿，一定要像月神一样的美丽。"

话音刚落，只见月亮闪电般地坠落下来，钻入自己的怀中。耶律氏大声惊呼，被身边的丈夫推醒，这才知道是南柯一梦。

此后耶律氏的腹中胀满，她真的怀孕了。萧惠夫妻十分高兴，盼望能得到一个女儿。

十月怀胎期满，耶律氏特别小心，唯恐有失。就在预产期就要来临的头一天，萧惠夫妻开始分居，由侍儿专心看护耶律氏。

"啊！啊呀！"

"夫人，你怎么了？"几个侍女急忙拥上前，关切地问。

"我腹中痛，恐怕……啊！快，快叫产婆。"

耶律氏刚从梦中醒来，便被临产的痛苦煎熬着，她感到自己的五脏六腑都要被撕碎了。

侍儿、婆子们见夫人要生了，立刻分头准备，一会儿便万事俱备。侍女拉着耶律氏的手，只见夫人睁大了双眼，"快，快去……"她的脸色像纸一样的白，豆大的汗珠从额头上滚落下来。

"夫人，你想要什么？"

"我，我……"一阵剧烈的腹痛使她说不出话来，她在剧痛的惊涛中挣扎，猛然间，她好像被一只大手从浪尖推下谷底。

"哇，哇，哇！"一阵清脆的婴儿叫声，像一首悠扬的生命交响乐，在人生的乐章中弹起了生命的序曲，一个小生命诞生了。耶律氏痛苦的脸上现出一丝微笑。

"恭喜夫人，贺喜夫人，是位千金小姐。"

"啊！真的是个女孩？"耶律氏支起虚弱的身体，要看自己的女儿一眼。

侍女见夫人似乎还不相信，一边点头称是，一边把孩子抱到耶律氏面前，"夫人，你看，这女孩多美啊。"

耶律氏看了一眼女儿，用手抚摸她稚嫩的小脸，想到两次梦中的情景，不禁心中又忧又喜，长长地叹了一口气。此时正是辽兴宗重熙九年五月五日酉时。

再说南院枢密使萧惠正在书房翻阅孔子的《论语》，忽听院内有嘈杂的脚步声，他不知发生了什么事，走出书房一问，方知是夫人就要临产了。萧惠既兴奋又紧张，兴奋的是自己又要多一个儿女了，紧张的是不知孩子和大人能否平安。他以手加额，随口说了一句："阿弥陀佛，佛祖保佑。"

卧房中不断传来夫人痛苦的呻吟声，萧惠心急如火，在书房外走来走去。一会儿，只见侍儿向他走来，含笑说："恭喜老爷，夫人生了一位小姐。"

萧惠听说是女儿，立刻又说了一声："感谢佛祖，阿弥陀佛。"

过了七天的时间，萧惠来到夫人的房间，夫人抱过女儿，笑说："老爷你看，我们真的有了女儿了。你看这孩子面如满月，皮肤白嫩，多么可爱呀。"

萧惠高兴地走上前，仔细端详女儿，笑说："夫人，你看这孩子眼睛黑亮，长长的睫毛，多像你啊！"

"不，老爷，我看还是像你，尤其是她的眉毛。"

这小女孩不知听懂了父母的话，还是为了讨人喜欢，竟然对着父母嫣然一笑，夫妻俩见了非常欢喜。

耶律氏突然想起两次梦境，一种不祥之兆从心头掠过，她的脸上顿失笑容。萧惠见了惊问："夫人，如今你有了女儿，难道还有什么不高兴吗？"

"哎！我担心这孩子虽然生于富贵之家，日后并不一定幸福。"

"夫人什么时候成了算命先生，竟然未卜先知，女儿刚生，便知道以后的事了。"

"老爷，怀她时我梦见月亮坠入我的怀中，生她时不仅再次梦见日月交辉，而且还有天狗吃月亮。"

"有这奇事？夫人不妨说说看。"

于是，耶律氏详细说了两次梦中所见到的情景。萧惠听了眉头紧锁，在房中踱来踱去，叹气说："真是福祸相依呀！"

"怎么，难道会有大祸临头吗？"耶律氏见了丈夫的样子，担心地问。

"夫人，日为阳，天之骄子，人们把天子比做太阳，日月交辉乃是帝后的征兆，可是天狗吞月，说明女儿必有大祸，恐怕……"

"恐怕什么？"

"恐怕她不能善终，结果很惨啊！"

耶律氏听了大惊，说："萧氏本为后族，历代皇后、妃子多出自萧氏一族。不过，我的女儿如果不入宫，自可避过凶兆。"

"天意不可违，就怕是躲不过去，试试看吧。"

冬去春来，转眼间萧惠的女儿到了五岁，她面容慈善，性格好静，犹如观音转世。

不思入宫偏难违

日月如梭，寒去暑来，时间不知不觉过去，已经到了辽兴宗重熙二十一年（1053 年），秦晋国长公主耶律氏梦月而生的女儿已经十四岁了。如今的萧观音不仅学问不一般，长相也更加出众，眉不描自黑长，唇不抹红自若含丹。眼如秋水，只要看你一眼，保管叫你魂消魄散；她亭亭玉立时，宛如芙蓉出水；行走时娜娜袅袅，如弱柳拂风；嫣然一笑，齿白唇红，两个迷人的酒窝衬得她更加妩媚动人。那真是仪态万方，沉鱼落雁，倾国倾城。

此时的萧观音已掌握了老师教给的各种学问，出口成诗，转眼间能填出一首好词，琴棋书画也样样精通，凡是见过萧观音的人无不交口称赞，她的才气、美名传遍西京，不知有多少王公贵族的公子哥前来求婚。

自从有人上门求婚，萧惠夫妻突然想起十四年前女儿出生时的梦兆，不由得有些惊怕，萧惠说："夫人，女儿出生时日月交辉，从此梦看女儿当为帝后，但后来又被天狗所吞，明明是不得善终。我儿已十四岁，正是女大议婚之时，如今求者无数，不知该怎么样才好？"

夫人叹说："既然是不得善终为什么不躲开帝王之家，嫁平民百姓，或是有身份的人即可，自然不会应兆，女儿自然得救。"

"我儿容颜惊人，不做皇后有些可惜。"

"老爷说的什么话，从太祖起，我萧氏一族不知出了多少后妃，除了景宗皇后萧绰外，几乎是没有几人善终。哪如平民之家，夫妻和美，白头偕老，强似皇后嫔妃。"

萧惠听了叹说："唉！老夫也不忍心看着女儿受罪，就让观音嫁一平民吧。不过我儿才色俱佳，又善于骑射，既有中原女子的才貌，又有北方女子的强悍，不可随便找一个人就嫁，要是那样，就太委屈女儿了。"

"老爷此话我也同意，但不知该怎么样才好？"

"老夫以为，女婿就是容貌平平，也必要才高八斗，武艺高强，才可以配我儿。"

秦晋国长公主耶律氏听了丈夫的话，叹说："老爷，话虽如此，可是怎么样才能知道有才无才，这可是一个难题。"

萧惠听了在地上踱来踱去，最后一拍手，说："夫人，有了！"

"什么有了？难道老爷想到了什么好办法了？"

萧惠说："近年来中原文化传入我国，中原的婚俗习惯也常有耳闻。我听说中原富人家女儿择婿，有的人喜武功，便比武招亲，设擂台，以胜者为婿。也有的人家喜欢才子，便比吟诗填词，择才高者为婿。我契丹世代尚武，女儿又有才，我们何不将这两种方式合二为一，为女儿择一位东床快婿，这样多好。"

夫人听了拍手称妙，笑说："老爷真是高见，只是不知怎么样做？"

萧惠说："目前有许多人前来求婚，我看不如设下考题，由女儿亲自考试求婚者，谁能合女儿的意，谁就中选。"

"老爷的办法不错，但不知考什么？"

萧惠一笑，说："女儿是考官，所考的内容自然是女儿的长处。我已想过了，求婚者必要先通过三场考试：一场对诗，二场对琴，三场骑射。三场考试皆中女儿意者。便是女婿。"

耶律氏听了点点头，这才把萧观音叫来，将事情说了一遍。观音听了觉得父亲的办法不错，点头称是。

于是萧惠用红纸写了一张告示，贴在府门旁。人们听说虢国公的女儿萧观音考试择婿，这事在西京前所未有，一时间传播开来。城中

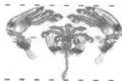

少年皆知萧观音有倾国倾城之貌，其父又是当朝皇上的国舅，尊贵以极，凡是有点才艺的少年男子，都想娶到萧观音，可是这些人连诗都对不上，更不用说第二、三两场考试。

西京少年才气如此平庸，使萧观音心灰意冷，大辽帝国竟无一人能与自己对诗对琴，实在是让人伤心难过。以后再有人来，萧观音出题一考，仍无中意者，偶尔有一两个诗对得凑合，可再一对琴，连音律皆不通，只是乱拨琴弦，根本不能成调。萧观音很失望，干脆不考了，下决心不嫁人。

一个月后，萧惠几乎是忘了考试择婿的事，萧观音也觉无望，不再想此事。不料，却突然有两位贵公子上门。萧惠不知是什么事，急忙出门迎接。

二人拜见了国公大人，萧惠急忙让家人倒茶。茶过两巡，二人仍不开口，萧惠惊问说："二位贤才，不知道来府中有什么要事？"

两位公子一同起身，回答说："在下听说贵府考试招亲，所以到此应试。"

萧惠听了恍然大悟，说："是有这事，我这就去通知小女，贤侄稍候。"

说完，萧惠来到书房，对萧观音说："女儿，现在有两位公子到府中应试，已在中堂，你快去吧。"

萧观音听了不以为然，冷冷地说："西京无才子，考又有什么用，我看父亲还是回绝了吧。"

萧惠说："这二人相貌不凡，风神俊朗，雍容高贵，与以前来试者不同，也许真的不错。你不可当面错过，试一试又何妨？"

萧观音无奈，只好出了书房，随萧惠来到中堂。此时家人已经摆好笔砚纸墨，只等小姐出题。萧观音向下一看，心想：父亲所言不虚，这两位公子的确相貌堂堂，开口说："请问两位公子的尊姓大名？"

一个说姓韩，一个说姓萧。萧观音听了点点头。还未等萧观音说话，二人同声说："请小姐出题。"

萧观音听了一笑说："小女子自幼喜欢吟诗，形式多样，我写几

个字，请公子读出一首诗来。"于是，提笔在纸上写了几个字："色青黄花乱香风为去日能长"。

写完，家人将纸拿到两位公子面前，

萧观音面带嘲笑之色，得意地说："这是一首唐诗，二位公子只要能写出这首诗，小女子便认为二位是才子。不熟读唐诗者，恐难以填出全诗。"

韩、萧两位公子也不说什么，从家人手中接过纸，刷刷几笔，将诗写完，交给家人。家人又递到小姐面前。萧观音见二人写得这么快，以为一定又似以前的人，不知道会出什么笑话。拿过来一看，不觉面露笑容，二人竟一字不落地写了出来。诗曰：

> 草色青青柳色黄，
>
> 桃花历乱李花香。
>
> 东风不为吹愁去，
>
> 春日偏能惹恨长。

"二位公子所写不错，但不知你们是否知道是哪位诗人写的？"

二人同声说："此诗的作者是贾王，唐代诗人，虽然不是大家，其诗也清秀高雅，这首诗是他一生中的佳作之一。"

"两位公子果然有才，小女子领教领教。"萧观音微笑着说。

只见那位气宇轩昂的萧公子扬头微笑，颇为自信，对韩公子说："仁兄，恭喜恭喜，容小弟以后再请教。"

"仁兄也是大才，小弟不敢当，等以后赐教。"

萧观音见二位互相寒暄，微微一笑，说："拿古筝来！"

"是，小姐。"家人立刻递上古琴，萧观音对二位公子说："小女子先弹一支曲子的前半部分，然后请二位公子续弹，并说明此曲的来历，不知哪位公子先弹？"

"就请韩兄先弹。"

"这样很好，请韩公子先听小女子弹。"

萧观音说完调了调琴弦，开始弹了起来，琴声如涓涓的小溪，明婉舒畅，听了让人想起小桥流水人家的人间仙境。忽然音色变高，曲调激昂，戛然而止。

韩公子微笑着看了一眼萧观音，很自然地接着弹下去，曲调有时悠扬，有时如清风徐来，柔弱的柳枝随风而荡，拂弄着清澈的溪水，岸上游人不绝，尽情领略大自然的风光。

曲终，萧公子拍手称赞说："仁兄真乃伯牙再生也，妙音绕耳，小弟深受感染。"

韩公子刚要说什么，只听见萧观音说："请韩公子说出曲名及出处。"

"此曲名叫《杨柳歌》，是北周庾信所作。"

萧观音听了点点头，又笑着对萧公子说："萧公子请注意听，小女子再弹一曲的前半部分，由公子接续。"

"请！"萧公子说。

"有请萧公子接弹。"

萧公子早已听入了神，猛听音乐停止，还未缓过劲来，就听见让续弹，不由得怔了怔神，接弹下去。这后半支曲子十分艳丽，恰似一对双栖双宿的鸳鸯，恋恋相依，不忍分离，最后萧公子还有发挥，很有《凤求凰》的味道。

萧观音听了脸色微红，知道他已知曲子的来历，便不再问，笑着说："二位公子两场不分高下，各有其长，小女子幸会幸会，就请二位同到教场，一比高下。"然后回头对家人说，"速带二位公子到教场。"又向韩、萧一扬手，"二位公子，请！"

"萧小姐请。"

家人牵过三匹马，拿来三副弓箭，递给三人。三个人同时上马，背负弓箭，打马上教场而去。

这萧观音方才是便装，袅袅婷婷，举止言谈柔和似水，大有沉鱼落雁之色，两位公子心中爱慕，都不相让，争相一比高下，巴不得与萧小姐结秦晋之好。此刻上教场，萧观音又是一身戎装，显得格外有英气，那真是英姿飒爽，别具一番风度，让二位公子失魂落魄，不敢直视。

三个人来到教场，恰好空中有一只大雕，正凶猛地追一只小鸟。萧观音勒住马头，用手一指雕，说："射下此雕！"

三个人一同拔出箭来，对准大雕，只听"嗖嗖嗖"，三支箭带着风声飞向空中，那只追逐小鸟的大雕应声而落，重重地摔在了三个人的马前。只见它的脖子上并排射中两箭，胸中也中了一箭。

萧府的家人跑上前一看，笑说："雕的脖子上有两箭，是蓝色和红色的翎毛，分别是我家小姐和萧公子的，胸中一箭的翎毛为棣色，是韩公子的。"

"没想到萧小姐诗文绝代，这骑射也不让须眉，如此了得。佩服，佩服。"二位公子说。

"二位公子的箭法百发百中，非英雄不可与之相比，让小女子大开眼界。萧公子更是人中豪杰，小女子能亲眼看见英雄射雕，真是三生有幸。"

萧观音格外褒扬萧公子，言外之意便是萧公子中选了。韩公子知道自己不及萧公子，但却宽和大度，极有风度地告辞而去，表现出贵公子哥的涵养和风度。

韩公子一走，教场上只剩萧公子和观音女，只见萧公子上前一揖，说："在下久慕小姐大名，如雷贯耳，三试入居东床，实三生石上早已注定。"于是萧公子从怀中掏出一对玉佩，分一个给萧观音，作为定情之物。

萧观音含羞接过，也从头上拿下玉钗，递给萧公子。萧公子说："明日在下去见岳父大人，议定婚期，如小姐不弃，请每日此时在教场相见。"

一早，萧公子满身华贵的衣裳，一身的豪气，来到萧府门前叩门。家人见新姑爷来到，立刻入报虢国公。

萧惠听说女婿来到，十分欢喜，以为此招高明，女儿果然躲过入宫，得以善终了，立刻叫请。萧公子入内，先拜见了岳父大人，然后

入座，双方约定了婚娶的日期，然后出府去了。

当天，萧观音一身戎装，来到教场，与萧公子会面。她还未到教场，只见远处一位身着白衣，坐下枣红马的少年英姿勃发地立在教场上，萧观音一怔，勒马停下，只见此人打马近前，说："只隔了一天，难道萧小姐不认识本公子了吗？"

萧观音仔细一看，才看清是萧公子，笑说："小女子眼拙，公子这身打扮，着实认不出来了。"

"我与昨天有什么不同吗？"萧公子笑着问。

"昨日打扮乃贵公子的模样，今日打扮分明是位王子，不过未有王冠罢了。"

"我如果是王子，或是太子，不知萧小姐会怎么想？"萧公子问。

萧观音听了一笑，说："公子开什么玩笑，王子、太子虽然位高，可是小女子却不愿嫁。"

"太子妃即是将来的皇后，一国之母，荣宠已极，别人想都想不来，小姐为什么反而不嫁，实在让本公子迷惑不解。"

"究竟为什么我也不清楚。听父亲说好像是我入宫不吉利，不得善终，故用此办法招亲，为的就是避开入宫。"萧观音说。

萧公子听了沉思片刻，若有所思，然后说："入宫不吉利？不过，小姐才貌双全，古今绝色，哪个帝王都会把你宠冠后宫的，爱还觉不足，又能有什么不吉利呢？"

"这个我也不知道，不过公子何必为此劳神，你又不是太子、皇上，只要我二人和谐，不是比在皇宫强。小女子都不崇尚后妃生活，难道公子也要辞去婚事，送我入宫不成？"

"不不！在下不过随便说说而已。好了，你我今天怎么个玩法？"萧公子一转话题，说。

"公子的诗才小女子已领教，可是诗、琴虽好，然而教场并非书房，小女子要与公子比百步穿杨之技。"

"好！"萧公子十分兴奋，"不知怎么样比？"

萧观音打马来到杨树下，萧公子紧随其后，萧观音指着两片硕大的叶子，笑说："此处有两片叶子，公子先射左边的，小女子射右边的。"

萧公子一笑，退出足有百步远，背对目标，猛然回身一箭，不偏不倚，箭从叶子正中间穿了一个洞。

"好箭法，真神箭也，小女子恭喜了。"

说完，萧观音也退后一百步，改由萧公子观靶，只见萧观音也不瞄准，抬手就是一箭，将右面的叶柄射折，飘落下来。萧公子拍手称赞说："小姐真神人也，叶柄如此之细小，竟能一箭射中，本公子不及小姐啊。"

"公子过谦了，本小姐不过侥幸射中罢了，公子才是勇武之人，不用瞄准，回头反射其中间，非英雄不能有这样的箭术。"

萧公子听见观音夸奖，十分得意，躬身说："过奖了，过奖了。"

两个人又比射了一番，眼看日已西斜，这才告辞分手。

可是，从此后萧观音再也未见到潇洒的萧公子，眼看离婚期近了，却怎么也不见人影。萧惠心中着急，这才想起光顾高兴，一时间竟忘了问他父母大名、家住何处，只好派人到萧氏一族中去打探，无论贵族、寒族，都已经找遍了，根本没有萧公子的消息，都回说没有此人，弄得萧惠不知怎么办才好，只好坐等人来。

再过三天就该是萧公子来迎娶观音的日子了，可是如今六礼未下，更不知府第在何方。萧惠左盼右盼，不仅没盼来萧公子，反而传来了辽兴宗的谕旨，凡萧氏一族的闺中女子，必须参加皇太子的选妃大典。萧惠一家听到此信，不知怎么办才好，如果说未议婚，已经议定了婚礼日期，定情之物已有；如果说已经嫁人，可是六礼未下。暂且不说萧观音心系萧公子，就是没有此事，萧惠夫妻早已认定女儿不入宫的死理，一心盼着萧公子来，无论什么人上门都说女儿已嫁人，三日后成婚。

不料事有凑巧，如云的美女入宫应选，可是偏偏都不中皇太子的意。两日后，辽兴宗亲自驾临萧府。

萧惠虽为国舅，也不敢慢待皇上，急忙用大礼相迎。辽兴宗见了

萧惠，入堂坐下，笑说："朕屡下选妃谕旨，不知道国舅为什么不准女儿去应选？难道朕堂堂帝王之家，我儿又是皇太子，才貌人品足以与您女相配，国舅为什么不应？"

萧惠见辽兴宗专为此事而来，十分惶恐，急忙跪下，说："小女陋质，难以登堂入室，怕惊了圣驾。更重要的是小女已经许配人家。常言说一女不嫁二夫，臣不敢欺蒙皇上。"

辽兴宗听了一笑，说："皇太子遍视萧氏一族女子，无有中意者。朕听说您的女儿观音才貌双全，倾国倾城，西京之人没有不知者，不知国舅为什么自贬其女？如果说已许配人家，不知媒人是谁？可下六礼？"

"这个……"萧惠听了兴宗的话不知说什么好，正在为难之时，只见家人来报："禀明老爷，萧公子来了。"

萧惠听说萧公子来了，如逢大赦，急忙叫请，又回头对辽兴宗说："陛下，臣的爱婿来了，请允许臣到前厅相见。"

辽兴宗一笑说："国舅不必回避，您为国舅，您的女婿即是朕的亲眷，既然佳婿来了，朕不妨也见一见，难道胜过我儿不成？"

萧惠无奈，只好命家人将他带到堂中。

一会儿，只见萧公子身穿华丽的服装，风度翩翩地走了进来，见了萧惠深深拜下："小婿拜见岳父大人。"然后又面向辽兴宗拜说："儿臣拜见父皇。"

萧惠见萧公子称辽兴宗为父皇，大惊失色，说："萧公子，这是怎么回事？"

辽兴宗哈哈大笑，说："什么萧公子，这明明是朕的皇儿，太子耶律洪基，您认错人了吧？"

"这……这……"萧惠张口结舌，说不出话来。还是太子冷静，上前一步，说："岳父大人，小婿便是皇太子耶律洪基，久闻小姐芳名，无缘相见。恰巧府外贴出告示，考试招亲，这才改为母姓，前来应试。不料三试通过，被招为东床，这里有小姐送给我的定情之物，请岳父验证。"

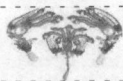

萧惠听了仰天叹道："天意不可违，天意不可违呀！"

辽兴宗笑说："您既然已经试过太子，想来不会不认账吧？您连呼天意不可违，不知是什么意思？"

萧惠叹气说："不瞒皇上，小女出生时夫人梦见日月交辉，亮月升空后，突然黑云遮月，被天狗吞去。臣以为日月交辉乃帝后之相，贵极人臣。可是天狗吞月，明明是不得善终。为了避开此兆，这才考试招亲。不料应试者侪侪，却只有太子中选，这难道不是天意不可违吗？"

辽兴宗听了哈哈大笑，说："原来您女命中注定就该嫁与朕的皇儿，看来朕命中就有佳儿佳媳，真是奇哉！妙哉！既然如此，为什么不叫来您的爱女，与朕相见。"

萧惠心中有一千个一万个不愿意，可是生米已成熟饭，没有办法，只好让人去请女儿前来。

再说萧观音，明日便是婚期，却不见萧公子来，她心乱如麻，坐立不安。

这天她正在窗前沉思，只见侍儿入报："小姐，不好了，皇上驾到，听说是为皇太子选妃而来。"

萧观音大惊，心中呼唤：萧公子呀萧公子，你留下定情之物而去，不知下落，小女子就是死也不要入宫，生是你的人，死是你的鬼。

一会儿，只见侍儿又欢欢喜喜地闯了进来，开口说："小姐，喜事！喜事！萧公子来了。"

萧观音听说萧公子来了，大喜过望，举手加额，说了一声：阿弥陀佛。重重地坐在椅子上，深深地舒了一口气，如释重负。揭开古筝的遮布，舒开十指，轻轻地弹了起来。

观音正在抚琴，只见侍儿又闯了进来，满脸的惊慌，说："小姐，萧公子即是皇太子，如今老爷有请，皇上要见小姐。"

"啊！"萧观音大惊，不小心一指勾重，琴弦"嘣"的一声断了一根。萧观音简直不敢相信自己的耳朵，萧公子啊萧公子，你怎么如此戏弄于我，你如果不是太子，该有多好。她镇定了一会儿，知道圣命

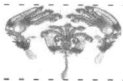

难违，事已至此，入宫已成定局。丑媳妇难免见公婆，只好稍稍修饰一下，前往中堂去了。

荣登后位随驾游

秋天的天空特别的蓝，今天的太阳也特别耀眼，萧观音出了书房，慢慢地往中堂去，她眼望府中的一切，心中升起一股留恋之情，哪怕是路边的一棵小草，她都觉得分外可爱。因为她知道，入宫在即，就要与自己生活了十四年的地方告别了，皇宫深似海，归来时不知自己是个什么样子。

萧观音来到中厅，只见上面坐着皇上，一边是萧公子，一边是父亲。她紧走几步，缓缓跪下，口称："臣女萧观音拜见皇上，拜见太子殿下。"

"平身，平身！"

辽兴宗兴奋地说，两眼盯住萧观音上下打量，笑说："皇儿果然有眼力，此女相貌不凡，真是绝代佳人。朕这就加封太子为燕赵国王，封萧观音为太子妃。"

此封太突然，让萧观音发愣。只见太子耶律洪基走下来，跪在萧观音的身边，偷偷拉了一下她的衣襟，萧观音脸一红，回过神来，二人同时说："叩谢父皇，愿父皇万万岁。"

从此，萧观音入宫为皇太子妃，小夫妻吟诗填词，抚琴骑射，其乐融融，太子宠爱萧观音竟然如醉如痴，形影不离。

公元1055年，辽兴宗仙逝，太子即位，改年号为清宁，史称辽道宗。几个月后，册封太子妃萧观音为皇后。

　　册立皇后的大典在巍峨的清风殿举行，年方十六岁的美丽皇后，头戴饰玉镶金的凤冠，身穿典雅高贵的白绫袍，腰系红带，佩有美玉，脚穿光彩照人的皮靴，在十六位命妇的簇拥下进入清风殿。

　　众命妇群中她独占春色，美冠群芳，殿下的王公大臣们被她的美丽惊倒，人们难以相信，天下竟有如此美貌无瑕的女子，就是与她共同生活了两年的道宗皇帝也惊讶不已。人们齐声赞说："皇上万千之喜。此乃玉饰头，金饰足，观音来做辽皇后。"

　　道宗听了无比骄傲，他为自己能娶到萧观音而自豪，从此宠冠后宫，出入宫庭必带在身边，亲密无比，萧皇后荣宠已极。

　　受封结束后，萧皇后在宫人的簇拥下回到后宫，刚转过清风殿，一阵风儿吹来，天空中降下一条白练，正好落在皇后的脚下。

　　一个宫女低头拾起白练，口称："皇后娘娘"，双手呈给萧观音。

　　萧皇后接过来一看，只见白练上有三个字，即"三十六"，她抬头望天，万里无云，不知练从哪儿来，更不知是什么意思。她知道此事不可问宫女，否则岂不是丢尽了萧皇后的才名。她将白练揣入怀中，来到中宫，各院嫔妃正等着她。众妃子们见皇后归来，一齐跪下迎接："恭迎皇后回宫，臣妾等静听皇后训示。"

　　萧皇后满心的欢喜被凌空飘来的白练弄得无影无踪，只剩下无限的迷惑。于是，她简单讲了后宫的规矩，便让众人回去了。

　　众嫔妃走后，萧皇后又拿出白练看，她将白练翻来复去看了一遍又一遍，仍然对"三十六"三个字迷惑不解。她暗想：就在自己受封为皇后的时候空中落下白绫，这究竟是吉还是凶？而且几尺长的白绫上只有三个字，这"三十六"又向本宫预示什么？

　　她百思不得其解。宫中有一个叫玉兰的宫人，她是在萧皇后做王妃时就侍候萧皇后的，这玉兰处事稳重机灵，深受萧皇后的喜爱。今日的白绫就是她捡起来的，她见萧皇后拿着白绫翻来复去看，而且面带愁容，于是走上来，笑着说："今天是娘娘的大喜日子，娘娘高兴才是，为什么面带愁容？"

"唉！今天虽然是册封之喜，但是历来福祸相依，又凭空降下白绫，本宫猜不出其中奥妙，所以不愉快。"说完将白绫递给玉兰。

玉兰接过白绫，只见上面有"三十六"三个字，笑着说："皇后娘娘，依奴婢看，这可是吉兆。"

"哦，怎么讲?"

"娘娘请想，您如今贵为皇后，母仪天下。后宫之数不正是三十六吗？这白绫是上天所赐，意思是娘娘要永远统领三十六宫。"

萧皇后觉得玉兰的解释颇有道理，可是心中的疑惑总是不能尽消，我身为皇后统领三十六宫是理所当然的，何必还要上天示象，她总觉得有些不吉利，为什么不吉利，自己也说不清楚，只好听天由命了。

"皇上驾到。"

内侍这声呼唤将萧皇后惊醒，她还未来得及换下册封礼时的衣服，急忙迎了出去。此时道宗已经到了宫门口。

"臣妾恭迎皇上。"

"请起！请起！你我已两年夫妻，何必拘礼。"道宗热情地上前挽起萧皇后。

"虽为夫妻，臣妾怎敢不遵宫礼，否则怎么能母仪天下，统领后宫?"

"你真是朕的好皇后，朕有你在身边，江山宝座都微不足道，哈哈哈！朕不知哪一世修来的洪福，能与你结为夫妻，占尽美色，南朝历史上的几位艳后恐怕也不能与你相比。"

"皇上过奖了，臣妾不过是一个平常女子而已，有什么稀奇。"

"你何必太谦虚，南朝的皇后除南唐的周娥皇姐妹才貌双全外，其他都是有貌而无才，而你才色双全，又有北国女子的英武，可谓是天下独步。"

萧皇后本来因白绫一事烦恼，见道宗对自己爱恋有加，心中高兴，烦恼顿释，笑说："还说什么自豪，想当年一国太子冒名前去应试求婚，还自称是什么萧公子，羞不羞?"

　　道宗见萧皇后又提起了往事，兴致更浓，与萧皇后来到中宫的正殿，拉着萧后与自己坐在一起，笑说："你还敢提及此事，真是好大的胆子，为了等萧公子上门娶你，竟敢抗父皇选妃的谕旨，如果不是父皇亲自上门，朕又扮萧公子入府，你又怎么肯入宫为后。朕念你守贞不移，专心等朕，否则真该让你尝尝冷宫的味道。"

　　说完道宗伸手去抓萧皇后的腋下，萧皇后大笑，连喊："陛下饶命，臣妾知罪了！"

　　"知罪就好，否则定斩不赦。爱妃，朕今日心情特别好，想听你为朕弹一曲。"

　　"皇上要听什么曲子，臣妾这就为皇上弹奏。"

　　道宗略一沉思，说："朕听说已故南朝陈后主叔宝专门善作艳曲，不知你是否知道？"

　　萧皇后笑说："陈后主与张丽华淫乱后宫，曾做下许多艳曲，人们多认为那是亡国之音，陛下不听也罢。"

　　"你又来了，难道听一听陈叔宝的曲子就能亡国不成，你不必多言，只要弹来就是。"

　　"是，陛下。"

　　玉兰早已经拿来了古筝，萧皇后调调弦，说："陛下，陈叔宝的曲子中，《玉树后庭花》当为绝唱，不知陛下要听什么？"

　　"好，就听《玉树后庭花》。"

　　萧皇后听了一笑，舒开十指，弹了起来，边弹边唱。

耶律宏基和萧观音

　　"好！今日皇后着宫服上殿听封，占尽美色，岂不是"新妆艳质本倾城"吗？张丽华算个什么，只有你才配倾城二字。爱妃，今年八月

的围猎朕要带你同行，不知你是否愿意?"

"臣妾遵旨。"

大辽帝国是由契丹族建立的，这本是一个逐水草而居的游牧民族，由于逐渐向汉文化靠拢，才有了一定的住所。尽管如此，辽还有四京即，上京、东京、西京、南京。

辽国帝王四季各有行在，契丹叫捺钵，春天在鸭子河，夏天没有一定，秋天在黑山，冬天在广平锭。皇上离京游猎时一般是由皇后或宰相居守宫中，由于道宗对皇后宠冠后宫，不愿意分离，所以清宁二年的秋猎道宗与皇后同行。

这一天秋高气爽，天空特别的蓝，牧草已由青转黄，金黄色的树叶像美丽的蝴蝶随风起舞。

不远处一队人马直奔黑山行来，为首一人骑的是一匹紫骝宝马，身穿大金紧身胡服，双目炯炯有神，威风凛凛，这便是辽道宗耶律洪基，他的身后是皇后及众嫔妃。只见萧皇后身着猎装，座下一匹白龙马，娇姿英气，远远在众妃之上。

辽道宗不时回头望望皇后，不由得想起两年前教场射雁的一幕，他勒住马头，等着萧皇后上来，笑说:"爱妃，你在深宫中便是一位沉鱼落雁的绝代佳人，骑在马上英姿飒爽，更有一番风味，宛如花木兰再世。"

"臣妾愧不敢当，皇上快别让臣妾出丑了。"

"爱妃何必自谦，看看你，再看看你身后这些人，真是不堪入目。"

"陛下如此抬高臣妾，让臣妾怎么面对姐妹们。"

眼看到黑山行在，先行一步的大臣早已经准备好了祭山礼的一切物品，单等皇上皇后的到来。

道宗与皇后并驾而行，来到黑山，按惯例先杀白马、红羊、黑羊各一，皇上、皇后率领命妇、大臣，一身戎装，举酒向山神致祭，然后点上篝火，烧熟了肉，一边奏乐，一边饮酒。萧皇后举起酒杯，先向道宗祝贺说:"皇上，臣妾祝皇上猎得珍禽异兽。"

"有爱妃在朕的身边，何愁猎不到珍禽，哈哈哈"。道宗边说边乐，然后挽起皇后，等着众臣来贺。

大猎开始。按辽国的规矩，皇帝带众臣狩猎，首先要射空中飞雁，射中第一只雁者将雁献给皇上。

萧皇后与众人一同拔箭，准备射雁。道宗与皇后站在高处，只见一队大雁列队向南飞去，萧皇后举箭便射，御林军捡来大雁，指定射中者为皇后，而且皇后的箭是从雁颈穿过，群臣一起跪下，高呼："国后神射，臣等佩服。"

道宗勒住马，回头问身边宫卫的头目，说："前面这片林子有名字吗？"

"回皇上，这片树林叫杀虎林，林中野兽成群，一般的猎人不敢入林。"

"为什么？"道宗追问说。

"皇上，这树林是老虎窝，不知有多少过往行人被伤害，附近的猎户曾集体出猎，不仅没有制服，反而有两个猎户被伤。如今这里连猎人都不敢来。皇上，为了您的安全，还是换个地方吧。"

"何必如此胆小？我大辽帝国皇上如果连一只虎也降服不了，怎么能称雄天下。越是无人敢到的地方猎物越多，朕就是要到这样的地方行猎，看它老虎可能伤朕。"

宫卫的头目回头看看皇后，萧皇后知道这是让她劝道宗，她便打马上前，还未等她说话，只听道宗说：

"爱妃为朕猎得头雁，朕一定让杀虎林的老虎投降。"

"陛下，虎乃兽中最凶残之物，如果一箭未中，猎者便有危险，臣妾实在担心……"

"哎，朕的皇后今天怎么变得如此胆小，朕乃太祖阿保机的子孙，岂能被一只猛虎吓退，朕非要看看，是朕射死它，还是它伤朕！"

"陛下的箭法臣妾知道，不过，陛下还是……"萧皇后不放心，想劝他换个地方，可道宗不听，打断她的话，笑着说：

"爱妃为朕押后，朕有什么好害怕的！你快快退后十步。"

萧皇后无奈，只好退后，手中已握箭在手搭到弓上，准备随时帮助皇上，众宫卫见皇后如此，也一齐拔出箭来，准备一旦皇上失手，大家便万箭齐发，免得虎伤了皇上。

大家刚刚退后，杀虎林突然刮起一阵风，道宗知道这是一只猛虎来了，萧皇后大惊，大呼："陛下小心！"话音刚落，只见一只猛虎跳了出来，众宫卫本想一齐射杀，可是，这是皇上的猎物，谁如果射了第一箭，便是死罪，众人个个箭拔弩张，可就是无人敢放，都为皇上捏了一把冷汗。

道宗面无惧色，弯弓搭箭，高喊一声："来得好！"嗖的一声箭已离弦。那老虎来到林边，也被这如潮的人马惊了一下，它长啸一声，奋力一纵，直奔道宗而来。

"陛下，小心！"身后宫卫齐呼。

道宗不慌不忙，第一箭刚发出，紧接着"嗖"又是一箭，两箭一前一后，直奔猛虎而来。只听扑通一声，那只大虫应声而倒，再也没有起来。宫卫们这才把箭放回袋中，翻身下马，来到猛虎前，只见一箭射中咽喉，一箭射中心窝。宫卫们报了箭位，然后一齐跪下，说："皇上真是神箭，臣等大开眼界。国主如此神勇，试看天下何人能敌！"

后面众臣见皇上射杀了猛虎，也一齐跪下说："臣等恭贺圣上旗开得胜，国主神威，臣等佩服，皇上万岁，万万岁！"

"哈哈哈！射一只虎算了什么。"

"陛下在杀虎林猎得猛虎，臣等奏请陛下，将此林改名为伏虎林。"群臣一致说。

"好！朕准奏，从今天起，伏虎林是大辽皇家猎场。"道宗笑着说。

众人回到黑山行在，皇上因射虎高兴，下令摆宴。宴会上欢歌笑语，王公大臣纷纷向皇上敬酒，道宗宠爱萧皇后，知道她出口成诗，便对群臣笑说："朕今日杀虎林伏虎，美宴上有肉有酒，怎么可以没有歌舞、诗句，让南朝笑我北朝无人才。"

道宗话音刚落，群臣同声附和，道宗对萧皇后笑着说："朕射得猛虎，爱妃为什么不吟诗一首，为朕助兴。"

"臣妾遵旨。"萧皇后略一沉思，挥笔成诗：

威风万里震南邦，

东去能翻鸭绿江。

灵怪大千都破胆，

那叫猛虎不投降。

"好一句'灵怪大千都破胆，那叫猛虎不投降。'你身为女流，其诗气吞山河，睥睨天下，不愧是朕的贤妻。"道宗称赞说。

道宗又对王公大臣说："适才皇后吟成一诗，盛赞朕猎虎一事，你们知道吗？"

"臣等愿闻皇后之诗。"群臣又同声说。

道宗高兴，拿过诗笺，高声吟唱一遍，群臣听了交口称赞说："陛下神勇，皇后多才，我主真是天下少有的圣主啊。"

道宗听了点头说："皇后真可谓是女中才子啊！朕有这样才貌的皇后，如果不能降虎扬威，怎能与爱妃相配。"

说完，不听皇后的话，一扬诗笺，大声说："皇后多才，乃我大辽帝国的荣耀。近侍们可将此诗传抄，流于民间，朕与皇后要与万民同乐。"群臣见皇上高兴，举杯同庆，宴会也进入了高潮。

育嗣德隆遭谗害

道宗自从秋猎之后，与萧皇后的爱也更加浓烈，每日除上朝之外，两个人形影不离，今日共同填词，明日你谱曲我弹奏，真是纵情恩爱，

夜夜共赴巫山。可惜三年过去了，萧皇后却没有梦熊之兆。太后盼孙心切，更为了辽国的未来，决定为道宗举行再生仪。不知是先帝神灵保佑，还是萧皇后没到该受孕的时候，就在太后为道宗举行再生仪的第二年，萧皇后怀孕了，生下一子，道宗赐名耶律浚。

耶律浚貌似道宗，继承了母亲的好学多才，也继承了父皇的神勇，道宗非常疼爱。清宁九年，耶律浚六岁，封为梁王，第二年秋猎，他小小年龄三发三中，道宗大喜，说："朕的祖宗以来，以骑射威震天下。不料朕的皇儿还幼，也不坠祖宗之风。"

道宗正说着，只见前面来了十头鹿，道宗笑说："皇儿，朕射四只，儿与你母后各射三只，怎么样？"

不料梁王人小志大，一拍胸脯说："父皇母后，请将这个机会让给孩儿，孩儿要在转眼间射出十支箭，猎得此鹿，为父皇母后下酒。"

道宗见皇儿如此有志气，笑说："好，就让与皇儿。"

"多谢父皇母后！"

梁王一同握住十支箭，嗖、嗖、嗖，相继射出十箭，鹿儿应弦而倒，只有最后一只鹿没有射中要害，负伤而逃。道宗见了大宴庆贺，很快将梁王册封为太子。

清宁十年十一月，道宗按时早朝，议过事后刚要退朝，只见御史出班说："启奏皇上，臣等见国内各行各业安居乐业，我大辽帝国一片兴旺。臣等与百姓得逢明君圣主才有此盛世，故臣等欲奏请……"

这位大臣说到这回头看了看两边的同僚，众人一起点头，道宗不知是何事，笑着说："你要奏什么事，尽管奏来，只要合乎情理，朕无不准。"

那人拱手，说："陛下，臣等议为明主上尊号，皇上为天佑皇帝，皇后曰懿德皇后，不知皇上以为怎么样？"

道宗听了笑说："众爱卿以为怎么样？"

殿下百官王公一齐跪下，说："我主英明，百姓爱戴；皇后贤德，后宫安宁；太子英武，臣等共见，皇上皇后应有尊号。"

道宗听了略加思索，说："平身，你等既然认为朕与皇后应有尊号，朕一切依你等。从今日起，朕即为天佑皇帝，皇后即为懿德皇后，立即昭告天下。"

"吾皇万岁，万岁，万万岁！"

退朝后，道宗兴致勃勃地来到萧皇后宫中，萧皇后将道宗迎入宫中，亲手献上北方人爱喝的茶，道宗望着萧皇后，说："爱妃，今日早朝众臣等上书言事，你可能猜知是什么事？"

道宗说完，满脸的不愉快，萧皇后见了心中不解，试探说："陛下，臣妾愚昧，难以猜知。但是臣妾知道皇上勤政爱民，励精图治。日日批阅奏章，前往四季行在，时时察访民情，天下百姓无不称颂。天下无灾，民心安定，不知有什么事可奏。"

萧皇后说完，脑海里又迅速掠过一层阴影，心想：难道有人奏请废除皇后不成，不过本宫从未失德，也不与后宫嫔妃争宠。本宫的父兄也未仗势欺人，干尽坏事，朝臣们与之相处不错，还能有什么事。她抬头看着道宗，说："陛下，臣妾如果有失德之处，甘愿受罚。"

"哈哈哈，你绝顶聪明，竟被朕一变脸色吓住了，别说群臣未弹劾你，就是弹劾你，朕也不会听从。朕的爱妻，谁敢动一根毫毛。"

萧皇后听了道宗的话心中安定了，笑着说："陛下满脸的怒气，本宫何以猜知。再说本宫居于宫中，从不过问朝政，怎么会知道？陛下有什么事，只要愿意告诉臣妾，是喜事与陛下同乐，是愁事与陛下分忧。"

"真是朕的好懿德皇后啊！难怪群臣有此奏。"

"皇上，你说什么？"萧皇后不敢相信自己的耳朵，急忙追问。

道宗一笑，走上前来，挽住萧皇后，笑说："朕说，你是朕——天佑皇帝的好懿德皇后！今日早朝，众臣一致上奏，请求为朕与你上尊号，朕为天佑皇帝，你为懿德皇后。"

萧皇后听了大喜，急忙跪下谢恩，可是却被道宗拉住，搂在怀中，笑说："爱妃与朕非别人可比，何必如此讲究，朕不要你跪，只要陪朕到御花园玩一玩，朕与你难得有今日这样的高兴。"

"臣妾遵旨，陛下多年操劳，为了国家富强费尽了心血，臣妾陪皇

上游园，让陛下在日理万机之后得以怡养神力。"

"你也不轻松啊，每当朕连夜批阅奏章时，你总是坐在一旁伴朕，冬天冷了为朕添衣取暖，夏日炎热为朕扇风消暑，端茶倒水更不必说，你看，秀发中已有了白发了。从今后朕要多陪你玩乐一些。"道宗爱抚地抚弄着萧皇后的头发。

"陛下，身为帝王始终是以国家为重，妻室次之，臣妾有了白发算什么，只要陛下青春常在，臣妾就满足了。"

"不愧为懿德皇后，处处为朕着想。好了，今天朕高兴，不说别的，游园去，你把琵琶带上，朕好久未听爱妃弹奏了。"

萧皇后听了一笑，回头命玉兰带上琵琶。

萧皇后在道宗的挽扶下，两个人十分亲昵地走进了御花园，向赏花亭走去。道宗一路上欣赏各种美丽的花，不住地感叹造物主的英明。他们来到亭上，道宗向下一看，各种花排列有致，真是独具匠心，笑说："看来你布置花园也像吟诗一般，高雅不俗，让人大开眼界。"

"陛下过奖了，小小花园算个什么，只要陛下见了开心，臣妾就满足了。"

"好！现在是良辰美景，只缺你的优美乐声。"回头吩咐内侍，"摆上酒宴，今日朕要在园中饮酒赏花，听听皇后的乐曲。"

一会儿，酒宴摆上，萧皇后亲自为道宗斟了满满一杯酒，然后说："陛下胸怀天下，博得尊号，臣妾也为之骄傲，臣妾敬皇上一杯。"

道宗高兴地端起来，一饮而尽，"朕与你同乐，你也要饮了此酒。"萧皇后对道宗报以迷人的一笑，饮了杯中酒，然后又为道宗斟满了酒，说："陛下慢饮，臣妾为陛下弹上一曲，以助酒兴。"

——说完，萧皇后从玉兰手中接过琵琶，弹了一曲《回春乐》，又弹了一曲《牧羊曲》。

她轻舒十指，慢慢拨动琴弦，乐声悠悠，似乎在诉说歌唱那一望无边的草原，远处传来牧羊人骑马牧羊的吆喝之声，突然一只鹰追逐羊儿，牧羊人弯弓搭箭将危害羊群的鹰射下，草原恢复了宁静祥和。

道宗听入了神，是啊，自己是大辽的统治者，契丹族本是逐水草而居的游牧民族，现在虽说向中原文化靠拢，生活开始定居，可是只要一提起草原，提起羊群，自己总是激动不已。

道宗在执政中后期是一个昏聩无能、忠奸不辨的庸君，然而其儿子耶律浚却聪慧过人。18岁便被立为太子，总领朝政。此事引起了佞臣耶律乙辛的妒恨，因为耶律浚的掌权，会使其玩弄权术、贪赃枉法的恶行受到遏制。于是他便拉拢一些人，欲置太子于死地，阴谋首先从皇太子生母懿德皇后萧观音身上着手。

萧观音是一位才貌双全的契丹杰出女性，深受道宗宠幸。然而道宗"围猎成性，疏于朝政"，懿德皇后因此对他经常进行劝谏，并写有《谏猎疏》奏章，引起道宗不满，渐而失宠。为挽回"夫妻失和"，萧观音又作《回心院》词十首，命伶官赵惟一谱曲演唱，然而仍不奏效。不久，这一情况被萧观音的妹妹知道了，她把此事告诉了与自己交往亲密的耶律乙辛。乙辛闻此如获至宝，于是他编造了皇后与伶官赵惟一"有染"的谎言，在宫中传扬出来，为更进一步制造"把柄"，他拉拢宫女单登，把自己命人抄录的十分淫秽的汉宫《十香词》送给皇后，并说这是宋朝一皇后写的，请皇后抄一份，以便互相比试一下。萧观音书法很好，便在单登的撺掇下，真的抄了一份，并即兴写了七言《怀古诗》一首附后，那诗说："宫中只属赵家妆，败云残云误汉王。惟有知情一片月，曾窥飞燕入昭阳。"

耶律乙辛拿到皇后的手书词和诗后，于是据此向道宗诬告皇后与赵惟一通奸，并说诗中隐有"赵惟一"三字可证。道宗看后火冒三丈，不问青红皂白，怒斥皇后无耻，并用铁骨朵打皇后，险些打死。除此，道宗还把此案交由耶律乙辛及其同党张效杰等人处置。乙辛立即将赵惟一和其乐队头目高长命拘来，施以钉、灼、烫、焙等酷刑逼供。赵等人自知没有活命的指望，所以问什么说什么。乙辛弄到所谓"铁证"后，通过道宗下诏，赵、高等人被诛，同时赐皇后死。皇后自尽之前，还赋了一首《绝命词》。皇太子在其母亲灵前哭诉说，杀我母亲的人是耶律乙辛，我不报此仇，不为人子。

谋害萧观音后，耶律乙辛便加紧实施谋害太子的阴谋。大康三年

(1077) 五月二十六日，乙辛向道宗密奏，说枢密使萧速撒等 8 人欲立太子为皇帝，抢班夺权。道宗派人调查后，虽未找到证据，但仍把太子及几位老臣囚于宫中，加以杖击，逼其承认谋乱罪名。更有甚者，几名权奸制造假口供，说太子已认供服罪。道宗听后震怒，除把涉案人员尽皆杀死外，把太子废为庶人，送上京押在高墙室内与外界隔绝。在此，太子受尽了酷刑。即使这样，耶律乙辛也不放过，于十一月间，指使其死党萧达磨古等人到上京诈称皇帝有赦诏，把皇太子提出囚室立即杀死，并毁其尸。萧达磨古等人回京后，谎称太子病死。道宗欲召太子妃问病，乙辛又派人将太子妃杀死。然后这些歹人弹冠相庆。

大康五年 (1079) 耶律乙辛又想加害刚成为储嗣的耶律浚之子耶律延喜，被大臣萧兀纳提醒，道宗始悟。耶律乙辛自知大势已去，于大康九年 (1083) 十月，想带私藏的武器逃往宋朝避难，没有得逞，后来被抓住勒死。这一伙奸佞被清除后，萧观音冤案才得以昭雪。